기초부터 시작하는
모형 전자공작

박성윤 지음

머리말

저는 청소년 때부터 지금까지 모형을 취미로 즐기고 있습니다. 실감나고 멋지게 모형을 완성하기 위해 디테일을 추가하고 색을 칠한 후 각종 효과를 더해주었습니다. 그러던 중 스스로 빛을 내는 광원에 관심을 가지게 되어 LED 공작을 시작했습니다.

처음 시도는 로봇의 눈에 빨간색 LED를 넣는 것이었습니다. 전극다리에 전선을 감아 모형 안에 넣고 3V 건전지를 연결하니 잠깐 밝게 빛나던 LED가 곧 검게 타버렸습니다.

이때부터 LED를 모형에 적용하기 위한 공부를 시작했습니다. 하지만 전문적인 지식이 없다 보니 회로이론 관련 책은 이해를 못하겠고, 인터넷으로 얻은 단편적인 자료로는 체계적인 지식을 쌓기가 어려웠습니다. 결국 여러 자료를 참고해 직접 실험하며 전자공작을 익혀 나갔습니다.

책의 제목이 전자공작이지만, 라디오 만들기 같은 복잡한 회로는 아닙니다. 모형에 바로 적용할 수 있는 전자공작의 필수 노하우와 여러가지로 활용할 수 있는 다양한 LED, 전선, 스위치 그리고 추가부품들을 소개하고 사용 방법을 정리했습니다. 또한 빛을 어떻게 다루는지에 대해서도 이야기하면서 상항에 따라 더 어둡게 또는 더 밝게 표현하는 방법도 설명해 보았습니다.

마지막 두 편에서는 "아두이노"를 사용한 전자공작을 소개했는데, 많은 수의 LED를 컨트롤하거나 모터 등을 이용해 움직이게 만드는 것이 어려워 보일 수 있습니다. 하지만 전문 지식이 없어도 수많은 자료가 공유되고 있고 관련 부품도 저렴하므로 누구나 조금만 공부한다면 더욱 흥미있는 전자공작을 할 수 있습니다.

이 책에서 소개하는 방법이 최선은 아니라고 생각합니다. 또 미처 다루지 못한 부품들도 많이 있을 것입니다. 이 책을 디딤돌로 여러분의 기술과 아이디어를 더해 더욱 멋지고 훌륭한 작품을 만드는 작은 계기가 된다면 그것으로 이 책이 세상에 나온 작은 의미가 있을 것입니다.

끝으로, 의미있는 컨텐츠를 우리의 손으로 직접 만들자는 선의로 출간을 결정해주신 AK 커뮤니케이션즈 사장님과 수고해주신 관계자 분들에게 감사의 인사를 드립니다. 그리고 늘 즐거운 마음으로 프로그램을 제작해주는 아들(철종)에게도 고마운 마음을 전합니다.

2022년 6월

목차

STEP 01
LED, 어떻게든 켜보자   4
1) 초간단 LED 켜는 법
2) 작업에 필요한 전자공작 도구
3) LED 작업의 기초, 이것만 알아도 실패하지 않는다
4) LED 유닛을 만들어보자

BANDAI 1/100 MG RX-78-2 GUNDAM(GUNDAM THE ORIGIN)

STEP 02
이것만 알면 더욱 멋진 LED 개조를 할 수 있다.   12
1) 스위치로 LED를 ON/OFF

BANDAI HG 1/24 SPIRICLE STRIKER PROTOTYPE OBU

2) 여러 개의 LED를 사용해보자(LED병렬연결)

BANDAI 1/144 MILLENNIUM FALCON (THE FORCE AWAKENS)

3) LED 렌즈의 특성을 이용해보자

ACADEMY 1/24 PONY

STEP 03
건전지를 사용 할 때 LED를 보호하는 저항   20
지상전의 푸른 에이스

BANDAI 1/100 MG MS-07B GOUF Ver.2.0

STEP 04
더 많은 LED와 저항을 사용해보자   28
최강 디지몬 파워드라몬

BANDAI Figure-rise Standard Amplified MACHINE DRAMON

STEP 05
SMD LED와 가변저항을 사용해보자   37
최대 출력!! 트윈 드라이브와 오라이저 유닛

BANDAI 1/100 MG OO RAISER

STEP 06
에나멜선과 SMD LED로 실력 향상!   46
지옹 출격!! LED로 이펙트 파트를 더욱 화려하게

BANDAI RG 1/144 ZEONG LAST SHOOTING

STEP 07
광섬유로 소형 광점을 만들어보자   56
작은 광점으로 거대 전함 만들기

HASEGAWA 1/3000 [CRUSHER JOE] CÓRDOBA

STEP 08
LED와 솜으로 폭발과 화염효과를 만들어보자   65
지온군 초기MS MS-05 ZAKU-I

BANDAI HG GUNDAM THE ORIGIN MS-05 ZAKU-I(DENIM/SLENDER)

STEP 09
간단하게 레이저 효과를 만드는 LED   77
은하제국에 대항하는 붉은 창

BANDAI 1/72 STARWARS A-WING

STEP 10
프로펠러 속도조절과 LED공작   84
태평양 전선의 쌍꼬리 악마

TAMIYA 1/48 P-38 F/G LIGHTNING

STEP 11
아두이노로 여러 개의 LED를 제어해보자   93
파동포와 파동엔진 효과

BANDAI SPACE BATTLESHIP YAMATO 2202 1/1000 DREADNOUGHT

STEP 12
아두이노로 움직이는 모형을 만들어보자   104
서보모터로 작동하는 정비중 디오라마

BANDAI 1/48 MEGA SIZE GUNDAM

Tip & Info #   119
색인   126

Step. 01
LED, 어떻게든 켜보자

1 초간단 LED 켜는 법

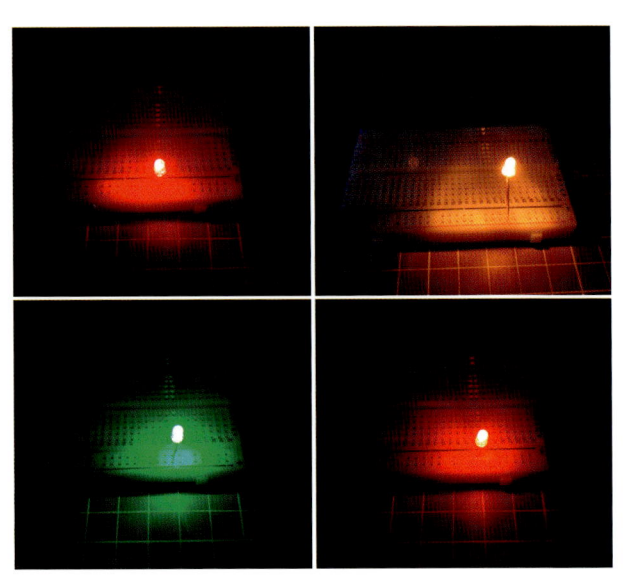

    플라스틱 모형을 만들다 보면 투명한 부품을 자주 만납니다. 보통은 빛이 나오는 부분을 표현하기 위해 사용합니다. 자동차 헤드라이트 커버나 건담 등의 눈 부품입니다. 물론 그대로 사용하거나 약간의 도장만으로도 멋지게 꾸며 줄 수 있지만, 정말로 빛이 나온다면 어떨까라는 생각이 들기도 합니다.

    모형에 사용하기 좋은 광원(빛)은 당연히 LED입니다. 하지만 종류도 많고, 각각의 특징도 다양하며, 어떤 도구를 사용해야 하고, 게다가 알아야 할 전기, 전자 지식도 어쩐지 무시무시해 보입니다. 그렇게 시작도 못하고 포기해버리다가 가끔 만나는 다른 사람들의 멋진 LED광원 효과를 보면 다시금 도전해볼까라는 생각이 들기도 합니다.

    앞으로 이어질 다양한 전자공작을 통해 여러분도 전자공작에 대해 두려움 보다는 재미를 알아갈 수 있기를 바랍니다. 처음부터 멋진 완성물을 얻기는 쉽지 않겠지만 책을 읽어 나가다보면 최소한 조금씩 알아나가고 있다는 느낌이 들 수 있도록 준비했습니다.

1. 이 정도만 알아도 LED를 켤 수 있다

일단 어떻게든 LED를 켜봅시다. 버튼전지와 LED가 있다면 당장이라도 불을 밝힐 수 있습니다. 가장 쉽게 LED를 켜는 방법을 알아보겠습니다.

버튼전지에 대한 기본지식

◀납작하고 둥글게 생겨서 버튼 전지(button Cell) 또는 코인전지(coin Cell)라고 부른다. 버튼전지를 모형에 넣기 위해서는 그 크기를 알아야 자신의 작품에 알맞은 것을 구입할 수 있다. CR 규격의 경우 앞의 두 숫자는 직경, 뒤의 두 숫자는 두께를 뜻합니다. CR2032= 직경 20mm, 두께 3.2mm라는 의미

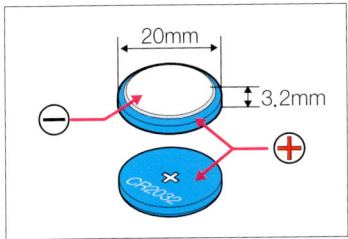

◀버튼전지의 글씨가 써있는 쪽이 +극이고 평평한면(제품에 따라 오돌토돌한면)이 -극이다. 그림에서 파란색으로 표시한 테두리도 +극으로 사용한다.(파란색은 참고용으로 실제제품은 모두 은색)

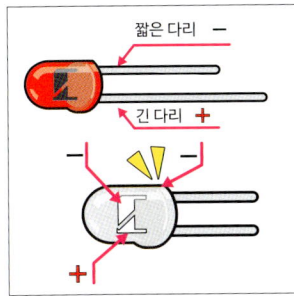

LED의 +와 -

◀LED에는 다리모양으로 긴 전극이 두 개 있다. 이 중 긴 다리가 +극, 짧은 다리가 -극이다. 반대로 연결하면 불이 들어오지 않을 뿐, 고장나거나 하지는 않는다. 만약 불이 들어오지 않는다면 반대로 연결하면 된다.

◀작업 시, LED의 긴 다리가 불편해서 잘라버릴 때도 있는데 이때는 LED의 안쪽을 보면 극성을 알 수 있다. 작은 전극이 +, 큰 전극이 -. 그리고 일반적으로 LED의 테두리 한쪽이 깎여 있는데 이쪽 또한 -극이다

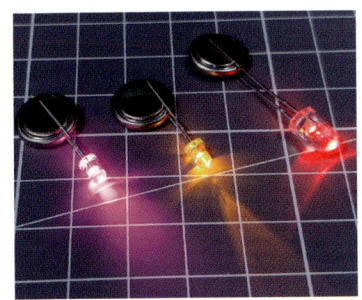

LED를 켜보자

◀버튼전지와 LED의 극성을 알았다면 누구나 LED를 켤 수 있다. 전기전자에 대한 고민없이 버튼전지의 +,-와 LED의 +,-를 맞추어 끼우면 불이 들어온다. LED의 종류는 차차 알아가 보도록 하겠다

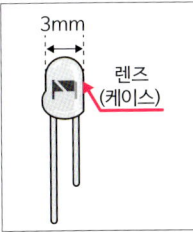

LED 형태

◀이번 공작에 사용하는 일반적인 LED는 투명한 플라스틱 렌즈가 있다. LED의 크기를 나타내는 3mm, 5mm는 바로 렌즈의 지름을 의미한다. 구입을 위해 검색 할 때는 "3파이 LED"로 하면 된다. 다양한 색상이 있으며 개당 100원정도.

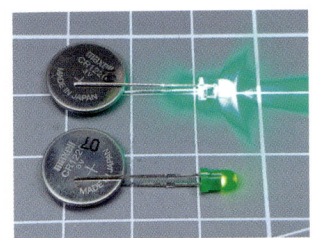

◀같은색의 LED라도 두 가지 종류가 있다. 일반 LED와 고휘도 LED. 이름에서 알수 있듯, 고휘도 LED가 더욱 선명하다. 구분하는 방법은 고휘도 LED는 투명한 렌즈(그림 위)이고 일반 LED는 렌즈에 색이 있다.(그림 아래) 이번 공작에서는 고휘도 LED를 사용한다.

2. LED 전자공작을 위한 아주 기본적인 재료

당연하겠지만, 이렇게 만든 LED를 그대로 넣을 수 있는 모형은 그리 많지는 않습니다. 이제 버튼전지와 LED를 제대로 활용하기 위한 몇 가지 재료를 알아보도록 하겠습니다.

전지홀더

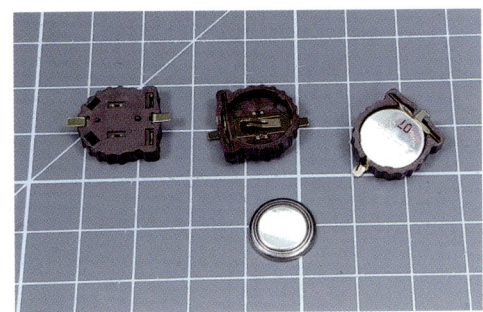

▲CR1220용 전지홀더 CR1220 코인전지를 안정적으로 잡아준다. 부품명칭은 SMD BH-68. +와 - 단자에 전선을 납땜해서 사용할 수 있다. 가격은 개당 약170원~700원

▲스위치 부착 CR2032 (6V) 전지홀더 CR2032 전지 2개를 넣으며 스위치와 전선이 붙어있어 쓸모가 많습니다. 여러 개의 LED를 연결해서 사용 해도 OK! 가격은 개당 약 700원~ 2,000원
*버튼전지의 특성상 6V에 LED를연결해도 고장나지 않으므로 안심

전선

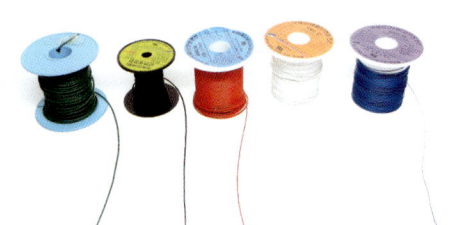

LED와 전원 그리고 저항이나 스위치 같은 부품을 연결하기위해 전선을 사용한다.전선의 굵기를 나타내는 규격 중 많이 사용되는 것은 AWG. 이번에는 주로 AWG30 규격(외경0.7mm)의 전선을 사용한다. 기본적으로 검정색, 빨간색 전선이 필요하고 추가로 노란색, 흰색, 파란색, 초록색 등을 준비해서 여러 용도에 맞춰 사용하면 구분이 쉽다.

2. 작업에 필요한 전자공작 도구 "뜨거우니 주의!!"

납땜용 공구

▲스틱형 인두기 : 막대형을 일반적으로 많이 사용. 온도조절이 되는 제품이 여러 쓸모가 있어 좋다. 국산 제품은 2-3만원 대. 사진은 HAKKO FX-600 6만원 정도.

▲스테이션 인두기 : 별도 온도조절장치가 있고 스틱이 가벼워 사용하기 좋다. 필자가 사용중인 HAKKO FX-888D. 15만원 정도. 싸지는 않지만 스탠드형 중에서는 저렴한 편이다.

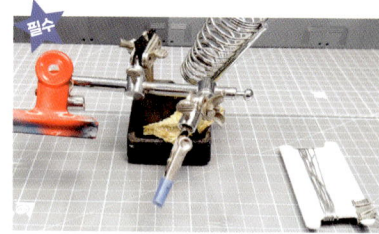
▲인두 스탠드 : 인두를 사용할 때 꼭 필요하다. 뜨거워진 인두를 바닥에 두면 매우 위험하다. 인두 스탠드에 있는 스폰지는 물을 축인 후 인두 끝에 묻은 납찌꺼기를 닦아내는데 사용. 스폰지 외에도 철 수세미처럼 생긴 팁 크리너를 사용하기도 한다. 사진처럼 집게가 달린 제품을 사용하면 부품을 고정할 수 있어서 편리하다.

실납 : 납땜을 하므로 납도 필요하다. 납땜할 때에는 연기가 나는데 이것은 납땜이 잘되도록 해주는 페이스트라는 물질이 타는 것이다. 반드시 환기가 잘되는 곳에서 해야 한다. 납땜하는 방법은 다음 페이지에.

수공구

▲롱노우즈 플라이어(일명 라디오 펜치) : 부품을 구부리거나 약간 굵은 전선 등을 자를 때 필요.

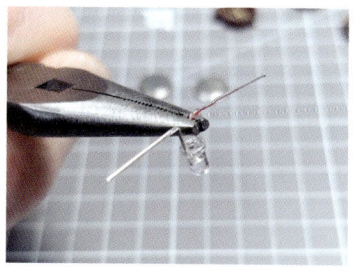

▲철필 : LED 관련 공작에는 구멍을 뚫을 일이 많다. 구멍 뚫을 위치를 미리 점으로 찍어두면 흔들리지 않고 제대로 작업할 수 있다. 꼭 모형 전용 철필을 구할 필요는 없고 압정이나 핀 등을 사용할 수도 있다.

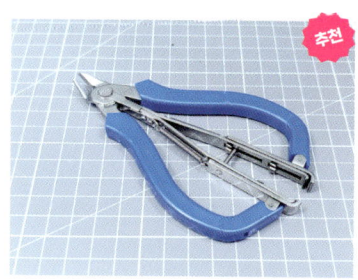
▲와이어 스트리퍼 : 전자공작을 할 때 전선의 피복을 벗기는 작업이 아주 많다. 필자가 애용하는 PROSKIT T8240. 한쪽은 전선이나 부품을 자르는 니퍼, 한쪽은 와이어 스트리퍼이기 때문에 매우 편리하다. 만원 대.

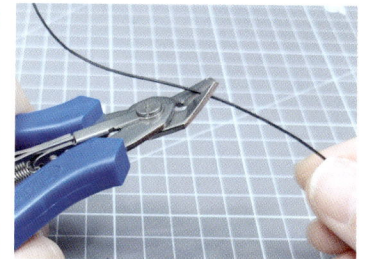

▲벗기고 싶은 전선을 길이에 맞춰 살짝 누른다.

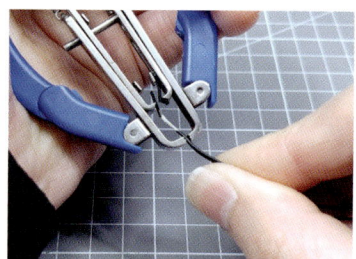
▲힘을 주어 손잡이를 눌러주면 피복이 벗겨진다.

◀핀바이스 : 소형 드릴. 모형에 LED를 설치하거나 전선이 지나는 구멍을 만드는 작업등에 사용한다. 핀바이스에는 여러 가지 굵기의 드릴날을 사용할 수 있다. 광섬유작업에는 0.3mm, 0.5mm를 사용하고 LED작업에는 3mm, 5mm의 드릴날을 주로 사용한다. 5mm보다 더 큰 구멍은 "모형용 리머"를 사용.핀바이스로 검색하면 다양한 제품을 찾을 수 있다. 5천원~2만원 대

▲수축튜브 : 전선 연결할 때 필요한 재료. 다양한 굵기가 있는데 전자공작용이라면 1mm, 1.5mm, 2mm, 3mm 정도를 갖춰놓으면 좋다. 보통 1미터 단위로 판매하는데 150원 ~ 300원 정도. 사용방법은 뒤에서 설명.

글루건

여러 재질의 전자부품을 빠르게 붙일 때 편리하다. 가열된 글루는 생각보다 많이 뜨거우므로 화상에 주의. 또한 플라스틱에 많은 양을 한꺼번에 쓰면 글루의 열로 인해 플라스틱이 변형될 수 있으므로 조금씩 더해가는 방법으로 해야한다.

사진은 BOSH PKP 18 E. 노즐이 가늘고 길어서 좁은 틈에도 사용하기 좋다. 2만~3만원 정도.

글루건을 사용할 때에는 유리판, 실리콘 패드 등을 깔고 작업하는 것이 안전하다. 두꺼운 종이나 냄비받침도 좋다.

글루스틱 중 검정색 사용을 추천. 흰색보다 눈에 덜띄고 LED를 고정할 때 빛샘도 방지할 수 있다.

빛샘문제

▶LED를 켜면 앞은 물론 뒷면에서 나오는 빛도 적지 않다. 작은 모형에 넣다 보니 빛이 부품 사이 틈이나 플라스틱의 얇은 벽(특히 밝은 색 부품)에 투과되어 보이기도 하는데, 이것을 "빛샘"이라고 한다. 상황에 따라 LED 뒷면의 빛을 적절하게 막아주어야 한다. 플라스틱에 빛이 비치는 것은 짙은 색이나 금속성 도료를 칠해주는 방법도 있고, 알루미늄 테이프 등으로 붙이는 것도 효과적.

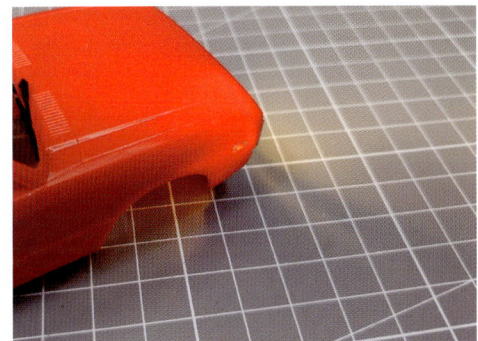

3. LED 작업의 기초, 이것만 알아도 실패하지 않는다

납땜, 이렇게 하면 실패하지 않는다.

납땜에서 가장 많이 하는 실수는 인두의 끝에 납을 묻힌 상태에서 전선이나 LED의 다리에 가져가 납을 먹이려고 하는 것입니다. 이렇게 하면 납 안의 페이스트가 모두 없어져 납땜이 제대로 되지 않습니다(페이스트는 금속에 납이 잘 들러붙도록 보조해주는 물질). 다음과 같은 방법으로 몇 번 연습해보면 빠르고 간단하게 납땜으로 부품을 붙일 수 있습니다.

▲전선의 끝을 벗기고 집게에 물려준다. 속전선에 인두를 대고 1초 정도 기다린다 (속전선 예열).

▲인두를 속전선에 댄 상태에서 납을 인두 끝에 대면 납이 녹으면서 속전선에 납이 녹아들어간다.

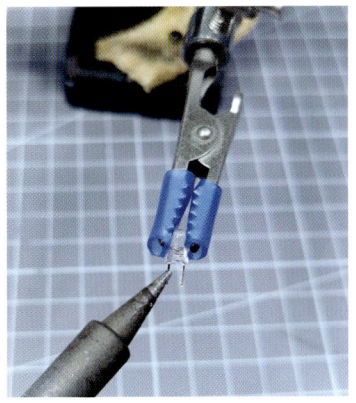

▲LED의 전극다리를 자르고 집게에 물린다. 전극다리에 인두를 대고 1초 정도 예열한다.

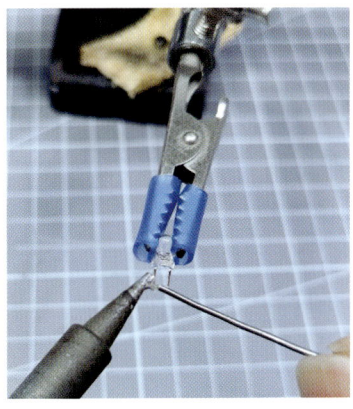

▲인두를 LED의 다리에 댄 상태에서 납을 인두에 가져가 녹이면 전극다리에 납이 붙는다.

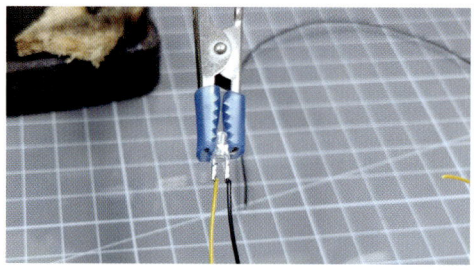
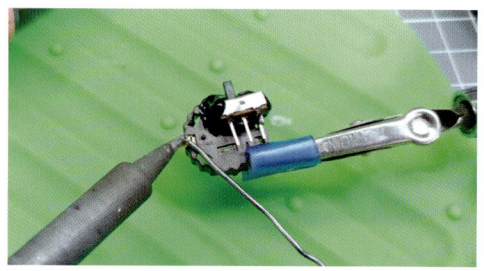

▲LED의 전극에 납을 먹인 전선을 붙이고 인두를 대면 LED와 전선의 납이 빠르게 녹아 튼튼하게 납땜이 된다.

▲양쪽 다리에 전선을 붙인 상태. -극에는 항상 검정색 전선을 사용한다. +극에는 필요에 따라 색이 있는 전선을 사용하면 구분이 편리.

▲전지홀더에 붙일 때도 마찬가지. 단자에 먼저 납을 녹여 붙인다.

▲납을 먹인 전선을 단자에 대고 인두로 녹이면 확실하게 붙일 수 있다.

▲집게에는 날카로운 이빨이 있는데, 그대로 사용하면 플라스틱 부품이나 LED렌즈를 잡을 때 상처를 줄 수 있다. 적당한 굵기의 실리콘 튜브를 끼우거나 수축튜브로 감싸주면 작은 부품을 잡을 때도 좋다.

▲실리콘 튜브 사용 ▲수축튜브 두 개를 사용

쉬운 듯 까다로운 수축튜브를 잘 사용해보자.

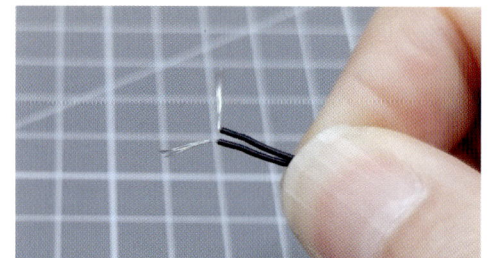

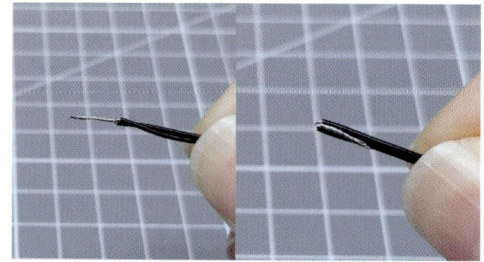

▲탈피한 속전선을 좌우로 벌려 Y모양으로 만든다.

▲벌린 속전선 두 개를 한번에 잡고 천천히 돌려준다.

▲꼬아진 속전선을 접어준다.

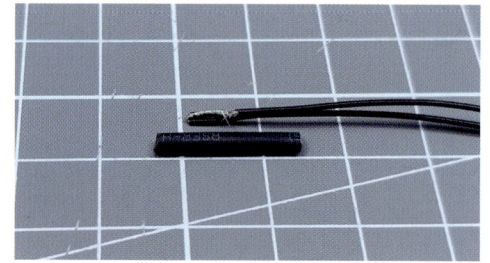

▲수축튜브는 앞뒤로 충분히 감쌀 수 있도록 여유있게 잘라준다.

▲라이터로 수축튜브를 가열. 한곳을 오래 가열하면 수축튜브가 타버릴 수 있으므로 앞뒤위아래를 잠깐씩 골고루 가열한다.

▲완성된 상태. 속전선이 드러나지 않았는지 잘 확인해보자.

LED 용 구멍 뚫기

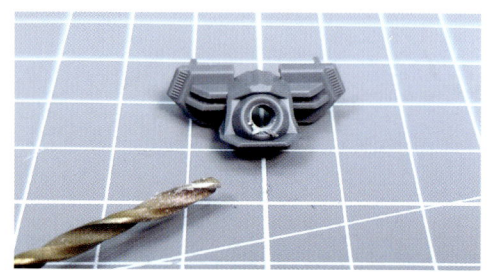

▲3mm의 구멍을 뚫을 때 처음부터 3mm의 드릴로 뚫는다면 플라스틱이 찢어질 수도 있다. 처음에는 1mm로 구멍을 뚫고, (1.5mm), 2mm, (2.5mm), 3mm의 순으로 조금씩 구멍을 넓혀나가야 상처가 덜 나게 구멍을 뚫을 수 있다.

반다이에서 발매중인 LED 유닛은 건담 시리즈 외에도 다양한 키트에 적용할 수 있는 제품입니다. 버튼전지 두 개를 넣고 스위치를 켜면 손쉽게 LED 효과를 즐길 수 있고, 노란색, 초록색, 핑크색 등 종류도 다양합니다.

하지만 생산시기나 시중에 재고가 없어 원하는 색을 구하기 어려울 때도 있고, 정해진 색만 사용한다는 점은 조금 아쉽습니다.

이번에는 당장 구하기 어려운 LED 유닛을 대신해서 사용할 수 있는 자작 LED 유닛을 간단한 납땜으로 직접 만드는 방법을 알아보도록 하겠습니다.

BANDAI 1/100 MG RX-78-2 GUNDAM(GUNDAM THE ORIGIN)I

4 LED 유닛을 만들어보자

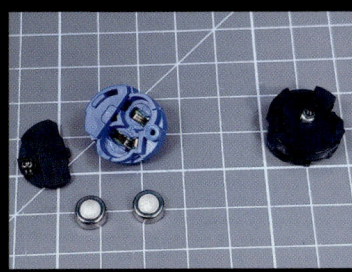
▲반다이의 LED 유닛 바닥에는 스위치가 있어서 간단하게 켜고 끌 수 있다. 1.5V의 LR41 버튼전지 두 개를 사용한다.

▲오리진 건담에는 노란색이나 핑크색 LED 유닛을 추천하고 있다.

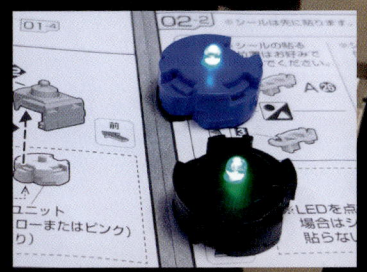

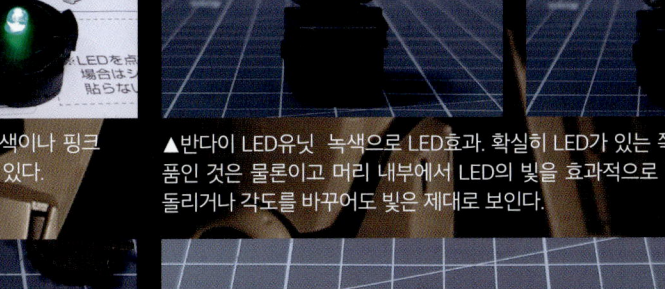
▲반다이 LED유닛 녹색으로 LED효과. 확실히 LED가 있는 쪽이 멋지다. 눈이 투명부품인 것은 물론이고 머리 내부에서 LED의 빛을 효과적으로 반사하는 설계로 머리를 돌리거나 각도를 바꾸어도 빛이 제대로 보인다.

▲앞서 살펴본대로 버튼전지와 LED를 +와 -를 맞추어 주면 간단하게 불을 켤 수 있다. 하지만 이 상태로는 모형의 몸속에 넣고 켜는 것이 불가능에 가깝다. 이 때 필요한 것이 전지 홀더이다. 전지를 안정적으로 고정하고 다른 부품과 연결해주는 역할을 한다.

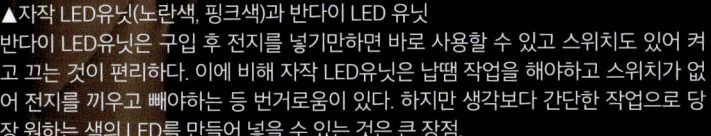
▲자작 LED유닛(노란색, 핑크색)과 반다이 LED 유닛
반다이 LED유닛은 구입 후 전지를 넣기만하면 바로 사용할 수 있고 스위치도 있어 켜고 끄는 것이 편리하다. 이에 비해 자작 LED유닛은 납땜 작업을 해야하고 스위치가 없어 전지를 끼우고 빼야하는 등 번거로움이 있다. 하지만 생각보다 간단한 작업으로 당장 원하는 색의 LED를 만들어 넣을 수 있는 것은 큰 장점.

자작 LED유닛

사용재료

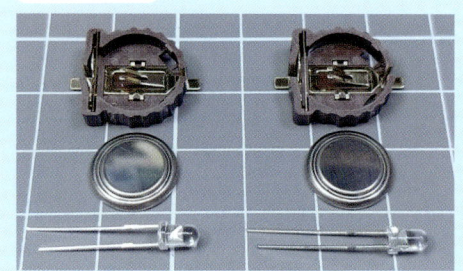

- 납땜용 도구
- AWG30 전선 검정색, 빨간색
- CR1220 버튼 전지 2개
- CR1220용 전지홀더(SMD BH-68) 2개
- 3mm 고휘도 LED 노란색 1개
- 3mm 고휘도 LED 핑크색 1개

(명칭을 검색하면 온라인 쇼핑몰에서 구입할 수 있다.)

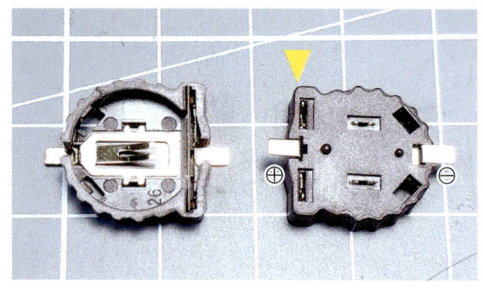

▲1220용 전지홀더의 앞과 뒤. 이번 공작에서는 뒤쪽에 LED를 설치한다. 귀처럼 튀어나온 부분이 +극이다. 1개에 300원 정도.

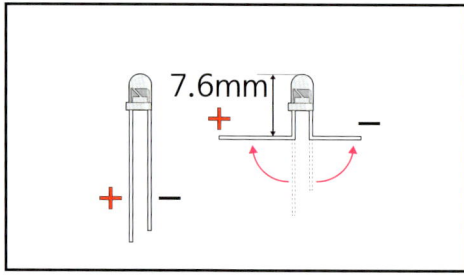

▲노란색 LED와 핑크색 LED의 다리를 그림처럼 길이를 맞춰 ㄱ자로 꺾어준다. 롱노우즈 플라이어를 사용하면 편리. 두 다리가 수평이 되어야 납땜을 쉽게 할 수 있다. 긴다리가 +, 짧은 다리가 -.

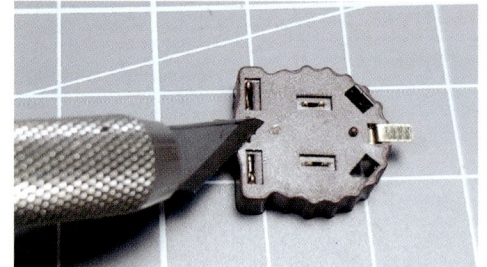

▲뒤쪽에 튀어나온 플라스틱 돌기 두 개를 잘라낸다.

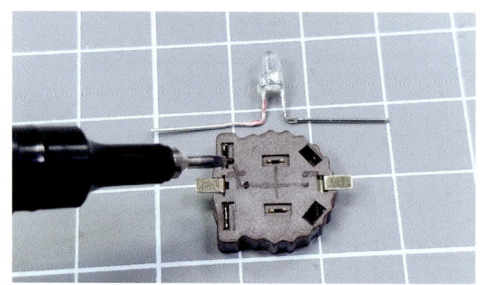

▲유성사인펜으로 +와 -를 표시하고 중심을 표시해 둔다. 글루건으로 붙이기 전에 LED의 긴다리(+)와 짧은다리(-)를 전지홀더에 붙이는 연습을 해본다.

▲LED를 홀더에 납땜하기 전에 임시고정용으로 글루건을 사용하면 편리. 글루건을 조금 쏘아준 후 LED를 고정한다. 홀더의 단자에 글루가 묻지 않도록 주의!

▲전지홀더와 LED의 +와 -를 맞추어 붙인 상태. LED다리와 단자가 잘 붙어있는지 확인.

▲전지홀더를 집게로 잡고 양쪽의 홀더의 단자와 LED의 다리를 납땜 한다.

▲양쪽에 튀어나온 전지홀더의 단자와 LED다리를 전자공작용 니퍼로 잘라준다.

▲1220 전지를 +가 쓰인 부분이 바깥쪽으로 보이도록 홀더에 넣는다.

▲전지를 분리할 때는 기다란 금속판을 뒤쪽으로 밀고 빼내면 된다.

▲핑크색과 노란색 LED 완성.
다른 색의 LED도 재미있는 효과를 낼 수 있다. 빨간 눈빛의 건담도..

▲이번에 만든 자작 LED 3종. 노란색, 핑크색, 녹색. 색 구분을 쉽게 하기 위해 유성 사인펜으로 표시를 해두었다. 납땜을 하다 보면 익숙해져서 글루건 없이도 LED와 전지 홀더를 납땜할 수 있다.

▲머리에 자작 LED를 장착.

▲몸통에 턱이 있어 머리를 분리할 때 LED유닛이 잘 빠지지 않는다.

▲두께 1mm의 프라판을 1.8cm × 1.2cm 크기로 잘라 준비한다.

▲몸통의 턱이 있는 위치에 끼워 넣는다.

▲LED유닛이 걸리지 않고 원활하게 장착, 분리가 가능하다.

다른 키트에도 적용 가능

건담 시리즈, 우주전함 야마토 시리즈 등 LED유닛을 사용하는 다른 키트에도 적용 해볼 수 있다.

▲MG 건담 더블오라이저 태양로에 적용한 예

▲MG 뉴 건담 에 적용한 예

▲우주전함 야마토 시리즈의 드레드노트 함교에 적용한 예.

LED의 색은 몇가지일까?

LED는 다양한 색이 있으므로 자신의 모형에 맞는 색을 골라 사용 할 수 있다. 시중에서 쉽게 구할 수 있는 색들을 알아보겠습니다.

빨간색은 그대로 사용하면 지나치게 밝은 느낌이 많이 드는 색 중에 하나. 모형에서 사용 할 때는 밝기를 줄여주는 쪽이 예쁘다.
노란색은 레이저 무기나 로켓추진 노즐 등에 사용.
주황색은 차량의 방향지시등이나 SF류의 분사구에 사용.
녹색은 비슷한 밝기의 LED중에서도 눈에 잘 띄는 색.
파란색은 생각보다 어두운 느낌.
흰색은 밝기의 종류가 다양하기 때문에 광량도 체크하는 것이 좋다.
웜 화이트는 백열전구와 같이 흰색과 노란색의 중간 쯤의 색상. 모형에서 백열전구를 표현 할 때 사용하면 좋은 효과를 낼 수 있다.
핑크색은 메카닉류의 의 카메라아이에 자주 사용. 공식 명칭은 마젠타(MAGENTA, 자홍색)

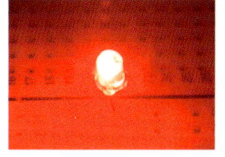
빨간색(RED)

노란색(YELLOW)

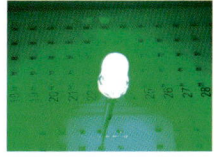
녹색(GREEN)

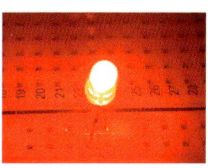
주황색(ORANGE)

파란색(BLUE)

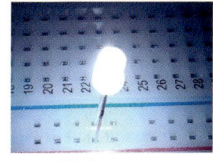
흰색(WHITE)

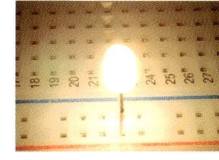
웜 화이트(WARM WHITE)

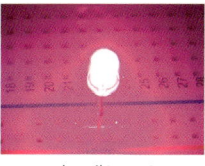
핑크색(PINK)

Step. 02
이것만 알면 더욱 멋진 LED 개조를 할 수 있다.

일반 빨간색 LED 앞에 주얼 씰을 붙여 LED의 밝기가 많이 줄어들었습니다. 찬란하게 빛나는 고휘도 LED에 비해 차분한 밝기로 빛나는 붉은색이 더욱 보기 좋습니다.

모형에 LED 를 적용할 때 찬란하게 빛나는 것도 필요할 때가 있지만, 분위기에 맞는 적당한 밝기의 빛이 더 어울릴 때가 있습니다. 이번 공작에서는 저항 같은 다른 부품을 쓰지 않고 LED 와 키트의 부품으로 차분한 붉은 빛을 만들어 보겠습니다. 신사쿠라대전 시리즈의 메카닉 중 하나인 앵무 (O Bu), 무한 (Mu Gen) 기체와는 다르게 프로토타입으로 설정.

BANDAI HG 1/24 SPIRICLE STRIKER PROTOTYPE OBU

1. 스위치로 LED를 ON/OFF

사용재료

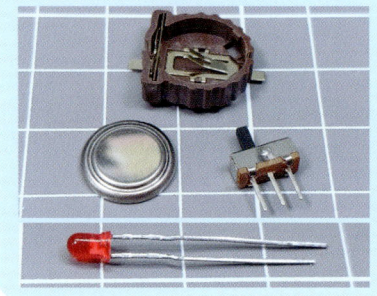

- 납땜용 도구
- AWG30 전선 검정색, 빨간색
- CR1220 버튼 전지 1개
- CR1220용 전지홀더(SMD BH-68) 1개
- 3mm 일반 LED 빨간색 1개
- 슬라이드 스위치(SS12E17-4) 1개
(명칭을 검색하면 온라인 쇼핑몰에서 구입할 수 있다)

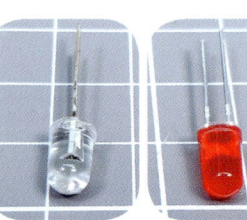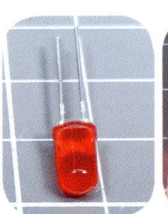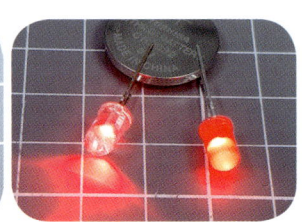

시중에서 판매중인 두 종류의 빨간색 LED. 렌즈가 투명한 것은 고휘도 LED, 색이 있는 것은 일반 LED라고 부른다. 전원에 연결해보면 고휘도 LED가 더 밝고 날카로운 느낌이고, 일반LED는 덜 밝지만 부드러운 느낌. 이런 효과를 디퓨즈드(Defused)라고 한다. 이번에는 모형에 적합한 적당한 밝기를 만드는 것이므로 일반LED(오른쪽)을 사용.

공간 확보

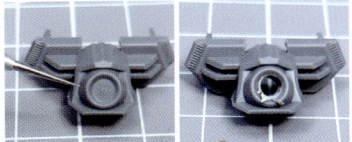

▲카메라 부품의 안쪽에 있는 핀을 먼저 제거해야 LED용 구멍을 제대로 만들 수 있다. 구멍을 뚫기 전 미리 철필로 중심을 잡아주면 편리. 1mm 핀바이스로 먼저 뚫고 드릴 직경을 점차 늘려서 3mm로 뚫어 주면 부품의 손상을 줄일 수 있다.

▲LED가 들어갈 공간을 확보하기 위해 몸체(A 12)의 표시한 부분을 잘라낸다.

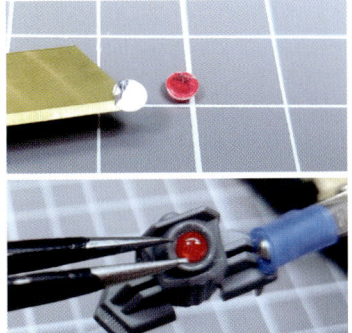

▲쥬얼 씰의 은박스티커를 칼로 벗겨내면 투명하다. LED의 광량을 감소시켜 부드럽게 퍼지게 하는 역할을 한다. 순간접착제로 카메라 부품에 접착.

▲공간 확보가 되면 전자공작용 재료를 준비. AWG30 빨간선, 검정선을 각각 12cm로 잘라 준다.

LED 설치

※전선과 LED를 납땜하는 방법은 1장 참고

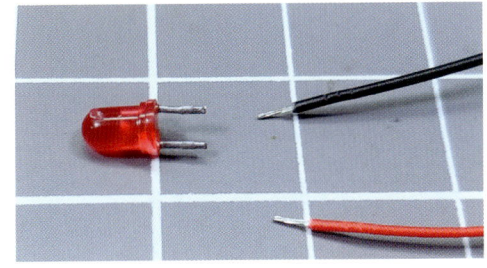

▲빨간색 LED의 다리를 5mm정도 남기고 잘라낸 후 납을 먹여둔다. 빨간선, 검정선을 4mm 정도 벗긴후 납을 먹여둔다

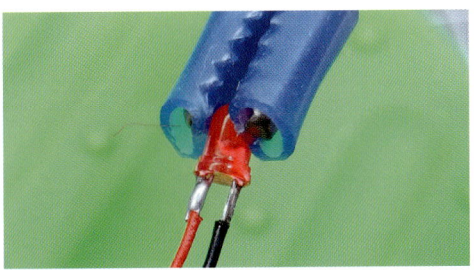

▲LED 내부에 있는 전극의 크기로 극성을 확인해서 납땜한다. 작은 전극이 +(빨간선), 큰 전극이 -(검정선).

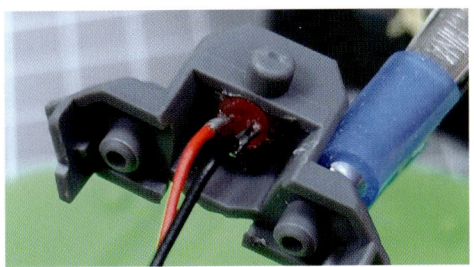

▲LED를 (E5)에 끼운다. 이때 LED를 너무 밀면 반대편 쥬얼씰이 떨어질 수 있으므로 주의.

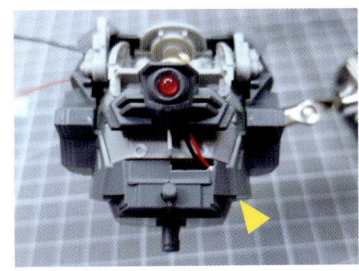

▲LED를 조립한 부품을 몸체에 조립. 이 때 전선이 지나갈 공간을 마련해준다.

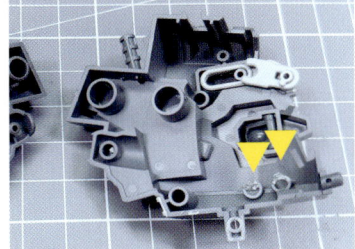

▲전선이 몸통을 통과하므로 표시한 위치의 원통을 잘라낸다. 조립에는 문제가 없다.

▲전선이 몸체 안에 마음대로 돌아다니면 조립할 때 방해가 될 수 있다. 알루미늄 테이프나 마스킹 테이프 등으로 전선을 고정한다.

▲전지홀더를 설치할 공간을 만들기 위해 몸체 뒤의 핀과 분홍색 덮개(B2-19)의 원형부분을 잘라낸다.

LED, 스위치, 전지 홀더 연결

▲전지홀더 뒷면에 유성 사인펜으로 +와 -를 표시(귀가 튀어나온 쪽이 +)

▲+쪽 단자를 90°꺾어서 세워준다. 단자를 세울 때는 천천히 해야한다. 빠르게 할 경우 단자가 끊어질 수 있으므로 주의.

▲글루건으로 스위치를 부착. 이 때 스위치의 다리 한쪽은 세워둔 단자와 맞붙인다.

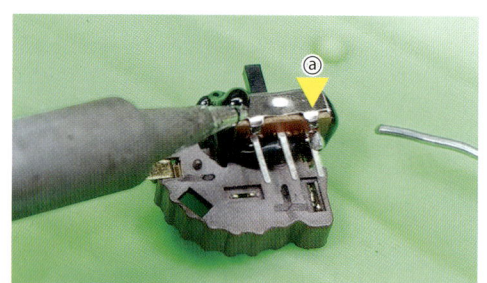
▲맞붙인 스위치 다리와 전지홀더의 +단자를 납땜.

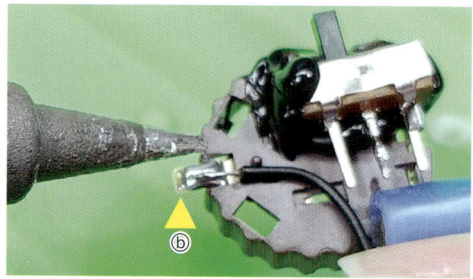
▲전지홀더의 -단자에 검정선을 납땜.

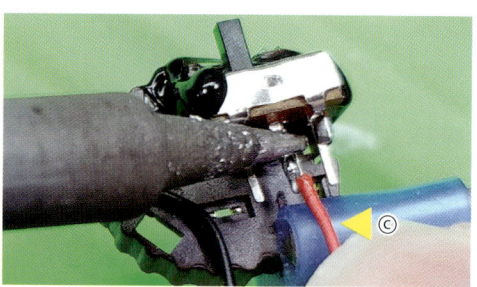
▲빨간선을 스위치의 가운데 단자에 납땜

마무리

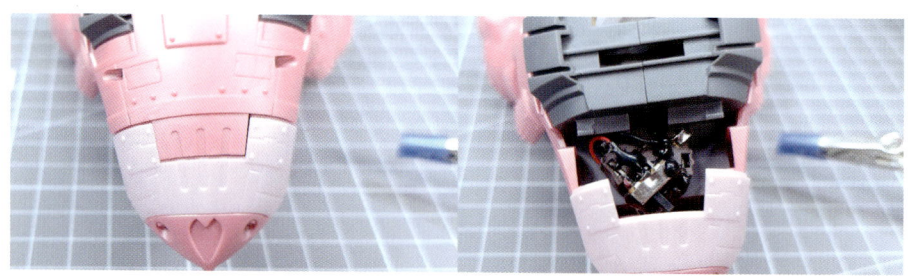
▲스위치를 부착한 전지홀더에 CR1220전지를 넣고 몸체 안에 넣은 후 덮개(B2-19)를 조립.

회로도

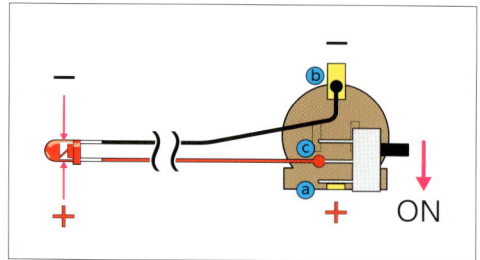
▲스위치를 화살표 방향으로 옮기면 전지홀더의 +(a)와 LED의 빨간선(c)가 연결되어 LED가 켜진다.

완성

LED를 사용하다 보면 한 번에 많은 수가 필요할 때가 있습니다. 전자부품을 여러 개 사용할 때는 직렬연결이나 병렬연결을 사용하는데 LED에는 병렬연결을 하는 것이 좋습니다. 이번 편에서는 2개의 LED를 쓰고 있는 반다이 라이트 유닛을 이용해 8개의 LED를 켜는 방법을 알아보겠습니다.

BANDAI 1/144 MILLENNIUM FALCON (THE FORCE AWAKENS)

2 여러 개의 LED를 사용해보자 LED병렬연결

사용재료

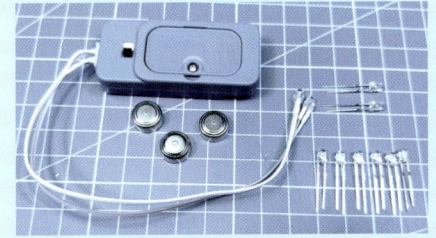

- 납땜용 도구
- AWG30 전선 검정색, 노란색, 흰색
- 반다이 라이트 유닛1개
- LR44 전지 3개
- 3mm 고휘도 LED 흰색 2개
- 3mm 고휘도 LED 파란색 6개
(명칭을 검색하면 온라인 쇼핑몰에서 구입 할 수 있습니다.)

▲반다이 라이트 유닛은 두 개의 고휘도 흰색 LED가 연결되어 있으며 LR44건전지 3개를 사용한다. 일부 반다이 제품에 포함된 것도 있으며 별도 판매도 하고 있다. 2,000엔.

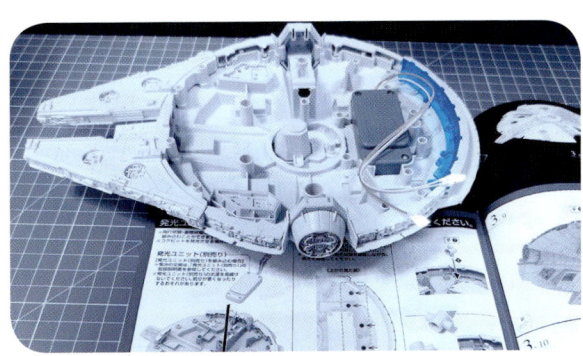

▲반다이의 밀레니엄 팰콘 모형에는 라이트 유닛을 설치할 수 있는 공간이 8개가 있다. 하지만 라이트 유닛의 LED는 두 개!! 모든 곳에 LED를 설치하면 멋질 것이다.

LED 준비

주의 : 이번 공작은 전선을 자르기 때문에 라이트 유닛에 문제가 없는지 미리 점검해야 한다. 라이트 유닛에 전지를 넣고 제대로 작동하는지 테스트한다. 만약 LED가 켜지지 않는다면 전지를 교환하거나 구입처에 문의. 전선을 자른 후 문제를 발견한다면 교환이 되지 않는다.

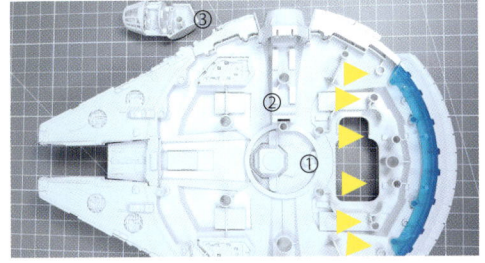

제품에 LED를 설치할 수 있는 곳은 총 8군데. ①엔진 : 파란색 6개 ②출입구 : 흰색 1개 ③ 조종석 : 흰색 1개

▲라이트 유닛의 전선을 5cm 정도 남기고 잘라낸 후 전선 끝부분을 1cm정도 벗겨 준다(더 길게 남기고 잘라도 OK).

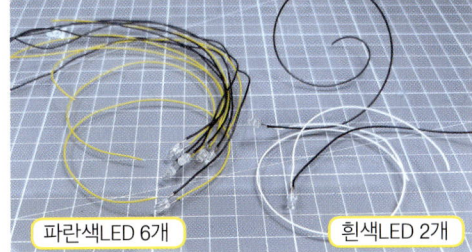

▲AWG30 전선 노란색(6개), 흰색(2개), 검정색(8개)을 20cm길이로 잘라 준비한다. 파란색 LED 6개에 노란선, 검정선을 납땜. 흰색 LED에는 흰선과 검정선을 납땜한다. LED 색에 따라 전선을 다르게 해주면 색 구분이 쉽다.

LED 설치
※전선과 LED를 납땜하는 방법은 1장 참고

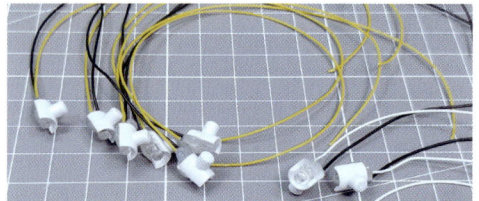

▲제품에 포함된 LED고정용 부품은 4개. 반으로 자르면 8개의 반원 형태를 만들 수 있다. 납땜한 LED를 글루건으로 고정한다.

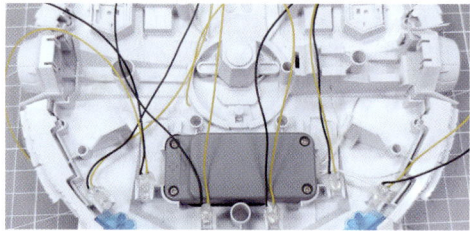

▲라이트 유닛을 조립한 다음, 엔진 조명용 파란색 LED를 지정한 여섯 군데에 조립한다.

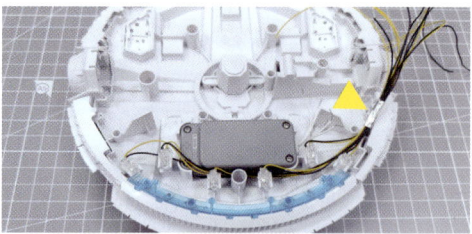

▲노란선, 검정선을 모아 라이트 유닛의 전선쪽으로 빼낸 후 전선 색깔별로 테이프를 사용해 묶어준다.

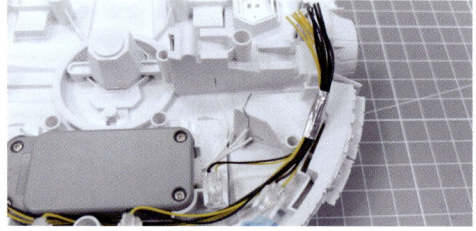

▲LED유닛에 연결할 적당한 길이로 전선을 잘라낸다. 테이프로 감아 놓았으므로 풀리지 않는다.

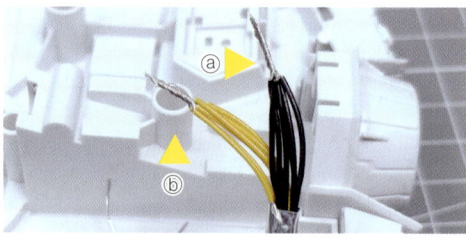

▲전선의 끝을 1cm정도 벗긴 후 각각 꼬아서 한 묶음으로 만든다. ⓐ는 검정선(-) 묶음, ⓑ는 노란선(+)묶음.

▲라이트 유닛의 흰선(+)과 노란선(+)을 함께 묶어주고, 회색선(-)과 검정선(-)을 함께 묶어준다. 그 후 수축튜브로 마무리. 수축튜브를 사용하면 전선이 풀리는 것과 합선을 방지할 수 있다.

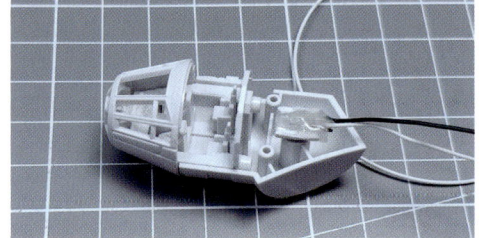

▲조종석에 흰색 LED를 설치.

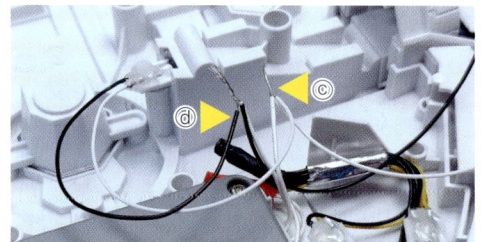

▲출입구에 흰색 LED를 설치. 조종석과 출입구 LED의 검정선과 흰선을 각각 1cm 정도 벗기고 한 묶음으로 만든다.

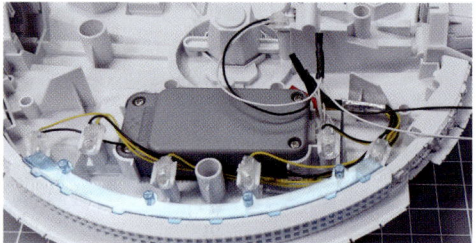

▲라이트 유닛의 흰선(+)과 LED의 흰선 묶음을 하나로 묶어 주고 회색선(-)과 검정선(-)을 하나로 묶어주고 수축튜브로 마무리.

회로도

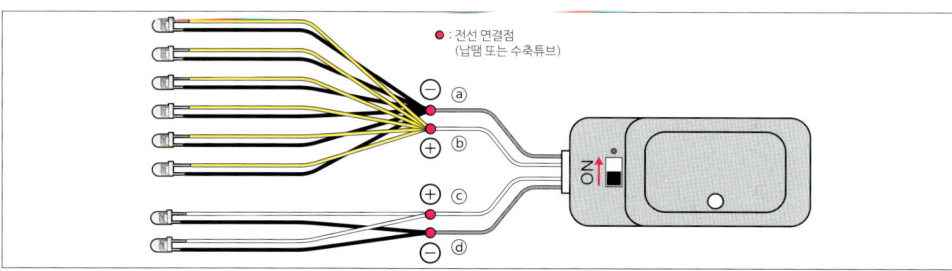

파란색 LED의 +극인 노란선을 하나로 묶어서 전원의 +극인 흰선에 연결. 흰색 LED의 +극인 흰선을 하나로 묶어서 전원의 +극인 흰선에 연결. (-극인 검정선도 마찬가지) 이렇게 같은 극끼리 모아서 연결 하는 것을 병렬연결이라고 한다. 여러 개의 LED를 동시에 켤 때 사용하는 방법.

▲키트의 아랫면의 커버를 열고 스위치를 ON/OFF 할 수 있다.

병렬연결의 특징과 한계

▲조종석 흰색 LED 간접조명

▲출입구 흰색 LED

버튼전지를 전원으로 하는 병렬연결에서의 주의사항.
① 많은 수의 LED를 병렬연결하면 버튼전지의 특성상 공급할 수 있는 전류의 양이 제한되기 때문에 전체적으로 LED의 밝기가 낮아진다.
② LED의 개수만큼 전류를 많이 소모한다. 버튼전지 자체가 오랫동안 LED를 켜지 못하는데, 병렬연결을 하면 더 빨리 에너지를 소모한다.
이럴 때는 전원을 늘려서 병렬연결의 개수를 나누거나 전원을 건전지(AA나 AAA사이즈 등)로 바꾸는 것도 생각해볼 수 있다.

※반다이 라이트 유닛은 별도판매를 하지만 판매점을 찾기가 쉽지 않다. 이럴 때는 다음장 "포니편"에서 소개하는 CR2032 스위치 홀더를 사용하는 방법도 추천.

아카데미의 문방구 시리즈. 70~80년대 추억의 아이템을 새로운 설계와 금형으로 발매중입니다. 정식 라이선스 생산을 한 신금형의 독수리 오형제 시리즈라던가, 갑자기 (최소한 제게는) 등장한 스케일 모형인 포니 자동차가 발매되었을 때는 꽤 놀랍고도 반가웠습니다. 앞으로 어떤 아이템이 나올지 기대가 됩니다. 포니 자동차의 독특한 4개의 전조등을 상향등과 하향등을 LED를 통해 재현해 보도록 하겠습니다.

ACADEMY 1/24 PONY

3. LED렌즈의 특성을 이용해보자.
자동차에 어울리는 LED의 색상은

사용재료

웜 화이트(3000K) LED와 화이트(5000K) LED

▲흰색은 색온도에 따라 다른색으로 보인다. 단위는 K(켈빈).
5,000K를 기준으로 숫자가 올라가면 쿨화이트(약간 푸른빛), 낮아지면 웜 화이트(약간 노란빛)의 색상. 일반적으로 사용하는 흰색 LED는 5,000K. 이번에 사용하는 웜 화이트는 3,200K이다.
실제 자동차에서는 전조등으로 할로겐 램프(3,000K정도)를 주로 사용하므로 모형 공작에서도 웜화이트를 사용하면 더욱 그럴듯하게 된다.

□ 납땜용 도구
□ AWG30 전선 검정색, 노란색, 빨간색
□ CR2032 버튼 전지 2개
□ CR2032 스위치 홀더 1개
 (약, 1000원 정)도
□ 고휘도 3mm LED 집중형 웜 화이트 2개
□ 고휘도 3mm LED 확산형 웜 화이트 2개
□ 슬라이드 스위치(SS12E17-4) 2개

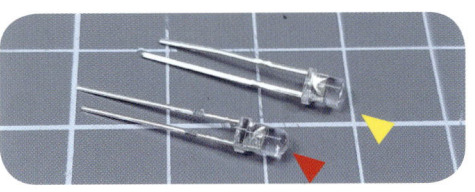

▲렌즈의 형태에 따라 다른 특성
노란색 표시의 LED는 렌즈의 끝부분이 평평하다. 빛을 퍼지게 하기 때문에 "확산형 LED"라고 하며 생긴 모양에 따라 실린더 타입이라고도 한다.
빨간색 표시의 LED는 렌즈의 끝부분이 둥근 모양이다. 빛을 모아주기 때문에 "집중형" 또는 "직진형"이라고 하며 일반적으로 사용하는 LED의 모양이다(간혹 타원형, 포탄형이라고 부르기도 함)

▲CR2032스위치 전지 홀더에는 전원을 켜고 끌 수 있는 스위치가 있고, 두 개의 2032 버튼전지를 병렬로 연결해서 6V를 사용한다. LED보다 높은 전압이지만 버튼전지의 특성상 LED를 고장 내지 않고 밝게 켤 수 있으므로 안심하고 사용해도 된다. 1,000원 정도.

▲확산형 LED와 집중형 LED의 차이점
같은 거리에서 LED를 켜보면 차이를 알 수 있다.
노란 표시가 확산형 LED로 넓은 범위를 비춘다. 이번 공작에서는 하향등에 사용 할 LED.
빨간 표시가 집중형 LED로 범위는 넓지 않지만 멀리까지 빛을 모아 비춘다. 이번 공작에서는 상향등에 사용.

LED 설치 준비

 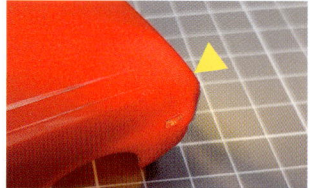  

▲포니의 전조등은 좌우 각각 두 개가 있다. 바깥쪽(▼)이 하향등, 안쪽(▼)이 상향등. 키트는 전조등이 있는 부분이 평평하게 설계되어 있는데 실차와 같이 오목한 형태였으면 하는 아쉬움이 있다. 왼쪽이 원래 키트 상태이고 오른쪽은 LED용으로 3mm의 구멍을 뚫어놓은 것.

▲자동차 모형은 차체의 두께도 얇고 밝은 색을 사용하기 때문에 LED를 켜면 그림처럼 빛이 플라스틱을 투과하는 빛샘문제가 있다.

▲알루미늄 테이프를 차체 안쪽에 넓게 붙여주면 빛샘문제를 방지할 수 있다. 한 번에 전체를 붙이면 구겨지거나 찢어질 수 있으므로 부분부분 구간을 나눠서 붙여나가는 것이 요령.

▲다시 LED를 켜서 빛샘이 없는지 확인. 보닛부분은 좋아졌지만 옆 부분은 여전히 빛샘이 보인다. 다시 알루미늄 테이프를 추가.

LED설치

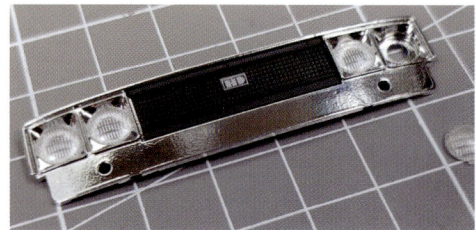  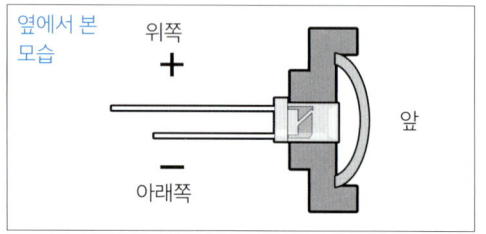

▲양쪽에 LED용 3mm 구멍을 뚫어준 후 전조등 커버(투명부품)을 접착한다. 헤드라이트 부분이 평평해서 만약 LED를 먼저 끼워 튀어나오면 커버를 붙일 수 없기 때문에 LED를 설치하기 전에 미리 접착을 한다.

▲바깥쪽은 확산형(노란색 표시), 안쪽은 집중형(빨간색 표시) LED를 끼워 넣는다.

▲LED를 조립할 때 위쪽이 긴 다리(+), 아래쪽이 짧은 다리(-)가 되도록 한다. 방향이 바뀌어도 상관은 없지만 일종의 기본 규칙처럼 해놓으면 헷갈리지 않는다. 이렇게 해두면 다리를 잘라도 위쪽이 +라는 것을 쉽게 알 수 있다.

 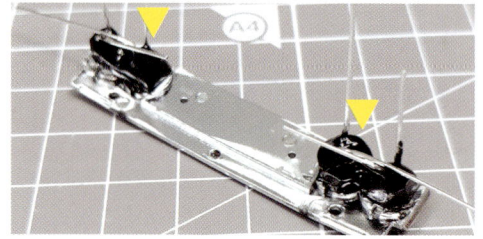 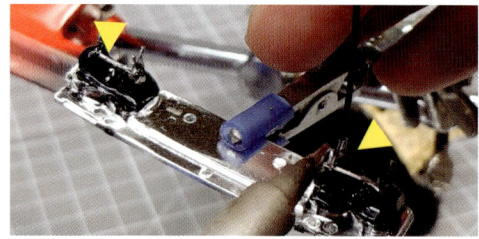

▲글루건으로 LED를 고정. 검정색 글루건을 사용하면 고정도 되고 뒤쪽으로의 빛샘 문제도 방지할 수 있다. 조금씩 짜내면서 덧붙이기 작업을 한다. 한번에 많은 양을 짜내면 열로 인해 플라스틱 부품이 변형될 수 있다.

▲바깥쪽 LED의 -극(짧은 다리, 아래쪽)를 구부려 안쪽 LED의 -극(짧은 다리)에 붙여 놓고 납땜(글루가 넘친 부분은 완전히 굳은 후 칼로 잘라낸다).

▲납땜한 다리의 여분을 잘라낸 후 5cm 길이의 AWG30 검정선을 납땜한다. 좌우 모두 작업하면 검정선이 두 줄이 된다.

전선연결

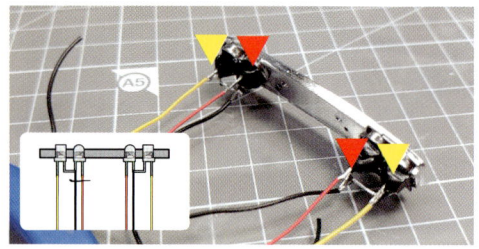 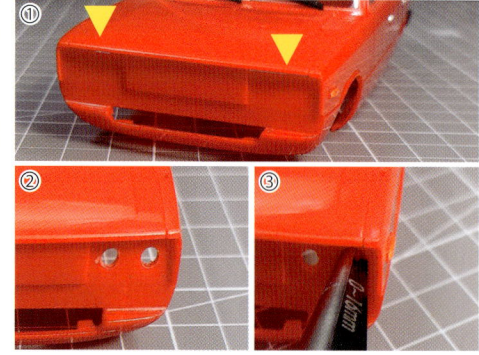 

▲노란선, 빨간선을 5cm길이로 각각 두개씩 준비. 바깥쪽 LED(노란표시, 확산형)의 +극에는 노란선을 납땜하고, 안쪽 LED(빨간표시, 집중형)의 +극에는 빨간선을 납땜한다.(회로도 참고)

① 제품은 LED가 들어갈 부분이 막혀있기 때문에 구멍을 만들어야 한다.
②③ 3mm 구멍을 뚫어 준 후 모형용 리머로 구멍을 적당히 크게 넓혀준다.
④ 남은 부분을 칼로 정리해서 사각형의 구멍을 만들어준다.

▲빨간선 두 개의 끝을 1cm 정도 벗기고 여기에 20cm길이로 자른 빨간선을 더해 세 가닥을 하나로 꼬아서 연결한다.

▲묶어준 속전선을 접고 수축튜브로 마무리. 나머지 노란선, 검정선도 색깔에 맞추어 동일하게 작업한다.

▲ⓐ=노란선 묶음. 상향등 두 LED를 병렬로 연결한 것. ⓑ=빨간선 묶음. 하향등 두 LED를 병렬로 연결한 것. ⓒ=검정선 묶음. 모든 -극은 하나로 연결해도 되므로 검정선은 한가닥이 된다.

LED전선 설치와 공간 만들기

▲① 스위치의 폭과 움직이는 거리에 맞추어 구멍 뚫을 위치를 연필로 표시해둔다. ② 표시한 곳 안쪽에 핀바이스 2mm로 구멍을 두개 뚫는다.

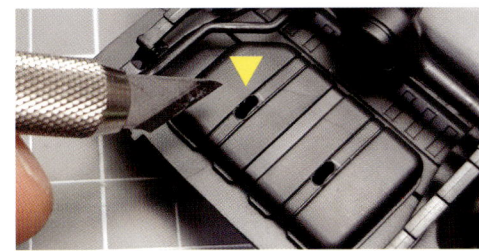
▲구멍 사이를 칼로 잘라내고 둥근 끝부분을 사각형으로 다듬어서 마무리.

▲차체 안쪽에서 스위치 두 개를 글루건으로 붙여준다.

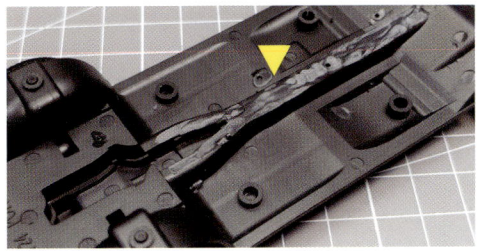
▲전조등의 전선이 쉽게 지나가도록 표시한 부분을 깍아준다.

▲승객실을 조립하고 가운데 홈 부분으로 전조등의 전선 세 가닥을 통과. 테이프로 고정해두어야 조립에 문제가 없다. 스위치 홀더에 CR2032전지 두 개를 넣은 후 스위치는 ON으로 한 후, 트렁크(노란색 표시) 부분에 넣어둔다.

▲전조등의 검은선과 전지홀더의 검은선을 하나로 묶어주고 수축튜브로 마무리. 전선의 길이가 길면 잘라서 내고 묶어준다.

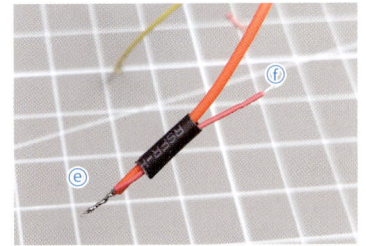
▲전지홀더의 빨간선에 길이 3cm정도의 전선을 연결하여 납땜을 준비. 이 때 수축튜브는 열을 가하지 말고 끼우만 둔다.

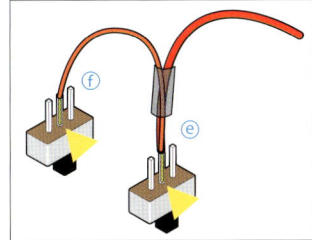
▲전원선ⓔ와 ⓕ를 각각 스위치의 가운데 단자에 납땜하고 수축튜브를 내려 마무리.

▲ⓖ전조등의 노란선에 수축튜브를 끼우고 오른쪽 스위치의 뒤쪽 핀에 납땜한다. ⓗ전조등의 빨간선은 왼쪽 스위치에 같은 방법으로 납땜.
※납땜할 때는 수축튜브를 위로 올려야 합니다.

▲납땜이 끝나면 전선에 끼워둔 수축튜브를 내려서 열을 가해 수축시킨다.

회로도

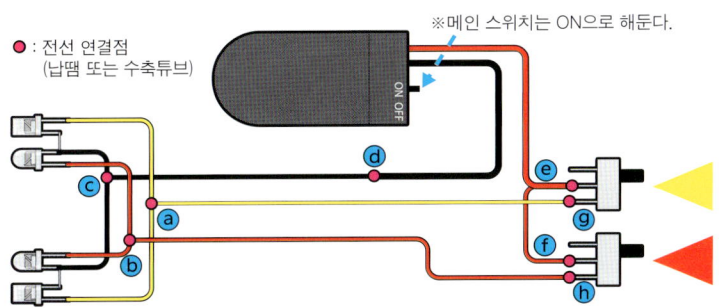

LED쪽
ⓐ 하향등은 노란선으로 연결
ⓑ 상향등은 빨간선으로 연결
ⓒ LED의 -극은 검정선으로 연결
ⓓ LED와 전지홀더의 검정선을 연결.

스위치쪽
ⓔⓕ스위치의 가운데 단자에는 전지홀더의 +를 병렬 연결.
ⓖ스위치 하나에는 LED의 노란선을 연결
ⓗ다른 하나에는 빨간선을 연결

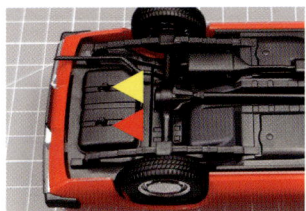
▲차체를 기준으로 오른쪽 스위치(노란 표시)가 하향등, 왼쪽 스위치(빨간 표시)가 상향등.

▼하향등만 켰을 때

▼상향등과 하향등을 함께 켰을 때

Step. 03
건전지를 사용 할 때 LED를 보호하는 저항
BANDAI 1/100 MG MS-07B GOUF Ver. 2.0

지상전의 푸른 에이스
MS-07B GOUF

건전지로 LED를 켜보자

지난 공작에서는 코인 전지를 전원으로 사용하였습니다. 특별한 전기 지식이 없어도 + 와 - 만 맞추면 LED 를 바로 켤 수 있는 장점이 있습니다. 하지만 여러 개의 LED 를 동시에 켠다면 제대로 된 밝은 빛을 출력하지 못하며, 사용시간 또한 급격하게 줄어드는 단점이 있습니다. 여러 개의 LED 를 안정적으로 켜기 위한 방법은 전원을 바꾸는 것입니다. 이번 공작에서는 AA 건전지를 사용하고 그에 따른 저항의 사용 방법을 알아보도록 하겠습니다.

전원을 끈 상태

1. 건전지 사용과 저항 연결

건전지로 LED켜기

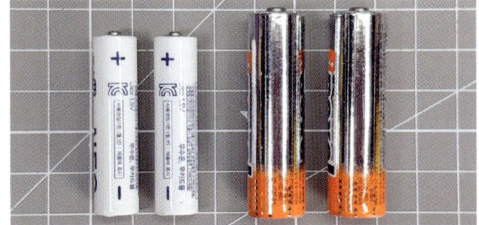
▲원통 모양의 일회용 건전지. 작은 것은 AAA 사이즈(길이 약 43mm), 큰 것은 AA사이즈(길이 약 52mm). 두 종류 모두 1개에 1.5V의 전압. AA사이즈 건전지는 더 긴 사용 시간이 장점, AAA사이즈 건전지는 비교적 작은 크기가 장점이다.

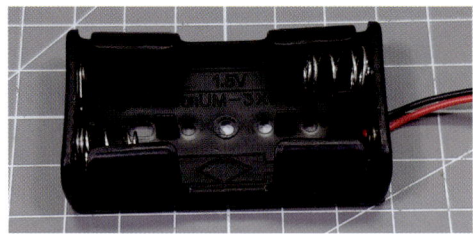
▲"AA건전지 2구 홀더" AA사이즈 건전지 한 개의 전압은 1.5V이므로 LED를 켤 수 없다. 그래서 건전지 두 개를 연결하여 3V로 사용할 수 있는 건전지 홀더가 필요. 전선이 달려있는 것이 사용하기 편리하다. 300원~500원 (※AAA건전지 홀더도 있음.)

▲지난 1,2화에서는 코인 전지를 사용했다. 코인 전지는 3V의 전압이지만 출력 전류가 낮아 어떤 LED 도 문제없이 켤 수 있다. 하지만, 이번에 사용하는 건전지 3V에 연결할 때는 사용에 주의해야 한다.

▲2구 홀더로 건전지 두 개를 연결하면 3V가 되어 LED를 켤 수 있다. 파란색, 흰색, 고휘도 초록색, 핑크색 그리고 웜 화이트는 건전지 3V에 바로 연결해도 문제없이 켤 수 있다.

일반건전지(AA 또는 AAA)를 사용할 때의 장단점.

장점
① 여러 개의 LED를 병렬로 연결하여 켤 때 안정적으로 전원을 공급 할 수 있다. (이 점이 가장 중요한 이유)
② 코인전지에 비해 오랫동안 사용할 수 있다.
③ 어디에서든 저렴하고 쉽게 구입할 수 있다.

단점
① 건전지의 크기 때문에 아주 큰 모형이 아니면 모형 속에 숨겨 넣는 것이 어려워 베이스를 따로 만들어야 한다.
② 2V에서 작동하는 빨간색, 노란색 LED의 경우 반드시 저항을 사용해야 한다.
(하지만, 전자공작에서는 저항을 제대로 다루어야 더욱 재미있는 활용이 가능하기 때문에 공부하는 것을 피하지는 말자)

▲2V에서 작동하는 빨간색, 노란색 LED. 건전지 3V에 바로 연결하면 고장이 난다. 빨간색 노란색 LED를 안전하게 보호하기 위해서는 51Ω의 저항을 사용해야 한다.

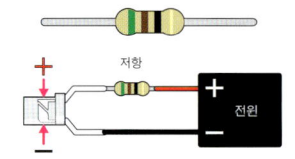
①저항에는 색띠가 있고 이것으로 저항값을 알 수 있다. ②LED와 전원 사이에 저항을 설치. +극 또는 -극 중 어느 한쪽에 연결한다. 이 책에서는 항상 +극 쪽에 연결하는 것을 기준으로 한다.

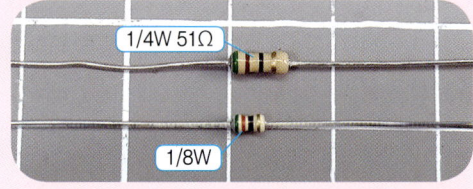
▲ 이번 공작에서는 51옴, 150옴 두 가지 저항을 사용. 모형용으로 LED를 켤 때는 보다 작은 크기인 "1/8W(와트) 저항"으로 구입하는 것이 좋다.

LED에 직접 저항 연결하는 방법

▲저항의 한쪽 다리를 약 4mm 남기고 절단.

▲저항을 집게에 물리고 잘라낸 다리를 인두로 약 1초 가열 후 납을 가져가 녹여 붙인다.

▲LED 다리를 약 4mm남기고 절단.

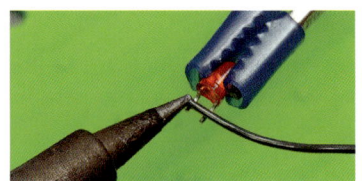
▲LED 다리에 인두를 약 1초 동안 대고 납을 녹여 붙인다(납 먹이기)

▲LED의 +극과 저항을 맞대고 인두로 녹이면 쉽게 붙는다.

▲저항의 반대편 다리를 자른 후 빨간선을 연결하고 -극에 검정선을 연결(전선에도 미리 납을 먹인다).

▲납땜 위치에 1.5파이의 수축튜브를 10mm길이로 자른 후 씌운다.

▲열을 가해 튜브를 수축하여 마무리.

2 각 부분 LED개조

모노아이

확산형 고휘도 3mm LED 핑크색 1개, 저항 150Ω, AWG30 전선 빨간색, 검정색
모노아이에 사용하는 핑크색 LED를 아주 밝은 빛으로 만들고 싶다면 첫단계처럼 직접 연결. 빛을 약하게 하려면 두번째 단계와 같이 저항을 연결합니다.

▲모노아이는 3mm 고휘도 핑크색 LED를 사용. 렌즈가 평평한 확산형 렌즈를 선택. 고토부키야의 별매 옵션파트인 MSG 실린더를 사용해서 LED를 고정.

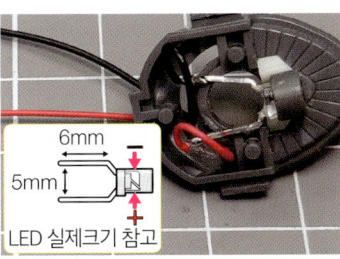

▲LED의 다리는 ㄷ 모양으로 벌려 주고 8mm정도 다리를 남기고 잘라준 후 +극에 빨간선, -극에 검정선을 납땜(AWG30 전선 사용)

▲목 받침 부품의 뒤쪽 실린더 몰드 두 군데를 잘라 내고 1mm의 구멍을 뚫어 LED의 전선이 통과하도록 준비.

▲목 받침과 목 부품을 조립한 후 빨강, 검정 전선을 통과. 목 부품의 밑부분에도 전선 통과용 구멍을 뚫어 둔다.

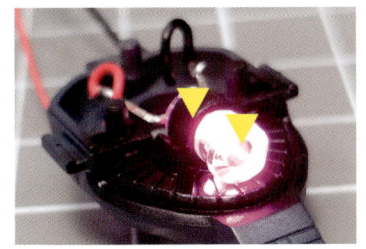

▲부품에 포함된 투명부품을 순간접착제로 접착. LED의 빛이 직접 나오는 것보다 깊이 있는 느낌이다. 투명부품과 LED의 뒷면에서 빛이 나오면 모노아이에서 나오는 빛의 집중도를 떨어뜨린다.

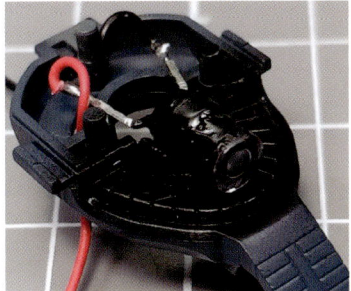

▲투명부품의 앞면을 남겨두고 나머지 부분을 검정색 도료로 칠해서 빛 샘을 막아준다.

직접연결

▲핑크 LED는 저항 없이 3V의 건전지에 바로 연결하면 너무 밝기 때문에 모형 전체의 밸런스가 무너진다.

▲LED의 +극에 저항 150Ω을 연결하고 저항에 빨간선을 연결

저항연결

▲150Ω의 저항을 연결해서 광량을 적당하게 조절. 사용자의 취향에 따른 것이므로 스스로도 테스트를 해보자.

코크피트

확산형 고휘도 3mm LED 웜 화이트 1개, AWG30 흰선, 검정선
코크피트에 LED를 설치하여 내부를 비추면 커버를 덮었을 때도 좋은 효과를 낼 수 있습니다.

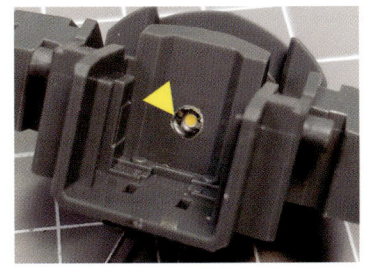

▲코크피트 천정에 3mm 구멍을 뚫고 LED를 설치.

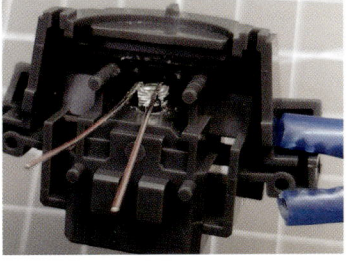

▲안쪽에서 본 고휘도 3mm 웜화이트 LED 모습. LED의 다리를 90도 꺾어서 납땜을 준비.

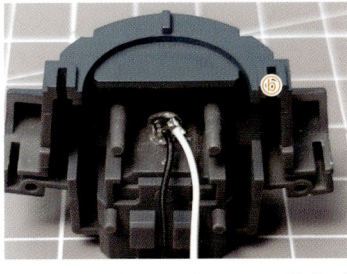

▲LED의 다리를 자른 후 AWG30 흰선, 검정선을 극성에 맞춰 납땜.

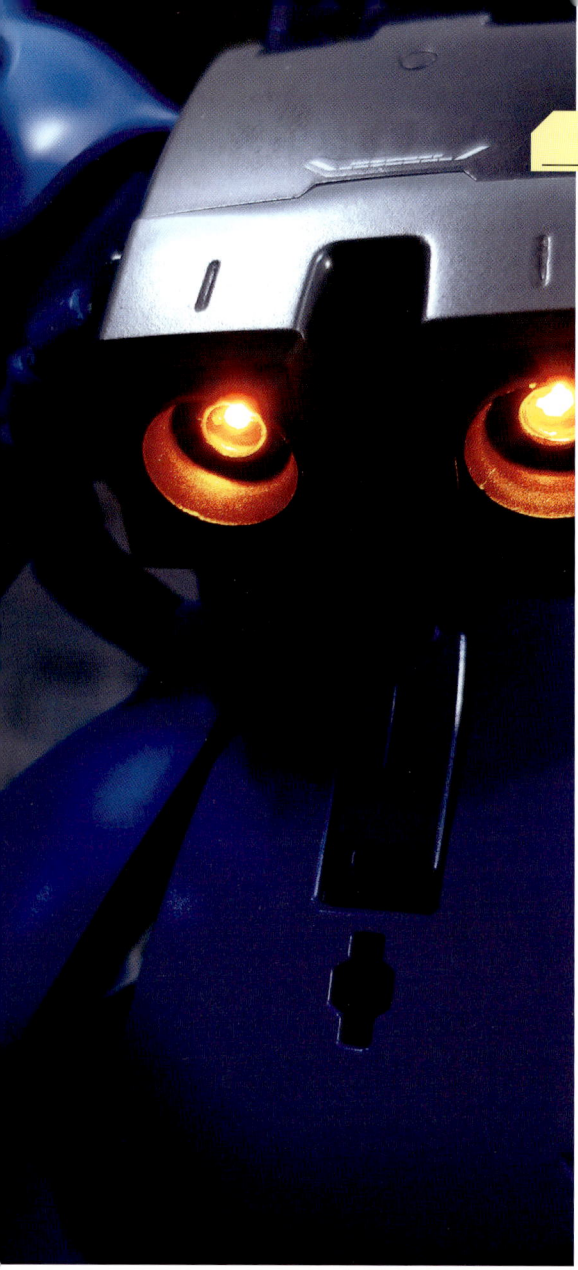

백팩

확산형 고휘도 3mm LED 노란색 2개, AWG30 노란선, 검정선
백팩의 버니어 부분은 노란색 LED를 병렬로 연결해서 사용했습니다.

▲기존 버니어를 고정하는 볼 조인트를 잘라낸 후 1mm 핀바이스로 LED다리의 간격과 같은 2.5mm 간격의 구멍을 뚫어준다.

▲모형에 전자공작을 할 때에는 LED의 설치 위치를 만드는 것과 전선이나 저항을 설치할 공간 확보가 중요. 백팩의 안쪽에 공간을 만들기 위해 표시한 벽을 제거.

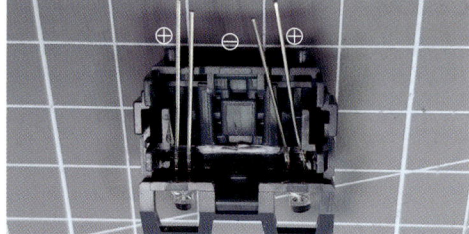
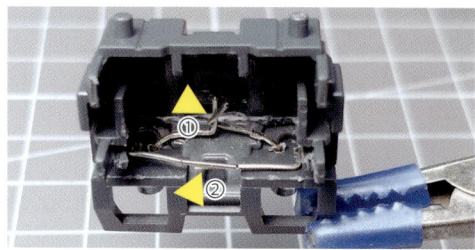

▲LED의 -극(짧은 다리)을 안쪽으로 맞추어 두 개의 LED를 끼운다.

▲①LED의 -극 다리를 세워 꼬아준다. ②+극 다리는 -극과 합선되지 않도록 앞으로 꺾어 서로 맞닿게 해둔다.

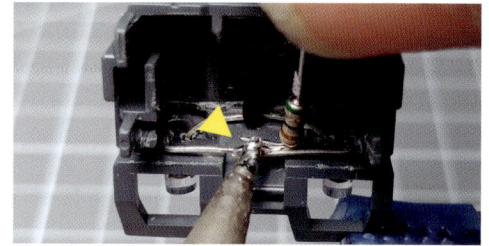

▲꼬아준 -전극에 검정전선을 납땜하고 수축튜브로 감싸 마무리.

▲맞붙인 두 개의 +전극을 먼저 납땜한 후 저항을 납땜한다.

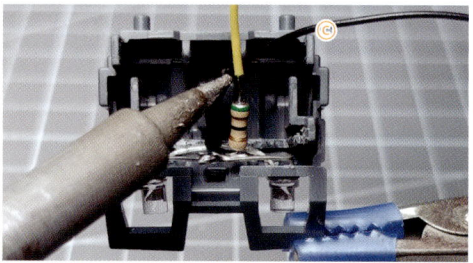

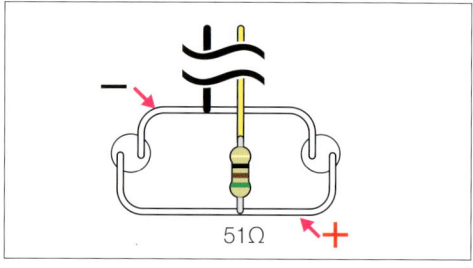

▲연결한 51옴 저항에 노란전선을 납땜하고 수축튜브로 마무리.

▲①납땜한 저항과 전선을 백팩에 넣어 정리 ②등 부품에 2mm의 구멍을 뚫고 노란선과 검정선을 통과시킨 후, 백팩을 조립.

▲회로참고

히트 세이버

확산형 고휘도 3mm LED 웜 화이트 1개, AWG32 흰선, 검정선
팔의 좁은 내부 공간을 통과해야 하기 때문에 AWG30보다 더 가는 AWG32 전선을 사용했습니다.

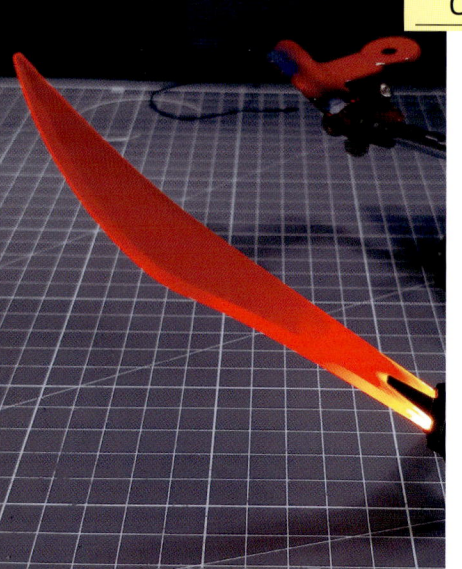

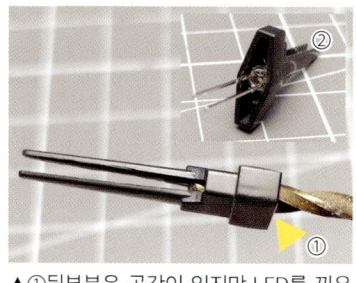
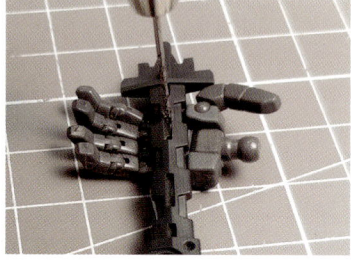

▲LED를 설치해 빛을 내기 위해, 히트 세이버의 칼날 받침 부품의 가운데 부분을 잘라낸다.

▲①뒷부분은 공간이 있지만 LED를 끼우기에는 좁기 때문에, 3mm 핀바이스로 구멍을 넓혀 준다. ②LED를 끼워 넣은 상태.

▲손잡이를 손바닥에 조립한 다음, 1mm 핀바이스로 손잡이에서 손바닥까지 관통하도록 두 군데의 구멍을 뚫어준다.

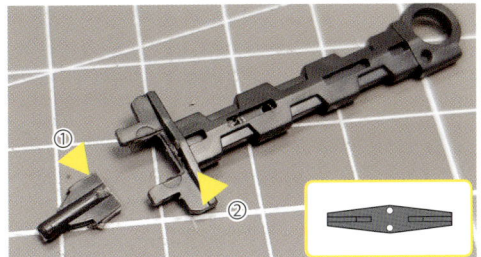
▲①LED 공간을 확보하기 위해 손잡이 부품을 잘라 낸다. ② LED의 전극 다리를 통과시키기 위해 그림의 위치 두 군데를 1mm 핀바이스로 뚫어준다.

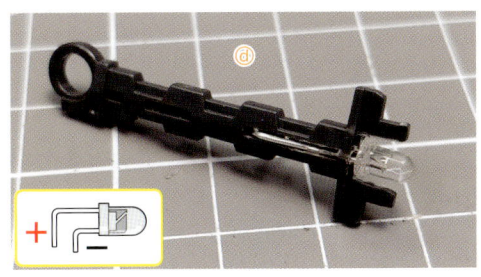
▲손바닥을 기준으로 LED의 +전극은 바깥쪽, -전극은 안쪽 구멍에 끼워 넣고 각각의 전극을 90도로 꺾어준다. 사진에 바깥쪽 상태로 보이는 전극은 +.

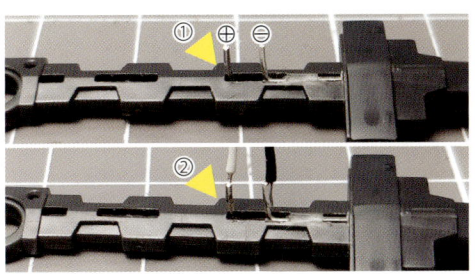
▲안쪽에서 본 상태. ①전극을 5mm정도 남기고 잘라낸다 ②+극에는 AWG32 흰선, -극에는 검정선 납땜.

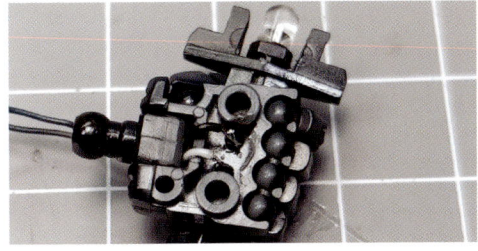
▲이전 과정에서 뚫어준 구멍으로 전선을 빼내고 칼 손잡이와 손바닥을 조립. 사진은 손등장갑을 씌우기 전 모습.

▲팔꿈치 관절의 표시한 부분을 깎아내야 전선이 눌리지 않는다. 전선은 팔꿈치 관절 부품의 안쪽에 설치.

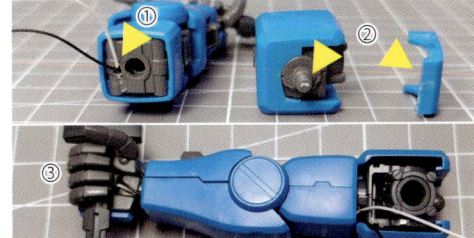
▲①상박에 1.5mm 구멍을 뚫어 전선을 통과. ②어깨 블록의 표시 위치를 깎아 전선이 지나는 공간 확보. ③히트 세이버 전선을 모두 조립한 상태.

베이스 제작
건전지의 수납은 물론, 구프의 박스아트의 자세를 재현하기 위해 바위 모양의 베이스를 제작했습니다.

▲두께 3cm의 아이소핑크를 적당한 크기로 자르고 세 장 겹쳐서 접착. 아이소핑크는 수용성 접착제를 사용해야 문제없이 접착이 가능하다. 하루 정도 건조시킨 후 작업가능.

▲바위 이미지를 생각하면서 칼로 깎아 모양을 잡아 준다. 이 때 오른쪽 다리를 고정하고 전선을 통과시켜줄 내경 7mm의 파이프도 함께 심어준다.

▲바닥에 건전지 홀더와 스위치를 설치할 곳을 파내 준다.(아이소핑크는 가공이 쉽다는 장점)

▲수성계인 모델링 페이스트를 바르고 붓을 이용해 표면을 정리. 굳기 전에 화분 꾸미기용 작은 돌들을 심어 준다. 망치로 깨어주면서 크기의 변화를 주었다.

▲하루 정도 지난 후, 락카 계열의 빨간색, 올리브드라이브, 검정색 등 색을 무작위로 붓질.

▲이후 락카도료인 우드 브라운, 다크 옐로우, 탄의 순서대로 에어브러싱. 이 때 신너를 80-90% 정도로 아주 묽게 해주면 바닥의 불규칙한 색이 드러난다. 마지막으로 미스터 컬러 188 플랫 베이스러프를 뿌려주면 먼지가 앉은 듯한 효과를 낼 수 있다.

몸체 전선 연결
전선이 복잡해 보이지만 원리는 같은 극성끼리 하나로 묶는 것입니다. 회로도 참고

▲상체에 모든 회로를 모아 조립을 준비. 머리(빨간선), 백팩(노란선), 히트 세이버 (흰선), 코크피트(흰선) 그리고 검정선 네 가닥으로 구분.

▲네 개의 검정선을 모두 한 묶음으로 만들고 전원에 연결할 검정선을 추가해서 묶어준 후, 수축튜브로 마무리.

▲흰선 두 개, 빨간선, 노란선을 모아 한 묶음으로 만들고 전원에 연결할 빨간선을 추가해서 묶어준 후, 수축튜브로 마무리.

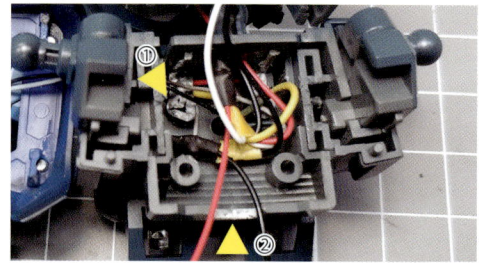
▲①전선 묶음을 상체에 정리해 넣어준다. 이 때 기존에 있던 구멍 부분을 잘라내면 공간을 확보할 수 있다. ②표시한 부분을 잘라낸 후 검정선과 빨간선을 빼낸다.

▲상체를 조립한 후 머리와 팔의 전선을 핀셋 등으로 밀어 넣어주면서 마무리. 밀어 넣어준 만큼 전선이 여유가 있어서 가동이 자유롭게 된다.

▲네 군데의 LED가 제대로 작동하는지 테스트. 저항은 이미 연결해 두었기 때문에 3V 건전지를 연결해도 LED는 정상작동.

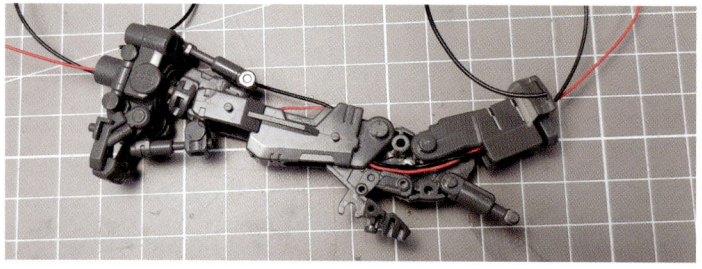
▲전원용 전선(검,빨)을 우측 다리에 설치. 발바닥에는 베이스 고정용으로 7mm의 파이프를 접착. 전선은 종아리를 통과한 후, 무릎관절 부품의 안쪽에 설치. 허벅지 부품에 2mm 구멍을 뚫고 전선 통과

▲허벅지와 고관절을 연결하는 부품의 가운데에 2mm구멍을 뚫고 전선을 빼낸다.

▲허리 부품의 표시한 위치에 상체의 빨간선, 검정선을 통과하기 위한 2mm의 구멍을 뚫고 상하체 조립을 준비한다.

▲상하체를 결합하여 전선을 적당한 길이로 자른 후 같은 색의 선끼리 묶고, 수축튜브로 마무리.

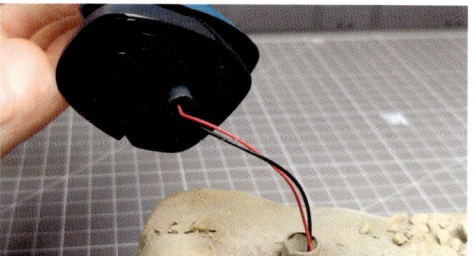
▲전원선을 베이스의 파이프에 넣어준 후 발의 7mm 파이프를 끼워 고정.

베이스 전원 장치 제작

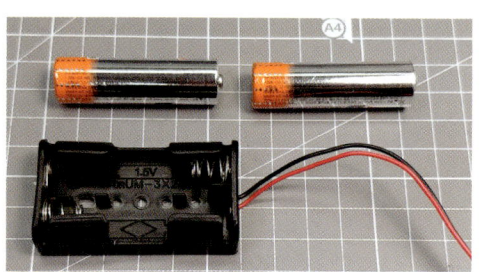
▲전원으로 사용할 알카라인 AA 건전지 2개, AA건전지 2구 홀더, 슬라이드 스위치 그리고 스위치 연결용 빨간색 전선.

▲스위치에 빨간색 전선 두 개를 납땜하고 수축튜브로 마무리.

▲스위치는 베이스에 글루건을 이용해서 고정.

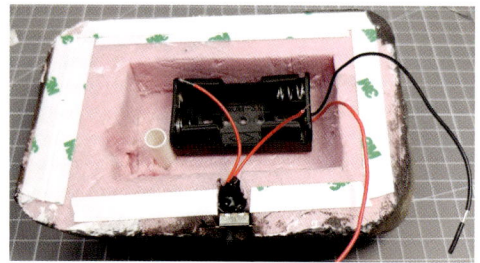
▲건전지 홀더는 양면테이프로 붙이고 바위 블록을 액자 프레임에 붙이기 위해 양면 테이프를 붙여둔 상태.

▲바위 블록(아이소핑크)를 액자 프레임에 붙여준다. 구프에서 나온 전원선(검, 빨), 스위치전선(빨,빨), 건전지 전선 (검, 빨)이 있다.

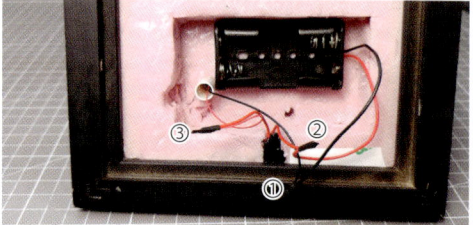
▲①모형에서 나온 검정선과 건전지 홀더의 검정선을 연결. ②건전지의 빨간선과 스위치의 빨간선 하나를 연결. ③모형의 빨간선과 스위치의 남은 빨간선을 연결. 연결한 후에는 각각 수축튜브로 마무리 한다.

회로도

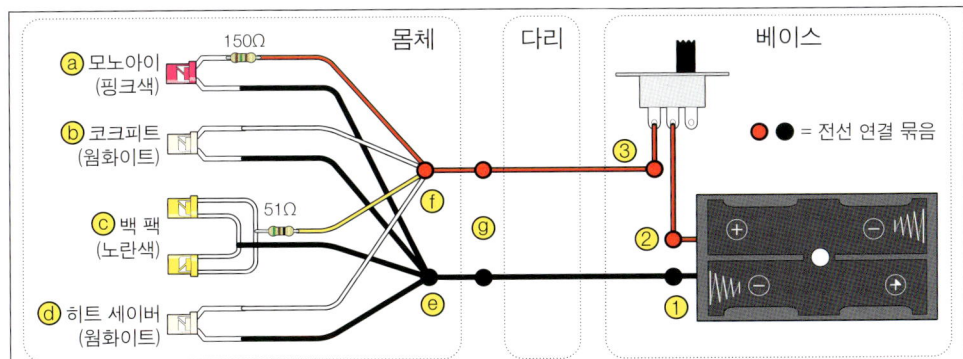

몸체
LED에 필요한 저항을 각각 연결하고 같은 극성의 전선을 하나로 묶어준다. 이렇게 같은 극성끼리 하나로 묶는 것을 병렬연결이라고 한다. ※모노아이 핑크색 LED의 저항은 없어도 성능에는 문제가 없지만(매우 밝다), 백팩 노란색 LED의 저항은 반드시 연결해야 고장이 나지 않는다.

베이스
1.5V AA건전지 두 개로 3V를 만든 건전지 홀더와 슬라이드 스위치를 설치. 스위치 하나로 네 군데의 LED를 한꺼번에 켜거나 끌 수 있다.

도장 및 개조

기본도장은 미스터 컬러 락카 도료를 사용. GX2 블랙을 밑칠로 도장 후, 모듈레이션으로 각 면마다 미들 톤과 하이라이트를 에어브러싱. 모듈레이션 페인팅을 할 때는 도료 40% + 신너 60% 정도로 희석.

[팔, 다리] 밝은 파랑
    미들 톤 =110 캐릭터블루70%+107 캐릭터 화이트 30%
    하이라이트 = 미들 톤 + 107 30%
[가슴, 스커트] 짙은 파랑
    미들 톤 = 65 인디 블루 100%
    하이라이트 = 65 60% + 107 40%
[백 팩] 상단 GX2 블랙 70%+ GX1화이트 30%
        하단 GX2 블랙 60%+ GX1화이트 40%
[내부 프레임] GX1 40% + GX2 50% + 110 10%
[마감제] 181 세미 그로스 슈퍼 클리어

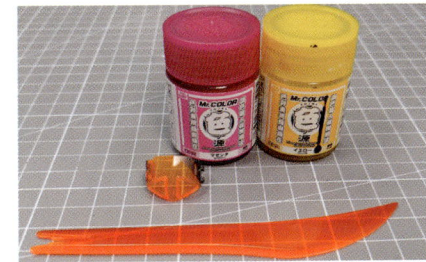

미스터 컬러 원색 CR2 마젠타와 CR3옐로우를 사용. 히트 세이버의 날 부분은 옐로우, 등 부분은 마젠타와 옐로우를 혼합해 약간 짙은 색으로 에어브러싱. 코크피트 커버의 창은 옐로우를 도장.

모노아이 커버에는 미스터 컬러 183 클리어 스모크를 에어브러싱. 투명부품 특유의 가벼운 느낌의 반사광을 줄여준다.

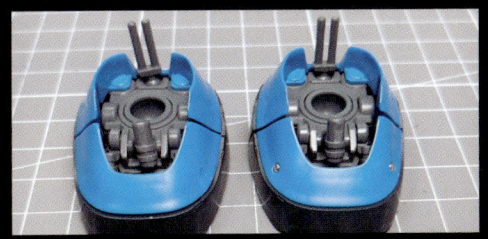

몸체의 여러군데에 있는 동그라미 몰드 부분은 핀바이스로 구멍을 뚫고 메탈제 -몰드를 심어 주었다.

네오디뮴 자석을 이용해서 팔과 방패를 연결해주는 부품에 두 군데 접착. 방패에도 역시 네오디뮴 자석을 볼조인트에 연결하여 심어주었다.

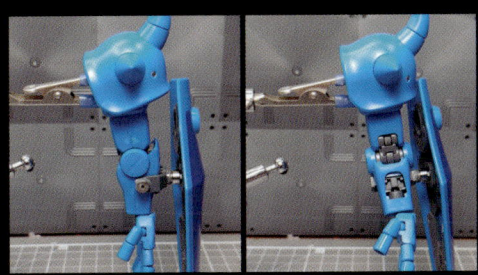

키트와 같이 팔관절이 안쪽으로 꺾이는 자세에서도 바깥쪽으로 방패장착이 가능하고, 팔을 돌려 안쪽으로 꺾이는 자세에서도 방패를 바깥쪽에 연결이 가능하다.

디지털 월드의 최강 디지몬
파워드라몬

Step. 04
더 많은 LED와 저항을 사용해보자

BANDAI Figure-rise Standard Amplified MACHINE DRAMON

적당한 밝기 조절

파워 드라몬 키트는 다양한 작동구조와 함께 큼직한 크기로 존재감이 있는 모형입니다. 내부공간도 여유가 있기 때문에 LED공작도 편한 것이 장점.

모형에 LED를 많이 사용할 때 무조건 강하게 빛이 나면 모형으로서의 멋이 떨어질 수 있습니다. 이번 화에서는 여러가지 저항을 사용하여 [적당한 밝기]에 대한 공작을 진행합니다.

스위치 1번과 연결되어 동시에 들어오는 부분. 눈, 좌우 어깨, 좌우 상박, 왼팔 하박, 캐논 조준경.

스위치 2번과 연결된 파워캐논

스위치 3번과 연결된 입의 기가 브레스

스위치 4번과 연결된 오른팔의 메가 핸드

메인 전원 스위치는 베이스에 있고 허리에 부분 선택 스위치를 설치하여 각 부분을 조절할 수 있다.

1. 이번 시간의 전자공작 기초

3V전원에서 저항으로 LED의 밝기 조절

▲3V 전원에서 웜 화이트 LED를 저항 없이 연결하면 최대 밝기. 91옴의 저항을 연결하면 밝기가 줄어든다.

▲3V 전원에서 빨간색 LED를 켤 때는 최소한 51옴의 저항을 연결해야 안전하고 최대 밝기가 된다. 보다 높은 값의 저항을 사용해서 밝기 조절이 가능.

전선 한묶음 만들기

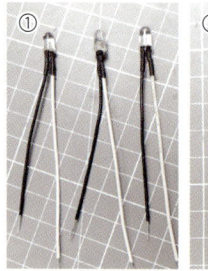 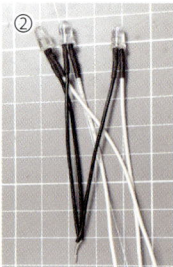 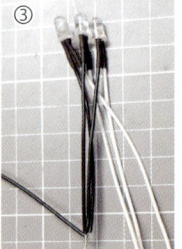 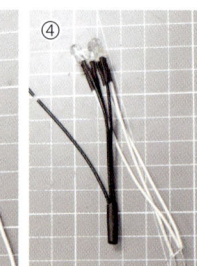

▲여러 가닥의 전선을 하나의 전선으로 묶어 병렬연결을 만드는 방법. ①세 개의 LED에 각각 흰선과 검정선을 연결한 예. ②검정선 세 가닥을 한 묶음으로 만든다. ③한 묶음으로 만든 전선에 같은 색의 전선을 다시 묶어 주기. ④적당한 굵기의 수축튜브로 마무리 한다. 흰선도 마찬가지 방법으로 연결. +선(흰색)과 -선(검정선)이 병렬로 연결되어 있어서 전원을 연결하면 세 개의 LED모두 불이 켜지게 된다.

사용재료
- 납땜용 도구
- AWG30 빨간선, 검정선, 초록선, 흰선.
- AA건전지 2개
- AA건전지 2구 홀더 1개
- 3mm 일반 LED 빨간 9개
- 3mm 고휘도 LED 웜화이트 4개
- 3mm 고휘도 LED 초록 1개
- 3mm 고휘도 LED 핑크 1개
- 1/8W 저항 51Ω 1개
- 1/8W 저항 91Ω 5개
- 1/8W 저항 430Ω 2개
- 딥스위치 BSD-104 1개
- 슬라이드 스위치 SS-12F15 1개
- HIV 1.5SQ 전선 소량
- AWG22 실리콘 와이어

  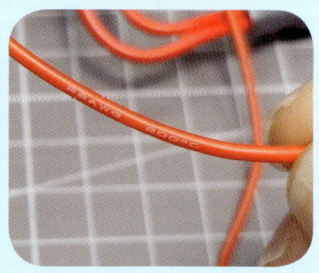

▲딥 스위치 BSD-104. 딥은 전극용 다리가 달려있다는 의미로, 전극에 납땜 하기 편리하다. 가로세로 10mm의 크기에 네 개의 스위치가 있다. 1개에 600원 정도.

▲HIV 1.5SQ 전선. 피복지름은 2.8mm. 내부는 한 가닥의 전선이기 때문에 구부려서 모양을 만들 수 있다. 모형의 파이프 모양을 만들 때 사용. 10M에 5천원 정도.

▲AWG22 실리콘 와이어 전선. 부드럽게 구부려지는 특징. 모형의 가동 파이프 만들 때 사용할 수 있고, 전기가 통하기 때문에 전선으로 사용 가능. 1M에 800원 정도.

2. 각부분 LED 공작

눈

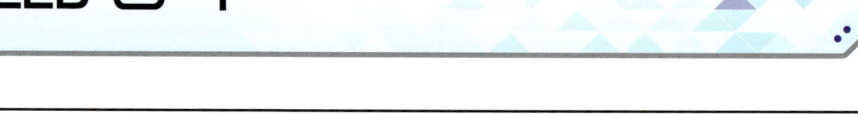

20cm AWG30 빨간선, 검정선, 3mm 빨간색 LED 1개, 저항 51옴

 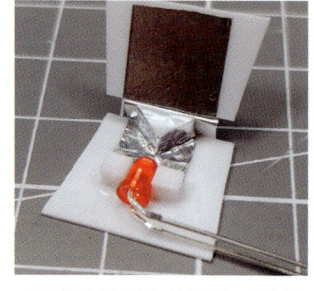 

▲한 개의 LED를 반사시켜 양쪽 눈을 켜는 방식. 0.8mm 프라판에 5mm삼각형 프라빔을 접착.

▲덮개를 만들고 알루미늄 테이프를 붙여 반사율을 높여주었다.

▲LED에 연결한 빨간선을 머리 뒤쪽으로 빼낸 후 저항을 연결.

어깨
20cm AWG30 빨간선, 검정선, 3mm 일반 LED 빨간색 2개 저항 91옴

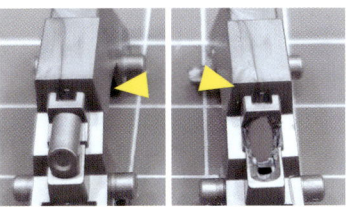
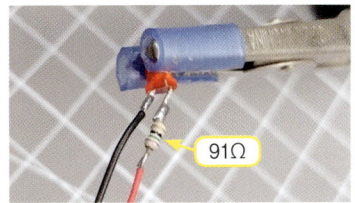
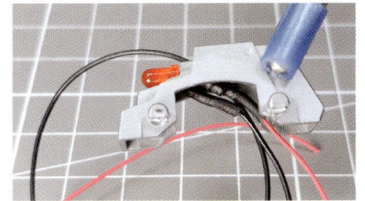

▲부품의 원통 부분을 니퍼로 잘라내고 LED를 설치하기 위해 대각선으로 다듬어 준다.

▲LED의 +극에 저항을 연결한 후, 저항에 20cm의 AWG30 빨간선을 납땜. -극에는 20cm의 AWG 30검정선을 납땜.

▲납땜한 전선과 저항에 수축튜브를 씌우고 어깨 부품의 안쪽에 넣은 후 글루건으로 고정.

좌우 상박
10cm AWG30 빨간선, 검정선/ 3mm 일반 LED 빨간색 4개 / 저항 430옴

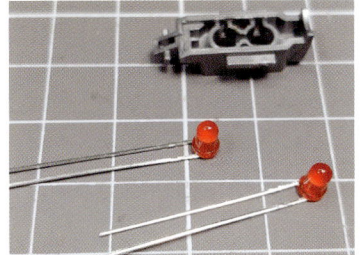

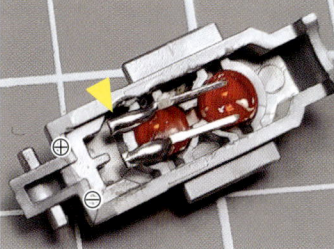

▲두 개의 LED를 병렬로 연결하기 위해 다리를 90도로 꺾어준다.

▲LED의 전극을 맞추어 부품에 조립한다.

▲표시한 위치를 납땜하고 나머지 다리는 잘라준다.

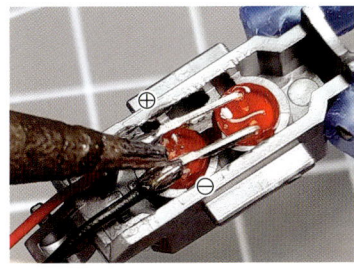
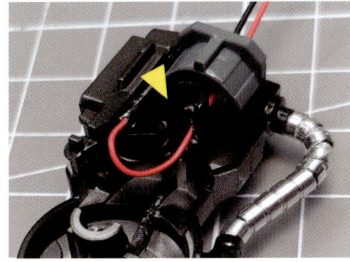

▲+극에는 6cm의 빨간선, -극에는 10cm 검정선을 납땜.

▲상박부품의 기둥 가운데를 2mm로 뚫고 검정선, 빨간선을 통과.

▲빼낸 빨간선을 3cm정도 남기고 자른 후 저항을 납땜.

▲상박이 너무 밝으면 눈에 거슬린다. 높은 저항을 사용해서 광량을 낮춰주었다.

왼팔 하박
20cm AWG30 노란선 / 5cm AWG30 빨간선, 검정선 / 3mm 고휘도 LED 웜 화이트 2개 / 저항 91옴

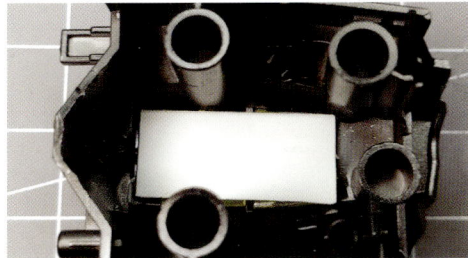
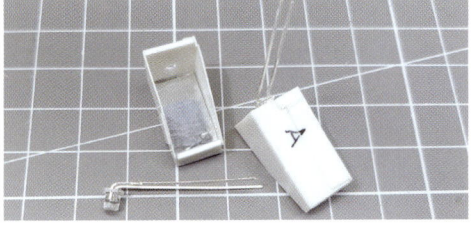

▲두께 1mm의 투명 프라판을 부품의 사각형 구멍만한 크기로 자른 후 미스터컬러 CR3 노란색으로 도장 후 접착.

▲투명 노란색 판 위에 0.2mm 프라판을 덮어준다. 빛을 부드럽게 퍼지게 해주는 역할을 할 뿐 아니라 내부의 모습도 가려준다.

▲LED의 빛을 골고루 비추기 위해 1mm 프라판으로 박스를 제작. 박스의 한쪽에는 LED를 끼우기 위한 3mm 구멍을 뚫고, 내부에는 반사효과를 위해 알루미늄테이프를 부착했다.

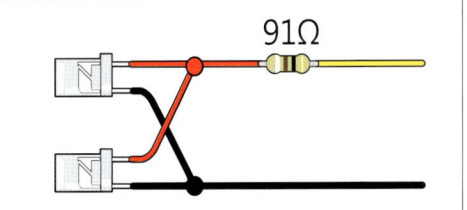

고휘도 3mm LED 웜 화이트 두 개에 각각 5cm의 AWG 30 빨간선, 검정선을 납땜하고 박스에 끼운 후 빨간선, 검정선을 연결한다.

빨간선에 저항을 납땜하고 20cm의 노란선을 연결. 검정선 묶음에는 20cm의 검정선을 연결하고 수축튜브로 마무리.

높은 저항을 연결해서 은은하게 빛나는 효과를 낸다.

캐논 조준경

8cm AWG22 빨간색 실리콘 와이어 / 10cm AWG30 빨간선, 검정선 / 3mm 일반 LED 빨간색 2개 / 저항 91옴

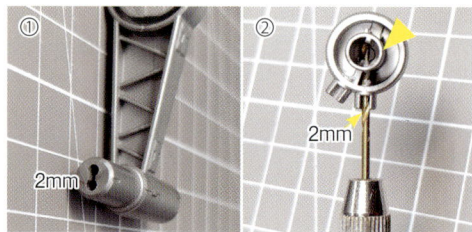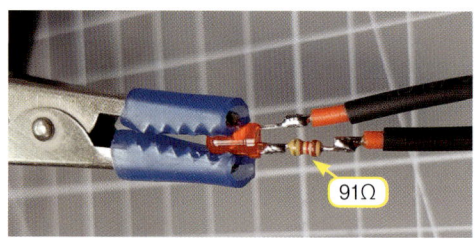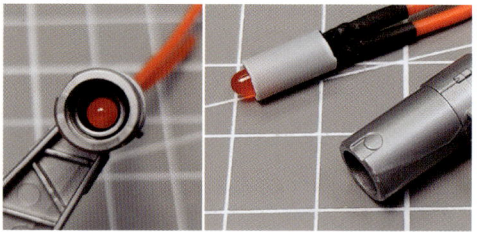

①조준경 뒷부분에 구멍 두 개 뚫기. ②파워캐논과 연결되는 부품에 가운데까지 뚫기.

빨간색 LED의 +극에 저항을 납땜하고 8cm 길이의 AWG22 실리콘 와이어를 납땜, -극에는 8cm의 AWG22 실리콘 와이어를 납땜 후 수축튜브로 마무리.

조준경 내부가 LED를 조립할 때 웨이브제의 외경 5mm, 내경 4mm의 프라 파이프를 LED에 씌우고 조립하면 가운데로 자리를 잡는다.

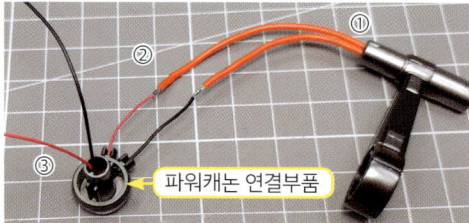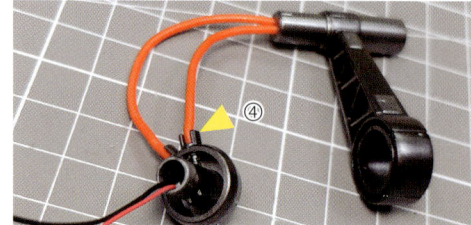

①실리콘 와이어를 조준경의 뒤쪽으로 통과. 위쪽이 +, 아래쪽이 -.
②+선에 10cm의 AWG30 빨간선, -선에는 10cm의 AWG30 검정선을 납땜
③AWG30 전선을 파워캐논 연결 부품에 끼우고 가운데로 빼낸다.
④AWG30전선을 잡아당겨 실리콘 와이어를 그림 위치까지 끼워준다.

파워캐논

20cm AWG30 흰선, 검정선 / 3mm 고휘도 LED 웜 화이트 2개 / 1cm 유리구슬

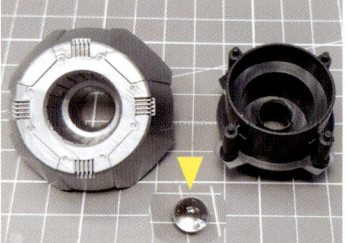

▲파워캐논에는 10mm 유리구슬을 사용해서 대구경 캐논을 제작. 유리구슬이 렌즈 역할을 해서 빛을 모아 더욱 밝게 보이는 효과가 있다

▲캐논의 렌즈 부분을 리머를 사용해 8mm 정도의 구멍을 뚫어준다. 유리 구슬을 올리고 순간접착제로 고정.

▲8mm와 5mm의 프라 파이프를 겹치고 흰선, 검정선을 연결한 웜 화이트 LED를 끼워서 부품에 조립하면 LED가 유리구슬의 가운데에 위치한다. 글루건으로 고정.

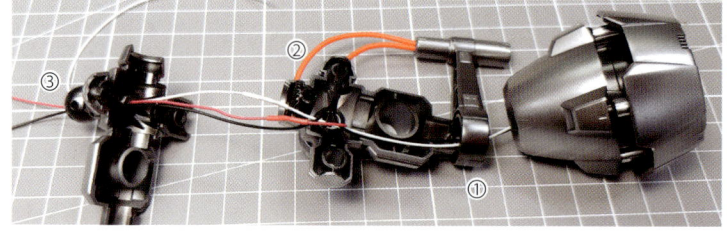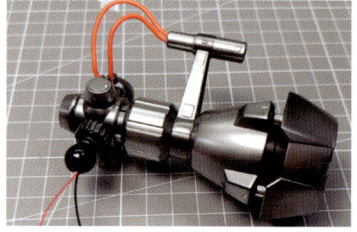

▲파워캐논과 백팩을 연결하는 볼 조인트. ①표시한 부분의 마디가 있는 곳을 잘라준다. ②볼과 기둥을 관통하는 1.8mm의 구멍을 뚫어준다.

①캐논의 검정선, 흰선을 조준경의 링에 통과. ②조준경의 검정선과 캐논의 검정선을 하나로 묶은 후 20cm의 검정선을 다시 연결하고 수축튜브로 마무리 ③볼조인트의 구멍으로 흰선(캐논), 빨간선(조준경), 검정선을 빼낸다.

▲파워캐논완성 상태. 동일한 방법으로 두 개 조립

입과 목

AWG30 초록선, 검정선 / 3mm 고휘도 LED 핑크색 1개

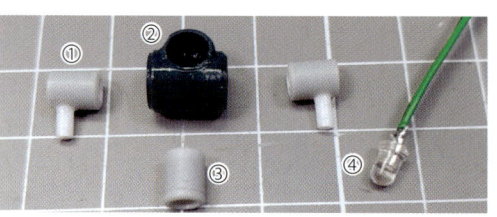

▲키트에 포함된 입안의 기 가브레스는 고정부품

▲가동구조로 만들기 위한 부품
①5mm프라파이프와 3mm 프라봉으로 제작한 고정용 힌지
②3D프린터로 제작한 가동부분 ③LED고정을 위한 5mm 프라파이프 ④초록선과 검정선을 연결한 고휘도 핑크 LED.

▲힌지를 캐논 좌우에 끼우고 턱에 고정한다. 캐논은 상하 가동.

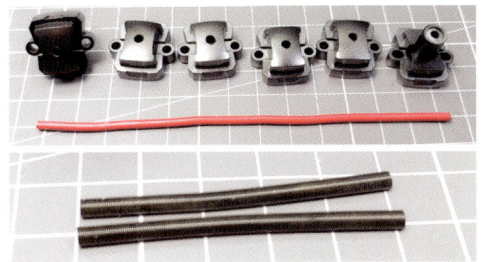

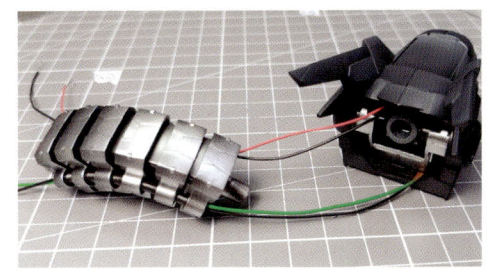

▲목 부품들의 가운데를 3mm로 뚫고 HIV 1.5SQ 전선을 연결. 가운데에 하나의 축으로만 연결하면 목 부품들이 제각각 돌아가므로 3mm 스프링을 좌우에 끼워준다.

▲표시한 부분에 글루건으로 1.5SQ전선을 고정하고 좌우의 구멍에 스프링을 끼워준다. 전선 하나로 연결했으므로 목의 방향은 상하좌우로 자유롭게 가동이 된다.

▲좌우 3mm 스프링의 가운데로 눈의 빨간선, 검정선, 입의 초록선 검정선을 각각 끼워주고 몸통으로 보낸다.

오른팔 메가 핸드
20cm AWG30 초록선, 검정선 / 3mm 초록 LED 1개 / 1cm 유리구슬

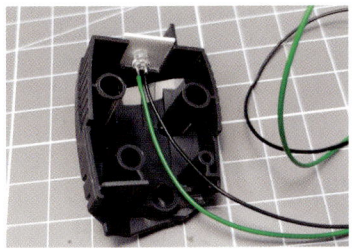

▲10mm유리구슬의 중심을 맞추기 위해 덮개 안쪽의 가이드를 잘라 ㄷ 모양으로 만들고 구멍을 뚫는다.

▲고휘도 3mm 초록색 LED의 +극에 초록선, -극에 검정선을 납땜.

▲팔 부품에 사각형 구멍을 만들고 프라판을 덧댄 후, 중심 위치에 초록색 LED를 고정.

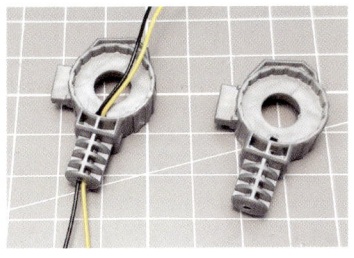

▲유리 구슬을 팔 덮개 부품의 안쪽에 두고 팔 부품과 조립.

▲팔꿈치 관절의 축 가운데를 2mm 핀바이스로 구멍을 뚫고 전선을 통과

▲상박의 고정축 가운데를 2mm로 구멍 뚫기.

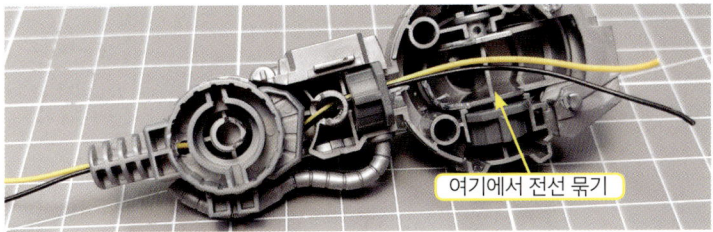

▲어깨부품의 회전축 고정핀을 잘라내고 회전축의 아랫부분을 둥글게 깎아낸다.

▲팔꿈치, 상박, 어깨를 통과한 전선의 모습. 왼팔 오른팔 동일하게 작업. 어깨부품 안에서 전선 연결, 저항 설치를 한다.

스위치 설치
딥 스위치 / 10cm AWG28 빨간선

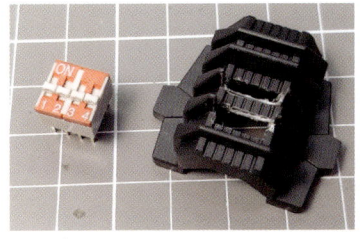

▲허리 뒷부분의 몰드를 잘라내고 위, 아래에 사각형의 구멍을 만든다.

▲스위치를 허리부품에 조립하고 안에서 본 모습.

▲AWG28 빨간선 끝을 1cm가량 벗기고 스위치의 아래 전극 네 개를 하나로 연결해서 납땜.

▲스위치 좌우에 플라스틱 부품으로 디테일 업.

※몸체의 전체 전선 연결은 디테일업 개조와 도장을 마친 후 진행합니다. 다음 페이지에서는 개조와 도장이 이어집니다.

3 부품개조

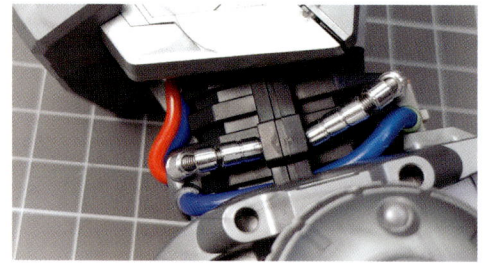
▲키트의 주름 파이프 부품 대신 3.7mm 알루미늄 파이프로 대체하고 HIV 1.5SQ 전선을 추가.

▲상박의 주름 파이프를 잘라내고 직경 3mm의 알루미늄 파이프와 1mm의 스프링을 사용.

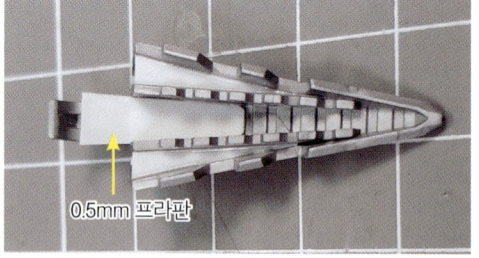
▲메가 핸드 집게손 안쪽에는 프라판을 사용하여 수정. 퍼티를 사용하는 것보다 쉽게 마무리.

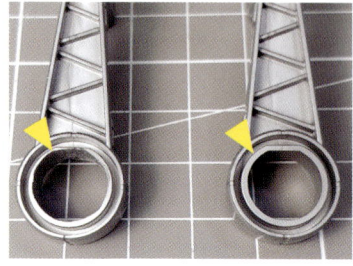
▲간단한 개조로 조준경 회전. 캐논 조준경의 윗부분을 둥글게 깎아준다.

▲조준경 회전가능. 실리콘 와이어로 연결했기 때문에 가동에 문제 없음.

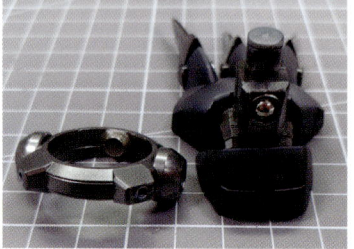
▲발목의 링 부분에 5mm 원통형 자석을 에폭시 본드로 접착하고 발목에는 5mm 구형 자석을 사용.

▲발목의 움직임에 따라 링도 움직여서 자연스러운 포징이 된다. 볼트 모양은 잘라내고 스파이크를 접착.

4 도장

은색 도장

▲몸체의 기본색은 미스터컬러 GX213 화이트 실버에 소량의 GX2(유광검정)을 조색. 하이라이트 용으로는 GX213원색을 사용. 그 외 각 부분의 색 변화용으로 가이아노츠 125 스타브라이트 아이언, 미스터컬러 159 슈퍼실버 등을 사용. 손톱과 발톱에는 SM08 플레이트 실버 넥스트를 사용.

◀유광검정색 도료를 칠하고 건조한 후, 기본색을 묽게 하여 에어브러시.
①윗부분에 도료가 묻지 않도록 마스킹
②아랫부분은 약간만 뿌려 밑색이 살짝 드러나도록 한다.
③기본색을 칠한 후 윗부분에는 GX213로 하이라이팅
④한 구역이 어두운색~밝은색까지 그라데이션으로 변화한다.
다른 부분도 마찬가지로 작업.

베이스 페인팅

▲H행거 옥타곤, HP-01 패널, 암액세서리 부품 등을 조합해서 베이스를 제작.

▲면 단위, 패널 단위로 마스킹을 하여 그레이 톤을 변화를 주면서 도장. 입체적인 느낌으로 마무리.

▲HIV 1.5SQ 전선을 이용해서 파이프를 제작. 무채색의 베이스에 원색의 전선이 대비되어 재미있는 효과가 되었다.

사선 마스킹

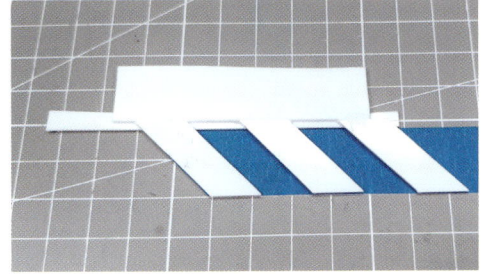
▲마스킹 테이프를 균일한 간격으로 자르기 위해 사선(45°)모양의 커팅가이드(흰색)를 1mm 프라판으로 자작.

▲베이스 측면에 노란색 락카를 칠하고 건조 한 후, 사선으로 자른 마스킹테이프를 붙이고 검은색을 도장.

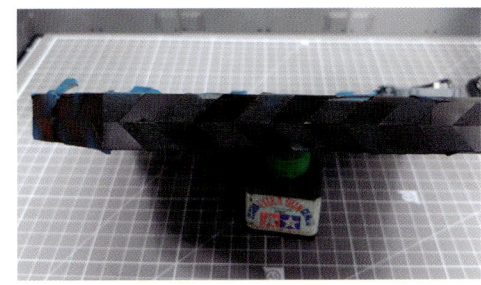
▲반광검정

▲마스킹 테이프를 떼어내면 사선의 주의 표시가 완성.

◀ 베이스 페인팅을 마치고 베이스의 아랫부분에 2구 건전지 상자를 부착하고 메인 전원용 스위치와 연결.

건전지상자의 빨간선은 스위치의 가운데에 연결하고 몸체용 전원 빨간선을 스위치의 다른쪽에 연결. 몸체용 전원 검정선과 건전지상자의 검정선을 연결. (다음 페이지의 회로도 참고)

5 전원, 스위치 그리고 LED 전선 연결하기

몸체 전선 연결 및 스위치

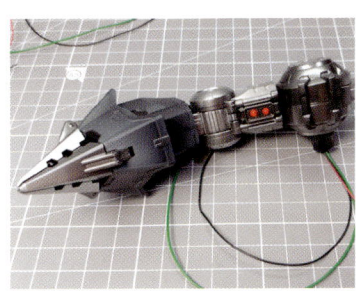
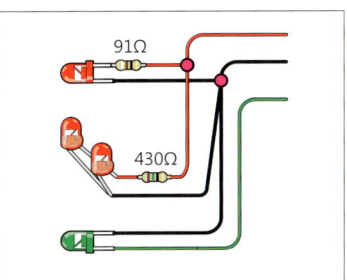

▲오른팔. 검정선 세 개를 한 묶음, 빨간선 두 개를 한 묶음으로 만든다. 최종적으로 빨간선, 검정선, 초록선을 어깨의 축으로 빼낸다.

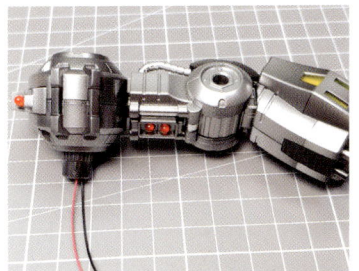

▲왼팔. 빨간선 두개, 노란선 한 개를 한 묶음으로 만들고 검정선 세 개를 한 묶음으로 만들어서 빨간선 하나, 검정선 하나를 빼낸다.

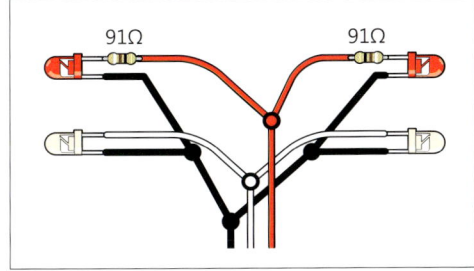

▲파워캐논을 좌우의 백팩 부품에 각각 조립한 후 전선들을 각각 묶어준다.
①캐논 흰선 두 개, 조준경 빨간선 두 개, 검정선 두 개를 5cm정도 남기고 잘라 준다. ②흰선을 한 묶음으로 만들고 20cm의 AWG30 흰선을 연결한 후 수축튜브로 마무리. ③빨간선, 검정선도 각각 같은 방법으로 묶어준다.

▲백팩에 구멍을 뚫고 흰선 한 개, 빨간선 한 개, 검정선 한 개를 빼낸다.

▲상체를 조립하면 전선이 많이 모여 있다. 색상별로 구분되어 있으므로 차근차근 선을 묶어주면 생각보다 어려워지는 않다. 전원선으로 사용할 20cm의 AWG28 빨간선과 검정선은 오른쪽 다리를 통과해서 허리까지 빼낸다.

▲각각의 전선을 스위치에 납땜하기
①빨간선 네 개를 하나로 묶은 후 스위치 1번에 납땜.
②파워캐논(흰선)은 스위치 2번, ③입의 기가브레스(초록선)은 스위치 3번, ④메가핸드(초록선)은 스위치 4번에 납땜.(아래 회로도 참고)

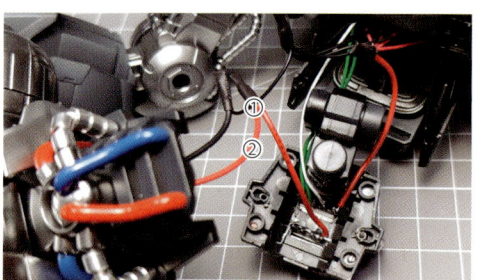
▲①검정선 다섯 개를 하나로 묶고 허리를 통해 빼낸 전원선의 검정선과 연결하고 수축튜브로 마무리.
②스위치 아래에 연결한 빨간선을 전원선의 빨간선과 연결하고 수축튜브로 마무리.

▲전원선까지 연결하면 허리부품을 조립하여 마무리.

①메인스위치 : 전체 전원을 켤 때 사용

②부분스위치 : 원하는 부분의 LED를 켤 때 사용.

회로도

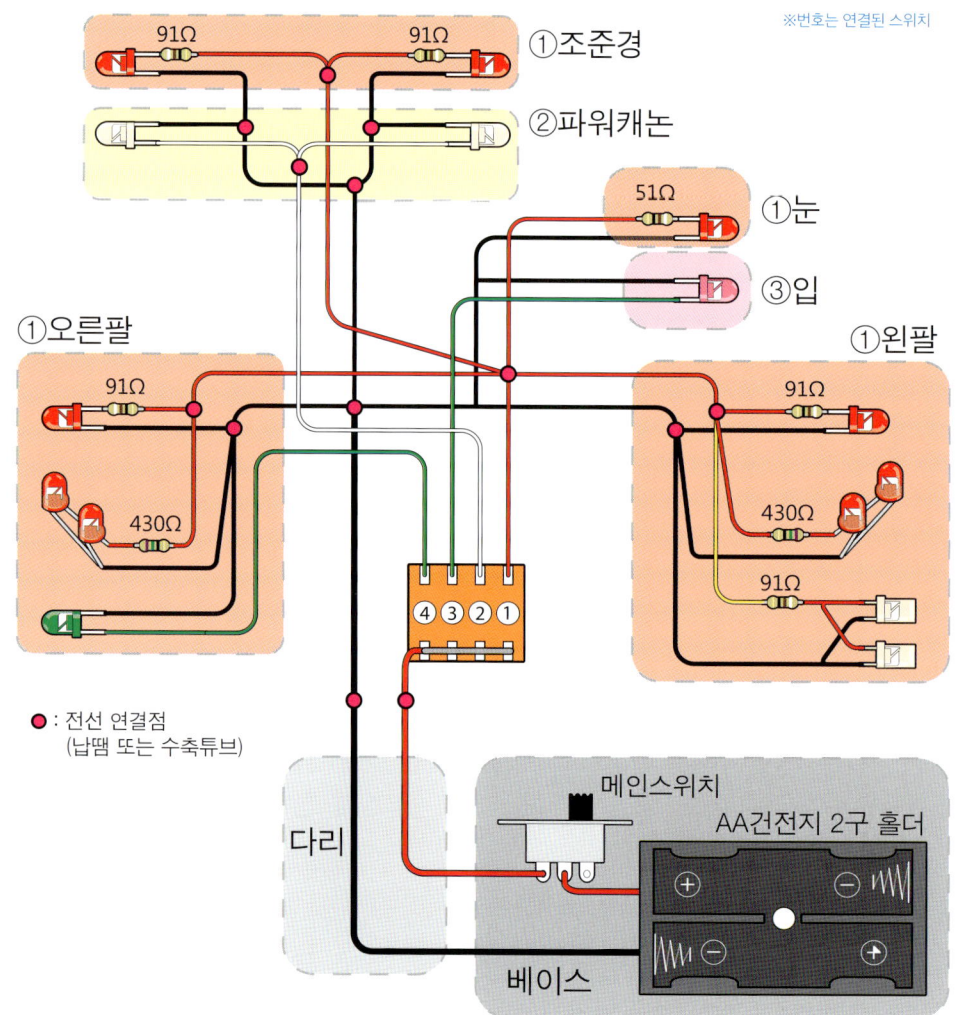

Step. 05
SMD LED와 가변저항을 사용해보자

BANDAI 1/100 MG OO RAISER

최대 출력!!
트윈 드라이브와 오라이저 유닛

더블오 라이저는 훌륭한 디자인과 다양한 기믹으로 많은 사랑을 받고 있습니다. 키트의 특징 중 하나인 GN 드라이브는 다른 엑시아, 더블오 시리즈와 공통이고, 여러 가지의 MS에도 시도할 수 있습니다.

SMD LED를 이용해서 아주 밝은 효과를 만드는 것은 물론, 어렵다고 생각하는 가변저항을 사용하는 방법을 정리하여 누구나 시도해 볼 수 있도록 준비했습니다.

▼더블오 건담과 오라이저는 분리해서 전시할 수 있도록 반다이 액션베이스 2개를 연결하여 제작

▲ 베이스에는 전원 스위치, 가변저항 및 건전지(3V)를 설치하여 건담의 LED를 조절한다.
▼ 건담과 백팩은 3핀 커넥터로 연결하여 전원을 공급

▲ 건담과 베이스는 4핀 커넥터로 연결. 튼튼하게 연결하기 위해 구조물을 추가로 제작.

▼ 오라이저와 백팩은 2핀 커넥터로 연결

▲ 사이드 바인더는 탈착 가능. 2핀 커넥터로 연결

▲트윈 드라이브

▲GN소드 II. 애니메이션에서 오라이저와 합체시 포즈

▲GN소드 III. 키트 박스 아트

▲사이드 바인더와 오라이저에 5050LED를 설치

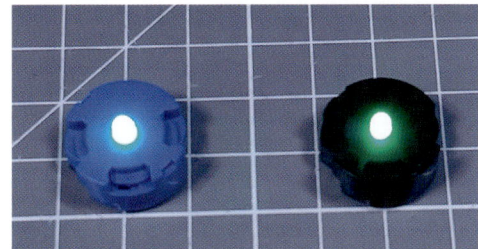

▲이 키트에는 모두 다섯 개의 반다이 LED유닛을 사용할 수 있다. 이번에 공작하는 5050 LED와 밝기를 비교해보자.

▲사이드 바인더에 5050 LED와 반다이 유닛을 설치했을 때 비교.

▲GN드라이브에 5050 LED와 반다이 LED 유닛을 설치했을 때 비교.

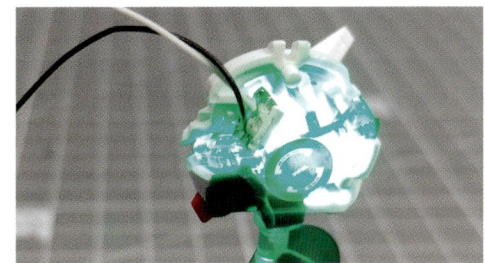

▲머리에 SMD LED를 작용한 상태. 이마에 설치하면 눈, 귀, 그리고 후두부까지 빛이 난다.

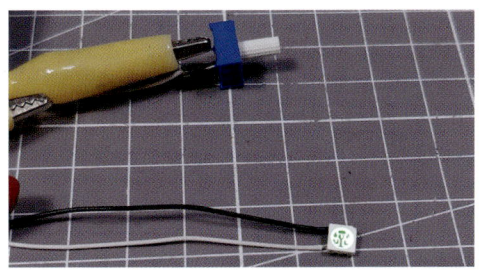

▲가변저항(1KΩ)을 LED에 연결하여 저항값을 조절하면 LED의 밝기를 조절할 수 있다. 저항값이 최대(1K)인 상태에서는 LED가 아주 어둡게 된다.

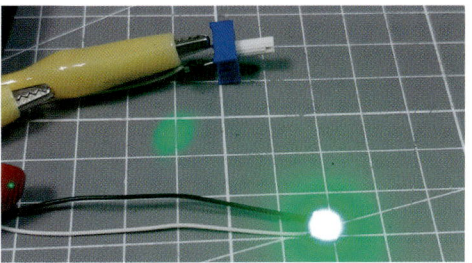

▲저항값이 최저인 상태에서는 LED가 최고로 밝아진다.

1. 이번 시간의 부품과 회로 기초

사용재료

- 납땜용 도구
- AWG36 전선 검정, 빨강, 파랑, 흰색.
- AA건전지 2개
- AA건전지 2구 홀더 1개
- 5050 SMD LED 초록색 5개
- 싱글 라운드 소켓 40핀 4개
- 핀헤더 2열 40핀 1개
- 핀헤더 소켓 2열 40핀 1개
- 가변저항 [3386P 1KΩ] 3개
- 푸시락 스위치 [DS-450 Lock] 1개

SMD LED

◀SMD LED는 얇고 작은 형태의 LED. 작은 조각처럼 생겨서 칩(Chip) LED라고도 부른다. 전기적 특성은 일반 LED와 거의 비슷하며 색상도 흰색, 빨간색, 초록색, 파란색, 노란색, 3색 등등 다양하다. 매우 밝은 빛을 내는 것도 장점. 전극이 LED에 붙어있기 때문에 납땜을 해야 사용할 수 있다.

5050 SMD LED

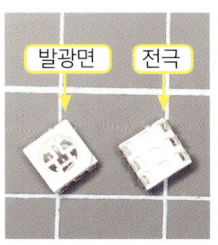 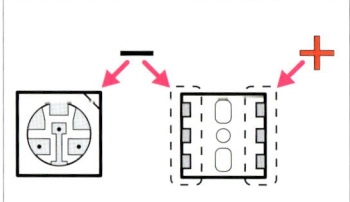 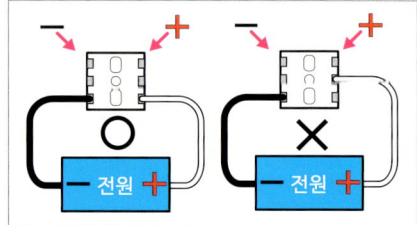

◀LED의 숫자는 크기를 의미. 이번에 사용하는 5050은 가로세로 5mm, 두께는 1.7mm의 크기.

◀발광면에 작은 삼각형 표시가 있는 쪽이 -전극(뒷면에는 아무런 표시가 없으므로 앞면을 참고해야 한다.)

▶+, -전극 좌우가 하나의 발광소자와 연결되어 있다. 엇갈리게 연결하면 켜지지 않는다!

5050 LED 납땜하기

*페이스트를 사용하면 쉽게 납땜이 된다.

 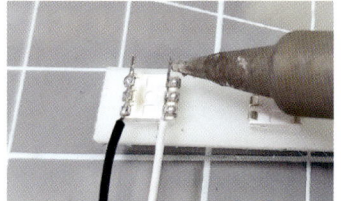

◀SMD LED는 크기가 작아 집게로 잡고 있기 힘들다. 양면 테이프를 사용해서 고정하면 편리하게 납땜할 수 있다.
SMD LED는 열에 민감하기 때문에 인두를 오래 대면 LED의 회로가 고장날 수 있으므로 주의해야 한다. 인두 끝에 납을 녹인 후 전극에 "톡"하고 점을 찍는 느낌으로 해야 한다.

◀이번에 사용하는 5050 LED는 발광 소자가 세 개이기 때문에 전극도 + 세 개, - 세 개. 1cm 길이로 벗긴 전선에 납을 녹여 넣은 후 같은 극의 단자를 이어서 납땜한다. 병렬로 연결되므로 세 개의 발광소자가 모두 한꺼번에 켜져 매우 밝게 빛난다.

가변저항

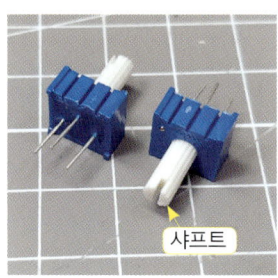 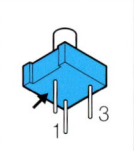 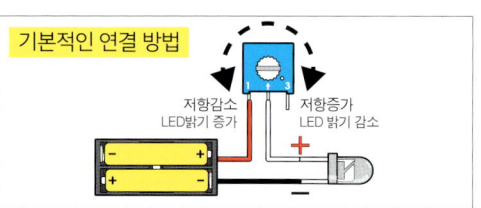

◀저항값을 원하는대로 바꿀 수 있는 부품. LED에 연결하면 밝기를 조절할 수 있다. 이번에 사용하는 것은 "3386P (8mm샤프트) 1KΩ" 샤프트(손잡이)가 달려있어서 저항값 조절이 편리. 가격은 700원 정도.
※ 가변저항의 값(1KΩ)은 최대 저항을 의미. 숫자가 높을수록 저항이 커진다.

▲가변저항은 세 개의 다리가 있는데 일반적으로 번호로 표시한다. LED의 +는 가변저항의 가운데 단자(↗ 또는 2라고 표시)에 연결하고, 1이나 3 둘 중 하나에 전원선 +를 연결한다.

기본적인 연결 방법

저항감소 LED밝기 증가 / 저항증가 LED밝기 감소

▲샤프트를 전원선과 연결한 쪽(그림에서는 1의 방향)으로 돌리면 저항이 감소해서 LED가 밝아진다.

커넥터

소켓에 써있는 숫자는 피치라고 하며 핀과 핀 사이의 거리를 의미한다. LED의 전극다리도 2.54mm 피치이다.

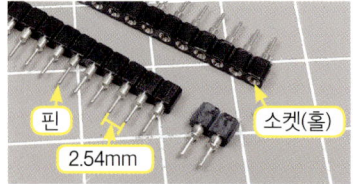  

▲싱글 라운드 소켓(2.54mm) : 소켓과 핀이 하나로 되어있어 커넥터로 만들기 편리. 이번 공작에서는 2핀, 3핀 커넥터로 사용. 40핀에 1,000원 정도.

▲핀 헤더(2.54mm) : 핀으로 사용할 수 있는 부품. 라운드 소켓보다 견고하게 커넥터를 만들 수 있다. 이번 공작에서는 2×2의 크기로 4핀 커넥터 핀으로 사용. 한 줄 형태도 있다. 40핀에 1,000원 정도

▲핀 헤더 소켓(2.54mm) : 핀 헤더를 끼울 수 있는 부품. 이번 공작에서는 2×2의 크기로 4핀 커넥터 소켓(홀)으로 사용. 한 줄 형태도 있다. 40핀에 1,000원 정도

AWG36 전선

▲속 전선이 여러 가닥인 "연선" 중에서 LED공작으로 사용할 수 있는 가장 가는 전선(외피포함 0.54mm). 20M에 10,000원 정도.

라운드 소켓 납땜하기

■ 소켓(홀)으로 사용 할 때 납땜 방법

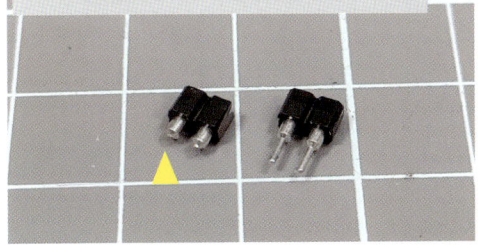
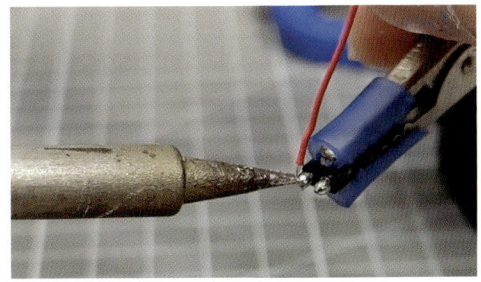

▲소켓으로 사용할 때는 필요없는 가는 다리를 니퍼 등으로 잘라낸다.

▲부품이 작기 때문에 집게에 물리고 납을 묻힌다.

▲미리 납을 녹여 넣은 전선을 땜해준다. 전선이 떨어지는 것을 방지하기 위해 글루건을 사용하는 것도 추천.

■ 핀으로 사용 할 때 납땜 방법

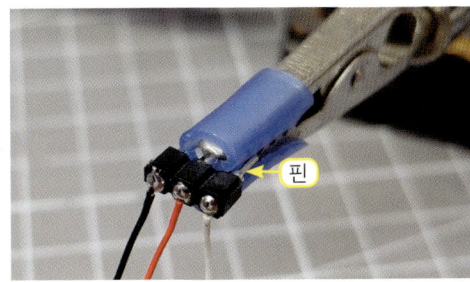

▲소켓의 홀 부분에 납을 녹여 둔다.

▲납을 녹여 넣은 전선을 납땜해준다. 전선이 떨어지는 것을 방지하기 위해 글루건을 사용하는 것도 추천.

푸시락 스위치

▲한번 누르면(푸시) 전기가 흐르는 상태가 유지(락)되기 때문에 푸시 락 스위치, 혹은 버튼 락 스위치라고 한다. 다시 누르면 전기가 끊어진다. 스위치 고정용 너트가 포함되어 있다.
"DS-450 Lock" 400원 정도.

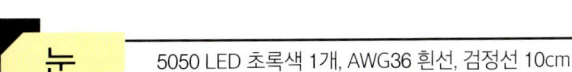

2 각 부분 전자공작

눈
5050 LED 초록색 1개, AWG36 흰선, 검정선 10cm

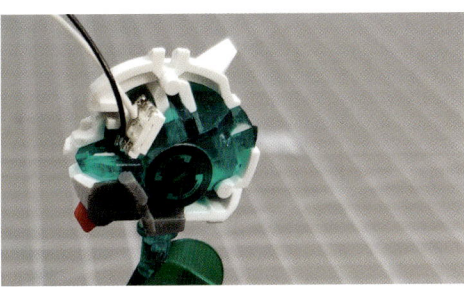

▲눈 부품의 표시 위치에 전선 통과용 구멍을 뚫어준다.

▲흰선과 검정선을 연결한 5050 LED는 이마 부분에 위치. 전선을 구멍에 넣은 후 목 부품으로 보낸다.

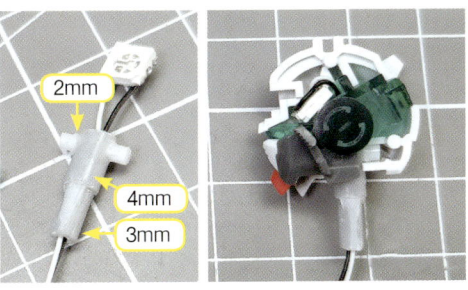
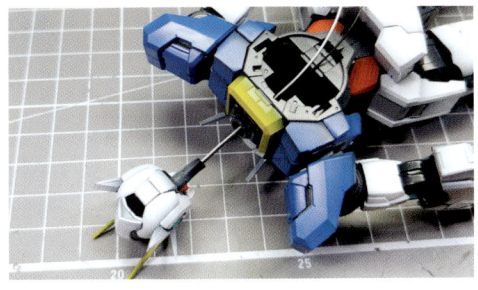

▲목 부품은 웨이브제 프라파이프로 제작해서 전선이 통과하도록 제작.

▲머리를 조립하고 전선을 등쪽으로 빼낸다.

GN드라이브
5050 LED 초록색 2개, AWG36 빨간선, 흰선, 검정선, 라운드 소켓 2핀

▲GN드라이브 받침. 흰선과 검정선을 납땜한 5050LED를 글루건으로 부착. 표시한 부분을 잘라내어 전선을 통과.

▲사이드 바인더와 연결하는 라운드 소켓 2핀. 검정선, 빨간선을 납땜하고 사진의 위치에 접착.

▲GN드라이브 받침을 조립하고 소켓의 검정선과 LED의 검정선을 묶고 한 선으로 연결.

▲표시한 위치에 구멍을 뚫고 소켓의 빨간선, LED의 흰선 그리고 검정선을 통과.

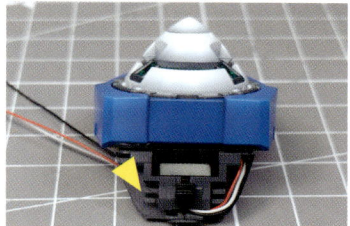

▲연결 부품의 축에 구멍을 뚫고 세가닥 전선을 통과.

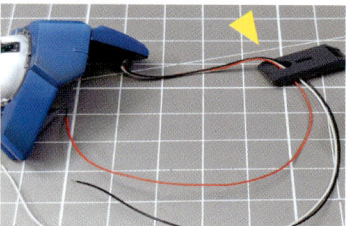

▲백팩 연결 부품의 구멍에 소켓의 빨간선, LED의 흰선 그리고 검정선을 통과.

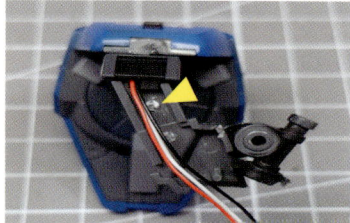

▲백팩과 연결되는 기둥의 내부 핀을 잘라내서 전선 통과용 공간을 만든다.

백팩
AWG36 흰선, 빨간선, 검정선, 라운드 소켓 2핀, 3핀

▲양쪽 GN드라이브를 설치하고 백팩으로 전선을 빼낸다.

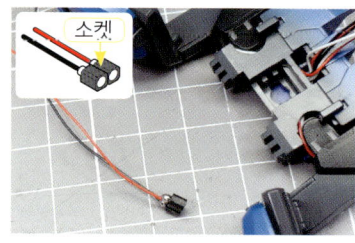

▲라운드 소켓 2핀에 검정선, 빨간선을 연결.

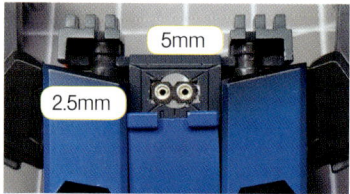

▲백팩 오라이저 연결용 구멍 부분에 사각형 구멍을 만들어 두고 뒤쪽에서 2핀 소켓을 끼우고 글루건으로 고정.

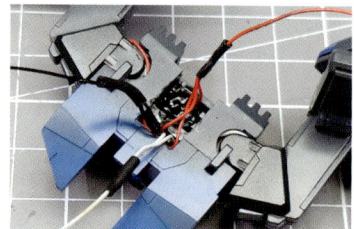

▲빨간선 세 개를 묶어 한 선으로 연결, 흰선 두 개를 묶어 한 선으로 연결, 검정선 세 개를 묶어 한 선으로 만든다.

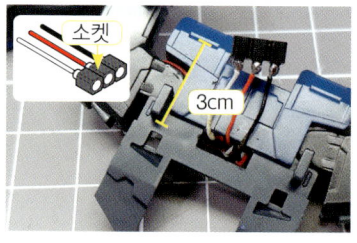

▲연결한 전선을 자른 후 라운드 소켓 3핀을 납땜한다. 가운데가 빨간선, 오른쪽이 흰선, 왼쪽이 검정선 순서.

▲전선을 백팩에 넣고 소켓핀을 고정.

사이드바인더
5050 LED 초록색 2개, AWG36 흰선, 검정선 10cm, 라운드소켓 2핀

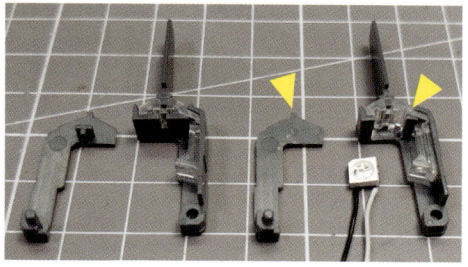

▲사이드 바인더 내부 부품. 그림의 위치를 5mm크기로 잘라낸다.

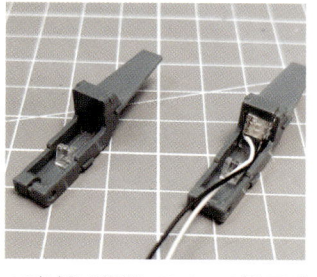

▲전선을 연결한 5050 LED를 표시 위치에 접착하고 나머지 부품을 조립.

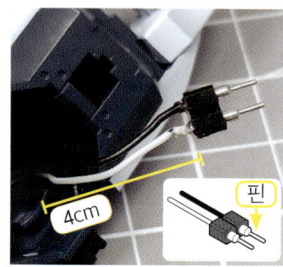

▲사이드 바인더를 조립한 후, 라운드 소켓 2핀을 납땜.

오라이저
5050 LED 초록색 2개, AWG36 빨간선, 검정선 20cm

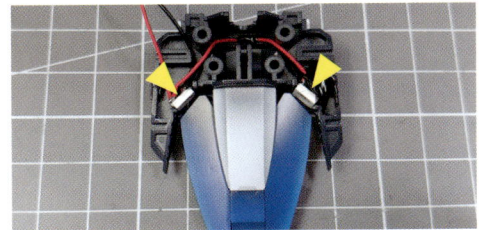
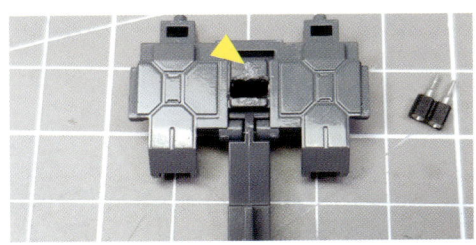

▲오라이저의 엔진 부분. 그림 위치를 5mm 크기로 잘라내고 LED를 설치. LED는 +와 +, -와 -를 연결해서 병렬 연결 후 검정선과 빨간선을 빼낸다.

▲건담과 오라이저를 연결하는 핀(기둥)을 잘라내고 라운드 소켓 2핀 크기의 구멍을 뚫어준다.

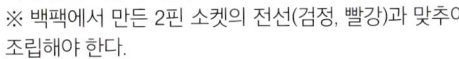
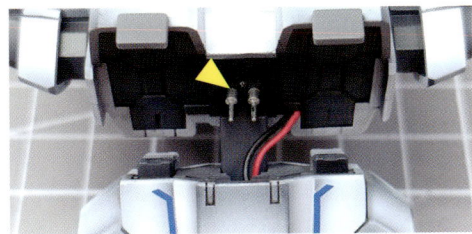

▲라운드 소켓 2핀을 검정선, 빨간선에 납땜하고 오라이저 부품에 끼운 후 접착.
※백팩에서 만든 2핀 소켓의 전선(검정, 빨강)과 맞추어 조립해야 한다.

▲완성된 상태. 라운드 소켓 2핀은 건담의 백팩 2핀에 연결된다.

본체
AWG36 파란선, 빨간선, 흰선 검정선, 라운드 소켓 3핀, 핀헤더 4핀(2×2), 핀헤더 소켓 4핀(2×2),

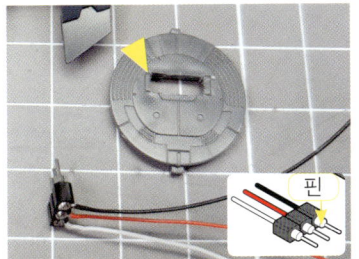
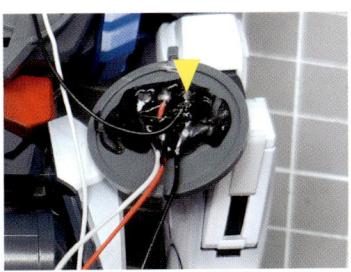
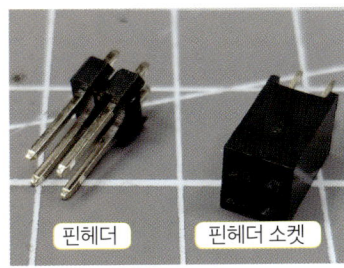
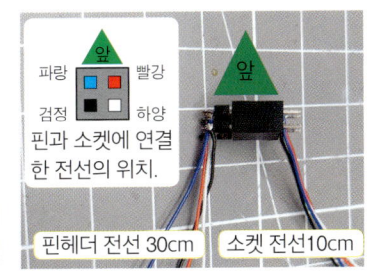

▲라운드 소켓 3핀에 흰선, 빨간선, 검정선을 납땜. 가운데가 빨간선, 오른쪽이 흰선, 왼쪽이 검정선 순서. 등 가운데(둥근) 부품에 라운드 소켓용 구멍을 만든다.

▲등 가운데 부품에 라운드 소켓 3핀을 글루건으로 고정. ※백팩에서 만든 3핀 소켓의 전선(검정, 빨강, 하양)과 맞추어 조립. 머리에서 나온 검정선을 라운드 소켓의 검정선 핀에 납땜.

▲핀헤더 2×2(베이스)와 핀헤더 소켓(본체) 2×2를 준비.

▲핀헤더와 소켓에 파란선, 빨간선, 흰선, 검정선을 납땜. 핀헤더와 소켓을 끼운 후 납땜하면 실수없이 전선의 색을 맞출 수 있다.

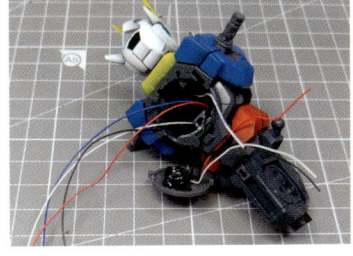
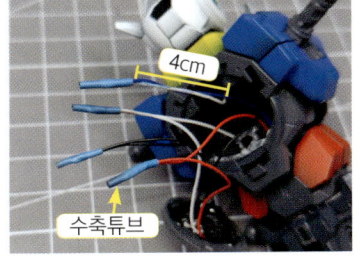

▲골반 아랫부분을 소켓 크기에 맞춰 잘라내고 소켓을 접착. 전선이 지나는 부분의 벽과 핀을 잘라내고 공간을 만들고 허리에 2mm 구멍을 뚫은후 전선을 상체로 보낸다.

▲상체, 허리 그리고 골반을 조립. 가슴 내부에 공간이 많아 작업하기 여유롭다.

▲허리를 통해 나온 소켓의 전선과 머리에서 나온 전선, 라운드 소켓 3핀에서 나온 전선.

▲전선을 자른 후 머리에서 나온 흰선과 허리에서 나온 파란선을 연결한다. 나머지 전선도 같은 색끼리 연결하고 수축튜브로 마무리.

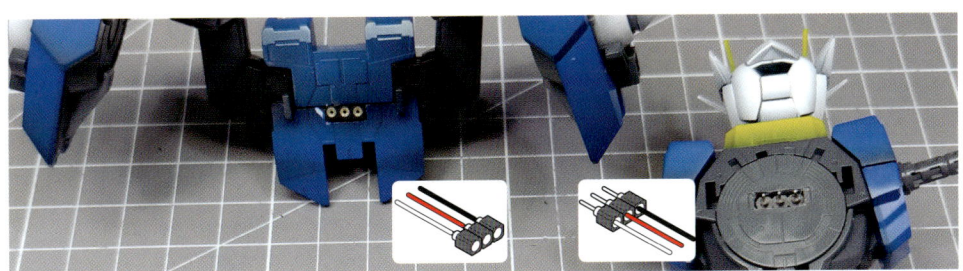

▲연결한 전선을 몸체에 넣고 등의 둥근 부품을 조립.

▲백팩과 본체는 3핀으로 연결되어 본체로부터 GN드라이브와 오라이저에게 전원을 공급한다.

베이스

1KΩ 가변저항 3개, 푸시락 스위치 1개, AA 2구 건전지 상자 1개.
■ 반다이의 액션베이스를 가공해서 전자공작 베이스로 개조.

▲모형과 베이스를 연결하는 조인트 부품의 표시한 부분에 전선 통과용 2mm 구멍을 뚫어둔다.

▲본체에서 만든 납땜한 핀헤더 4핀을 조인트 부품에 끼우고 접착. 핀헤더 2×2를 조립하면 크기가 딱 맞는다.

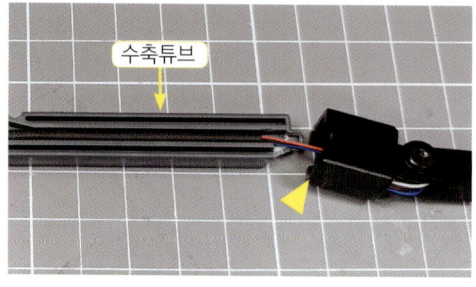
▲신축하는 기둥 부품의 표시한 곳을 깎아주어야 전선이 끼지 않고 조립할 수 있다.

▲붐의 아랫부분과 받침과 연결되는 부품의 기둥 속을 파내서 전선을 통과.

▲오라이저와 건담을 함께 전시하기 위해 두 개의 액션베이스를 겹쳐서 접착. 옆면은 1mm 프라판을 잘라서 디테일을 추가.

▲가변저항 1KΩ 3개. 가변저항을 고정하기 위한 부품(검정색)과 저항 조절용 회전 손잡이 부품(은색)을 3D프린팅.

▲푸시락 스위치를 설치하기 위해 15mm 구멍을 리머로 뚫고, 부속품으로 포함되어있는 너트로 안쪽에서 조여준다.

▲격벽을 잘라내서 전자 부품 조립용 공간을 확보한다. ①푸시락 스위치의 단자에 건전지 상자의 빨간선을 연결하고 남은 단자에 가변저항에 연결할 세 개의 빨간선을 묶어 함께 연결 ②가변저항 고정용 부품을 베이스에 붙이고 저항의 다리를 그림과 같이 벌려준다. ③건전지 상자를 글루건으로 고정.

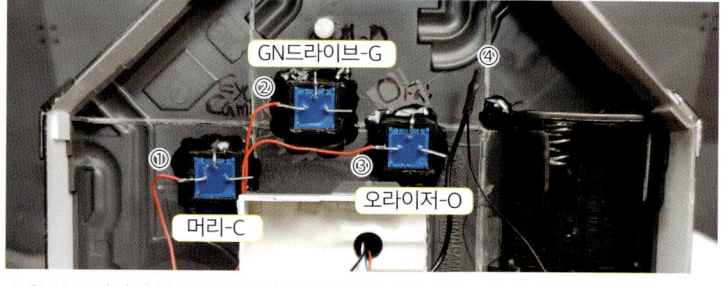
▲①~③스위치에 연결한 세 개의 빨간선을 각각의 저항 1번 단자에 납땜. 각 저항의 용도를 매직펜으로 표시하면 편리하다. ④베이스에서 빼낸 검정선을 건전지 상자의 검정선과 연결.

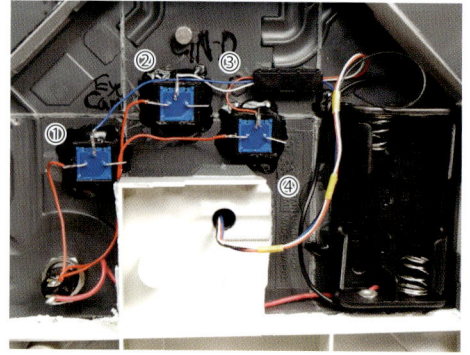

◀①베이스에서 빼낸 전선 중 파란색을 머리용 저항의 가운데 단자에 연결.
②흰선은 GN드라이브용 저항에 연결.
③빨간선은 오라이저용 저항에 연결.
④전선은 마스킹 테이프로 감아두면 꼬이지 않고 깔끔하게 정리된다.

◀검정색 도장을 한 후 회색으로 포인트 도장. 마지막으로 무광클리어로 마무리.
①메인 스위치로 전원 공급.
②C : 머리 LED의 밝기 조절
③G : GN드라이브의 밝기 조절
④O : 오라이저 유닛의 밝기 조절

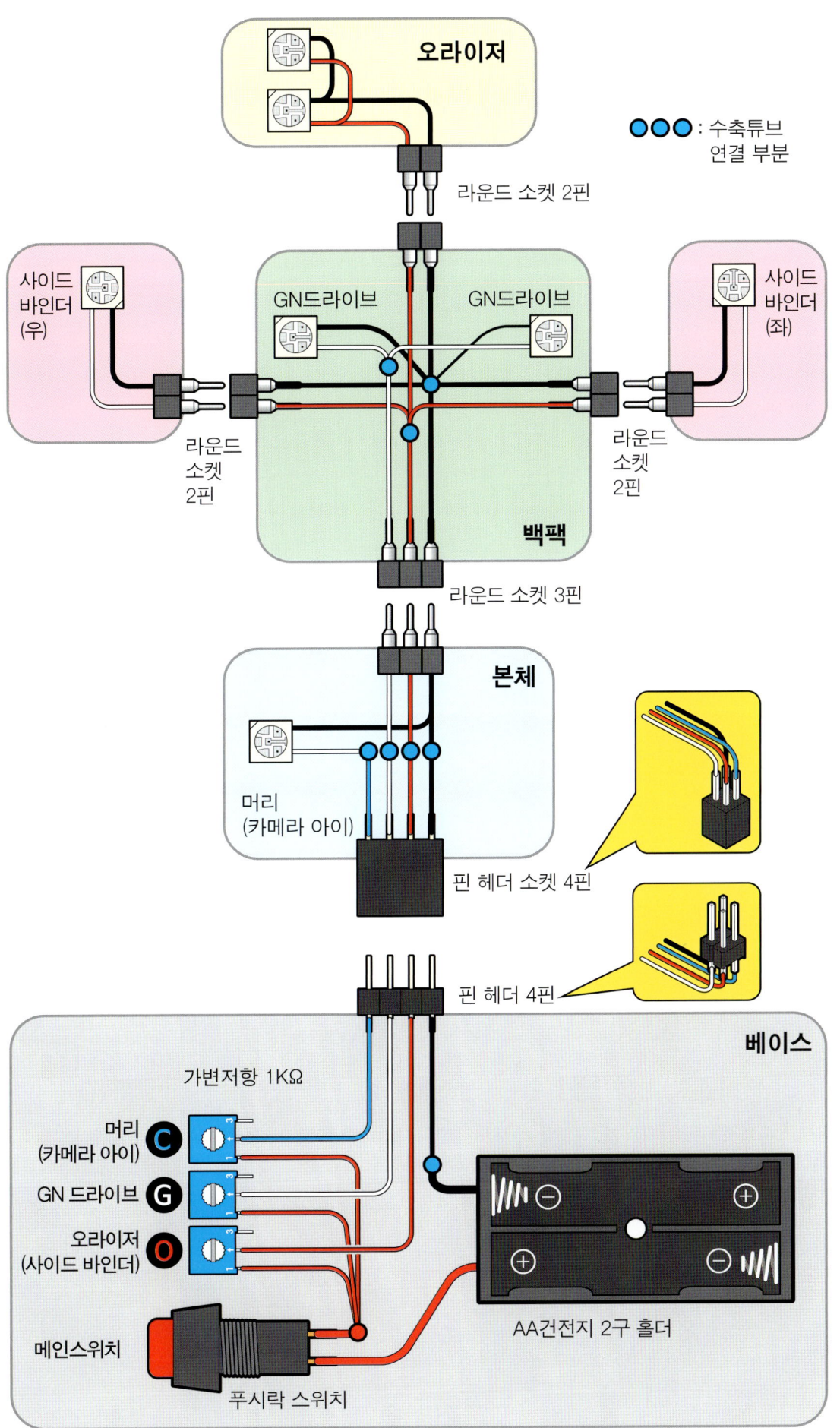

Step. 06
에나멜선과 SMD LED로 실력 향상!

BANDAI RG 1/144 ZEONG LAST SHOOTING

지온의 결전 병기
지옹 출격
LED로 이펙트 파트를 더욱 화려하게

반다이의 RG시리즈는 작은 크기임에도 다양한 디테일과 뛰어난 조립성이 일품인 시리즈. 그 중 지옹은 1/144 스케일이라도 다른 일반 키트에 비해 큰 덩치를 자랑합니다. 이번 작업에서는 초소형 SMD LED와 작은 공간에도 사용할 수 있는 에나멜선을 활용하여 함께 포함된 이펙트 부품의 장점을 최대한 살리는 방법을 알아보도록 하겠습니다.

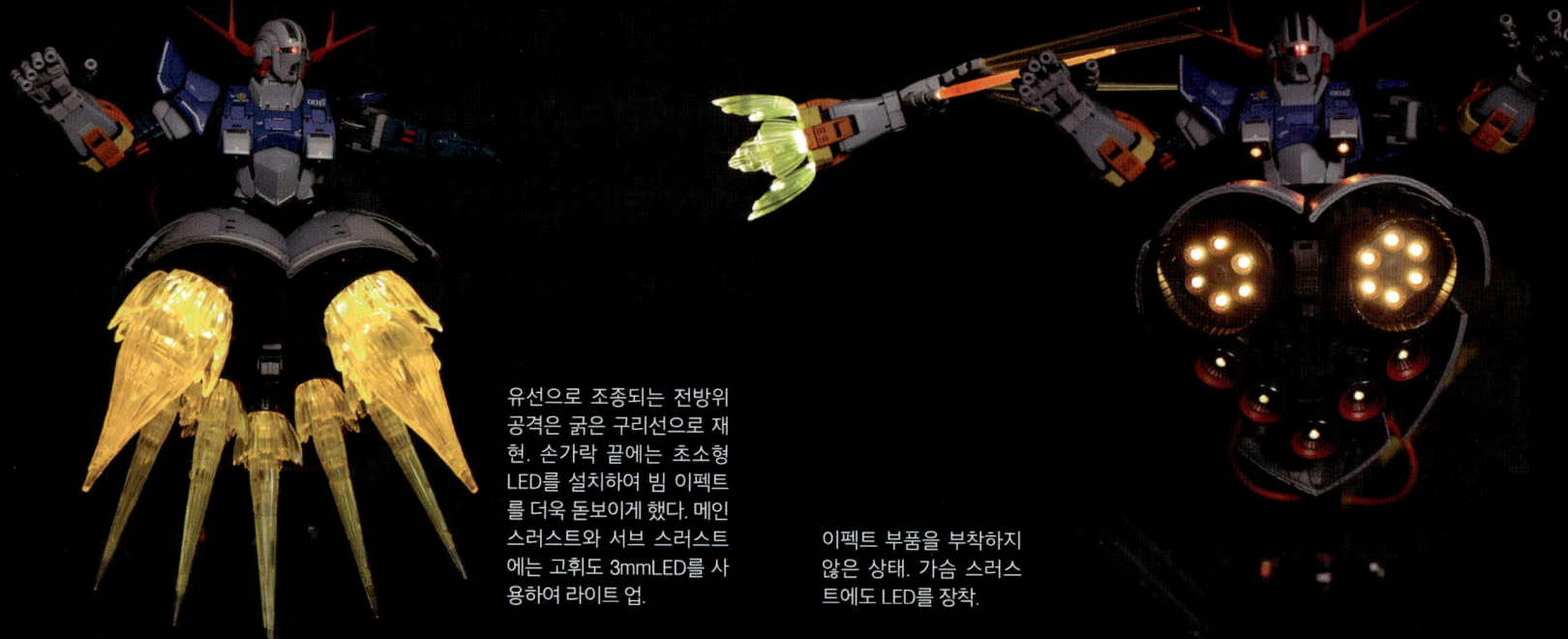

유선으로 조종되는 전방위 공격은 굵은 구리선으로 재현. 손가락 끝에는 초소형 LED를 설치하여 빔 이펙트를 더욱 돋보이게 했다. 메인 스러스트와 서브 스러스트에는 고휘도 3mmLED를 사용하여 라이트 업.

이펙트 부품을 부착하지 않은 상태. 가슴 스러스트에도 LED를 장착.

1 이번 시간의 부품

사용재료
- 납땜용 도구
- 연선 AWG 36 전선 적, 흑, 청, 백, 황
- 에나멜선 UEW AWG32, AWG 36
- AAA건전지 2개
- AAA건전지 2구 홀더 1개
- 핀헤더 1.27 피치 20핀 1개
- 핀헤더 소켓 1.27 피치 20핀 1개
- 핀헤더 2.5 피치 2열 40핀 1개
- 핀헤더 소켓 2.5 피치 2열 40핀 1개
- 슬라이드 스위치 SS12F15 6개
- 슬라이드 스위치 MSK-12C02 1개
- 푸시락 스위치 [DS-450 Lock] 1개
- 수축튜브 1.5파이, 2파이
- 1/8W 저항 51Ω 4개 (손, 전후 가슴, 허리)
- 1/8W 저항 220Ω 1개 (눈)
- 1206 SMD LED 빨간색 1개(눈)
- 1206 SMD LED 노란색 5개(손)
- 2012 SMD LED 주황색 6개(가슴4, 허리2)
- 4020 SMD LED 흰색 4개(하박)
- 3mm 고휘도 LED 웜 화이트 17개(전후 스러스트)

[부품 구입 쇼핑몰]
국내 : 디바이스 마트, 엘레파츠 등
중국 : 알리익스프레스 등
※ 각 사이트에서 제품명으로 검색

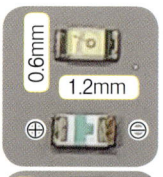
◀1206 LED

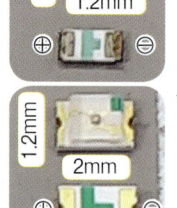
◀2012 LED

크기가 작아 다루기 까다롭지만 작은 공간에 설치를 위해 꼭 필요하다. 기본적인 전기적 특성(색상별 전압, 극성 확인)은 일반적인 LED와 동일하다.

극성은 뒷면의 ├─모양(전류가 흐르는 방향)을 확인한다. │쪽에 +극(빨간선), ─쪽에 -극(검정선)을 연결한다. 1206 LED는 개당 30원, 2012 LED는 개당 50원 정도
*숫자는 크기를 의미.

◀납땜을 할 때는 5050 LED와 마찬가지로 양면 테이프를 이용. 일반 양면 테이프도 괜찮지만 필자는 내열성 양면 테이프를 사용 중.

에나멜선

◀ **에나멜선의 특성**
전기가 통하지 않는 수지(에나멜)를 코팅한 전선으로 독특한 색상을 띄고 있다. 작은 크기의 LED전극에 납땜하기 좋고 좁은 공간에 전선을 연결할 때도 에나멜선을 사용할 수 있다. AWG규격이 같으면 전기적 특성은 동일하지만 에나멜선 쪽이 훨씬 가늘다. 예를 들어 AWG32 연선은 피복 포함 0.54mm이지만 AWG36 에나멜선은 0.2mm.
하지만 코팅을 벗기는 과정이 약간 까다롭고 전선이 하나이기 때문에 심하게 움직이거나 과하게 당기면 쉽게 끊어질 수 있으므로 주의해야 한다.

◀ **전자공작에는 UEW에나멜선 강추**
에나멜선은 코팅을 잘 벗겨내야 전기가 통하고 납땜도 할 수 있다. 일반적으로 에나멜선은 UEW(우레탄 수지 코팅)과 PEW(폴리에스터 코팅) 두 가지가 있다. 학생 때 전자석 실험에 썼던 것은 PEW. 열에는 강하지만 코팅을 벗기기가 쉽지 않다.
LED 전자공작을 할 때는 코팅을 벗기기 쉬운 UEW타입을 추천. 여기에서도 UEW 에나멜선을 사용했다. UEW AWG32 에나멜 선은 340m에 5,000원 정도

▲코팅색상으로 구분 할 수 있다. UEW 쪽의 색이 밝다.

에나멜선 코팅 벗기기(UEW)

◀ **칼로 코팅을 벗겨내기**
연결하고 싶은 부분의 코팅을 칼로 긁어내서 벗긴다. 한쪽만 하지 말고 돌아가며 골고루 벗겨야 한다. 벗겨진 부분은 은색의 전선이 드러난다. 쉽게 할 수 있는 것이 장점.
사포를 이용해 갈아내는 방법도 있다. 하지만 칼이나 사포로 할 경우 전선이 함께 긁혀 약해지는 단점이 있다.

※ 불로 가열해 코팅을 태우는 방법은 간단해 보이기는 하지만 최악의 방법. 가느다란 AWG 32, 36 에나멜선의 경우 전선이 타버릴 수도 있고 열에 의해 전선이 매우 약하게 변한다.

◀ **인두로 태우기**
연습이 필요하지만 가장 최선의 방법. 꼭 연습해서 익혀두기를 추천.
UEW 에나멜선에 솔더링 페이스트를 묻힌다. (납이 잘 녹도록 도와주는 물질. 번리 추천. 4,000원 정도)

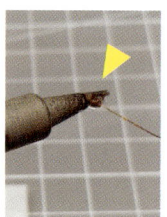

◀ 인두의 온도를 400°C 이상으로 올린다. 인두의 끝에 납이 방울이 되도록 녹인 후 에나멜선을 방울 안에 밀어 넣고 10초 이상 기다린다.
인두의 온도에 에나멜선의 코팅이 타버리고 납 코팅이 되어 은색이 된다.

※주의 : PEW 에나멜선은 이 방법을 사용할 수 없다. 칼이나 사포로 문질러서 벗겨내야 한다

에나멜선을 납땜하는 방법

■에나멜 선을 묶어 하나로 만드는 것은 연선을 연결하는 방법과 다르다. 아래의 방법을 사용하면 쉽게 할 수 있으니 연습해보자. 단, 이 방법은 UEW선에만 사용할 수 있다. 두 가닥의 선을 하나로 연결하는 것은 물론 더 많은 가닥도 동일한 방법으로 할 수 있다. 만일 네 가닥의 에나멜선을 납땜할 때는 한꺼번에 하지 말고 두 선을 연결하고 하나씩 붙여 가는 방법으로 한다. 납땜 후에는 반드시 건전지로 점등 테스트를 한 후 나머지 전선을 자를 것.

▲납땜할 부분의 전선을 꼬아준다.

▲솔더링 페이스트를 조금 발라준다.

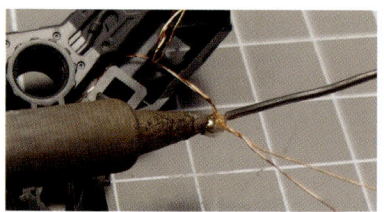
▲인두 끝에 납 방울이 되도록 납을 녹여 붙인 후 에나멜선을 꼬은 곳에 10초 이상 유지.

▲코팅이 타버리고 납으로 두 선이 연결. 제대로 되었다면 납이 잘 녹아 붙어 은색 코팅이 된 것처럼 보인다. 점등 테스트 후 선 하나를 남기고 나머지 선은 잘라낸다.

▲연선과 에나멜 선을 연결하는 방법도 비슷하다. 연선의 피복을 벗기고 속전선에 에나멜선을 꼬아 준 후 솔더링 페이스트를 바른 후 납 방울로 10초 이상 유지.

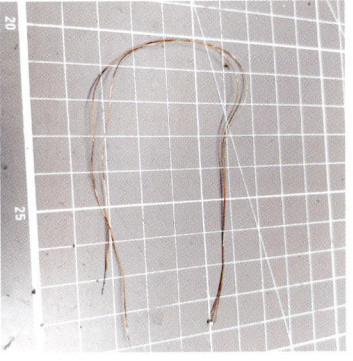

▲에나멜선은 색으로 구분할 수 없다. 그래서 LED에 에나멜선을 납땜할 때는 +극에는 긴 선을, -극에는 짧은 선을 연결하면 구분이 쉽다.

기타 부품

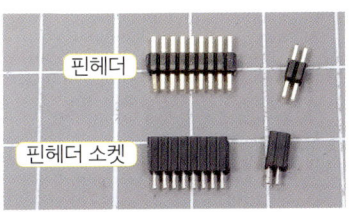

▲핀헤더 1.27피치
이번 공작에서는 작은 공간에 설치해야 하므로 작은 크기의 핀헤더를 커넥터로 사용한다. 핀과 핀 사이의 거리(피치)가 1.27mm. 핀헤더는 40핀에 300원, 소켓은 40핀에 700원 정도.

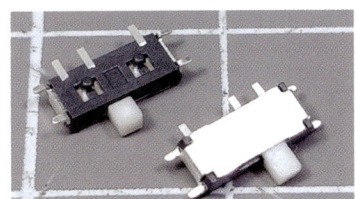

▲초소형 스위치 MSK-12C02
가로6.6mm 세로2.7mm 두께 1.4mm 크기의 초소형 스위치. 모형에 숨겨놓기 좋은 크기.
국내 쇼핑몰에서는 1개당 40원 정도

2 각 부분 전자공작

머리

1206 LED 빨간색 1개, 에나멜선 AWG32, 연선 AWG32 빨강, 검정, 1.27 핀헤더, 소켓 각각 2핀

▲눈 투명부품을 고정하기 위해 4mm 프라파이프(WAVE)를 잘라서 준비.

▲LED를 설치하기 위해 핀을 잘라내고 2mm너비의 ㄷ 모양으로 깎아낸다.

▲1206 빨간색 LED에 10cm 길이의 에나멜선을 납땜하고 접착. 에나멜선은 좌우로 한 선씩 머리 뒤쪽으로 보낸다.

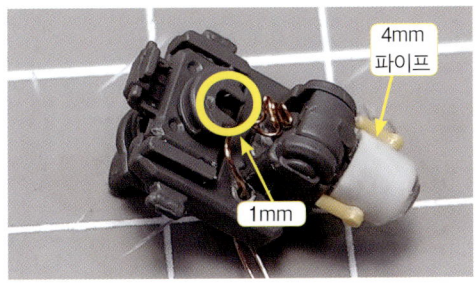

▲프라파이프에 투명부품을 끼우고 조립. 에나멜선은 여유있게 S모양으로 구부려 두어야 눈이 좌우로 작동할 때 문제가 없다. 그림 위치에 구멍을 뚫고 에나멜선을 통과.

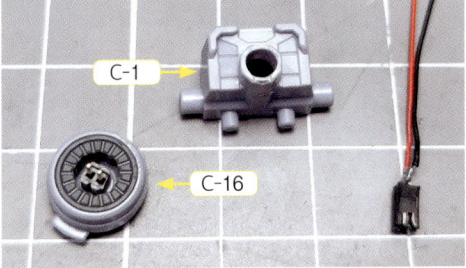

▲머리 부품(C-16)에 핀헤더를 끼우기 위해 간격에 맞춰 0.5mm 구멍 두 개를 뚫고 끼운다. 목 부품(C-1)에는 소켓2핀을 설치할 4mm의 구멍을 뚫는다. 2핀 소켓에는 연선 AWG32 빨강, 검정선을 납땜해둔다.

▲C-16에 끼운 핀헤더의 다리를 90°로 꺾어놓고 +, -를 표시한 후, 에나멜 긴 선을 +에, 짧은 선을 -에 납땜.

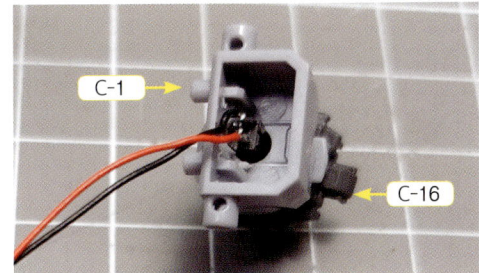

▲핀헤더를 조립한 C-16을 목부품 C-1에 끼운 후 C-1의 반대편(그림 위치)에서 소켓을 끼워 핀헤더와 극성에 맞추어 결합한다. 글루건으로 C-1과 소켓을 고정한다.

▲완성된 상태. 머리는 몸체에 탈착이 가능한 상태로 되었다.

왼손
1206 LED 노란색 5개, 에나멜선 AWG36

 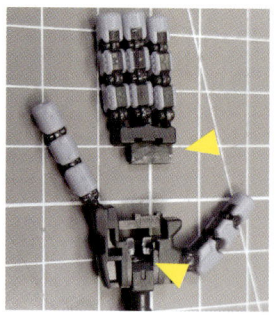 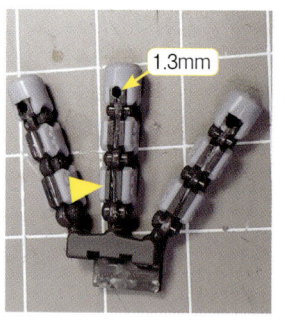 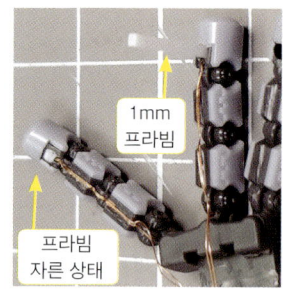 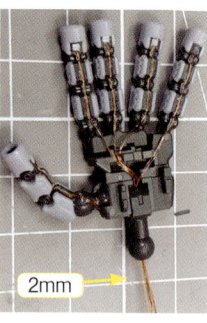

▲손가락용 에나멜선은 매우 가는 AWG36을 사용하지만 여러가닥이 모이면 공간이 필요하다. 표시한 위치를 잘라내어 최대한 공간을 확보.

▲손가락 끝 마디 부분의 아래쪽에 1.3mm의 구멍을 뚫는다. 손가락 마디에는 에나멜선이 지나갈 수 있도록 V모양의 홈을 만든다.

▲에나멜선을 납땜한 1206 노란색 LED를 구멍에 넣고 순간접착제로 고정. 이후 사각형 1mm 빔을 끼워 구멍을 막는다. 에나멜선은 V홈에 맞춰 넣은 후 순간접착제로 고정.

▲손목 부품에 2mm의 구멍을 뚫어 손가락의 에나멜선(10가닥)을 통과시켜준다.

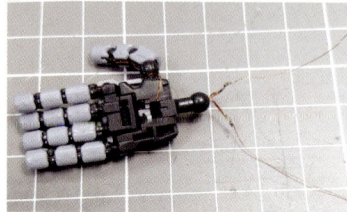 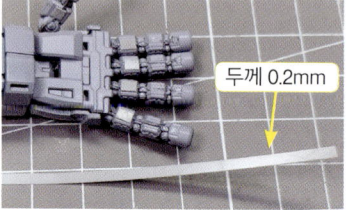 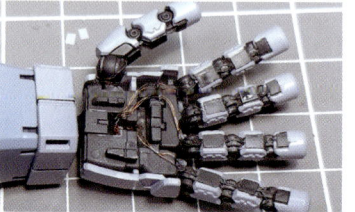 

▲+와 - 전선 다섯 개씩을 각각 묶고 납땜. 점등 테스트를 한 후 각각 한 선씩만 남기고 나머지 전선은 잘라낸다.

▲손 전체를 라이트 그레이로 페인팅 후, LED를 끼운 부분과 V홈을 가리기 위해 프라판을 사각형으로 잘라 순간접착제로 고정.

▲접착제가 마른 후 다크 그레이로 조색한 에나멜로 관절 부품을 페인팅. 사진은 페인팅을 위해 손바닥 장갑을 벗겨놓은 상태.

▲LED 설치 후 가동에도 문제가 없다. 주의할 점은 AWG36 에나멜선이 매우 가늘기 때문에 조심조심 움직여야 한다.

왼팔 스러스트
4020 LED 흰색 4개, 에나멜선 AWG32

 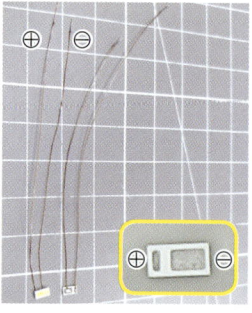   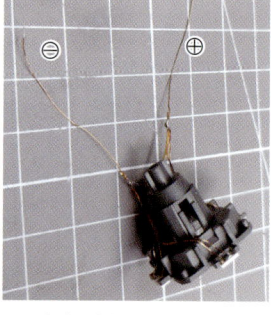

▲4020 흰색 LED는 작은 전극이 +, 큰 전극이 -. 긴 선(10cm)을 +극에, 짧은 선(8cm)을 -극에 각각 납땜해서 네 개를 준비.

▲하박부품(G-16)의 톱니 모양의 몰드를 잘라내고 4020 LED 네 개를 각각의 위치에 접착.

▲긴 선(+) 네 개와 짧은 선(-) 네 개를 각각 모아준다. 가동부 위이므로 최대한 부품에 밀착하도록 전선을 정리해야 한다.

▲+선과 -선을 각각 꼬아서 묶은 후 납땜. 점등 테스트를 한 후 +,- 전선을 하나씩 남기고 나머지는 잘라낸다.

왼팔 상박
1.27 핀헤더 2핀, 연선 AWG 36 검정, 파랑

 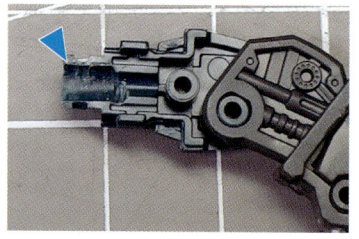  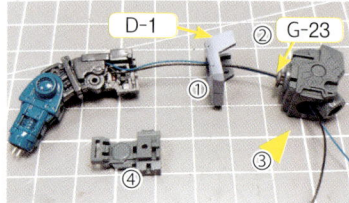

▲1.27 핀헤더 2핀에 연선 파란선, 검정선을 납땜하여 준비.

▲팔꿈치 부품에는 2mm정도의 구멍이 있는데 핀헤더 설치용 공간을 만들기 위해 4mm로 넓혀준다.

▲핀헤더를 넓혀 놓은 공간에 글루건으로 고정. 팔꿈치 부품(G-27)의 양쪽에 홈을 파고 구멍을 뚫은 후 각각 전선을 통과하고 가동부품을 조립.

①두 선을 장갑(D-1)에 통과. ②어깨(G-23)의 축 가운데에 1.5mm 구멍을 뚫고 전선을 끼운다. ③전선을 어깨로 빼낸다. ④상박(G-24)을 조립해서 어깨 고정으로 마무리.

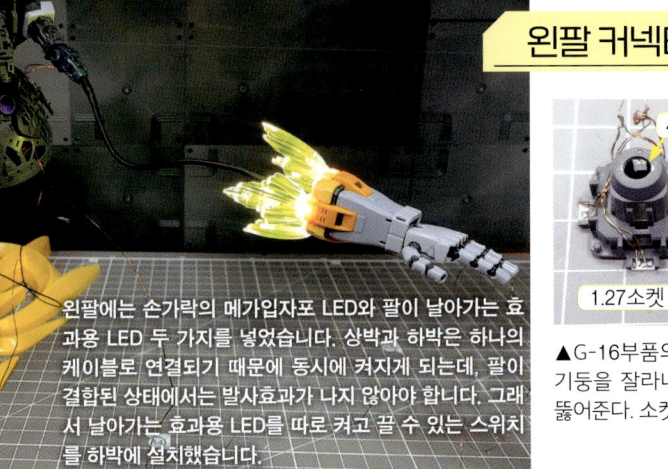

왼팔에는 손가락의 메가입자포 LED와 팔이 날아가는 효과용 LED 두 가지를 넣었습니다. 상박과 하박은 하나의 케이블로 연결되기 때문에 동시에 켜지게 되는데, 팔이 결합된 상태에서는 발사효과가 나지 않아야 합니다. 그래서 날아가는 효과용 LED를 따로 켜고 끌 수 있는 스위치를 하박에 설치했습니다.

왼팔 커넥터와 스위치
1.27 소켓 2핀, MSK-12C02 스위치 1개, 에나멜선 AWG 32

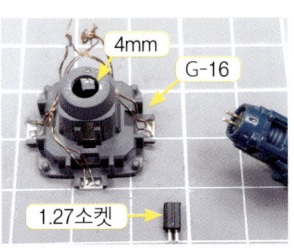

▲G-16부품의 기존에 있던 작은 기둥을 잘라내고 4mm의 구멍을 뚫어준다. 소켓 2핀을 준비.

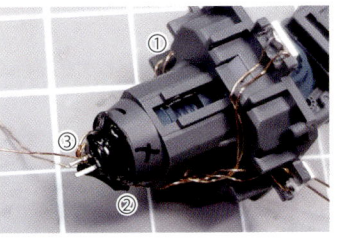

①G-16과 상박을 조립 ②소켓 2핀을 상박의 핀헤더에 끼운 후에 G-16과 소켓을 글루건으로 고정. ※상박의 파란선(+)에 맞춰 극성을 표시. ③4020LED의 짧은 선(-)을 소켓의 -극에 감고 납땜.

▲마이크로 스위치의 단자를 90°로 꺾어주고 두 단자에 에나멜선을 납땜. 스위치에서는 극성을 구분하지 않아도 된다.

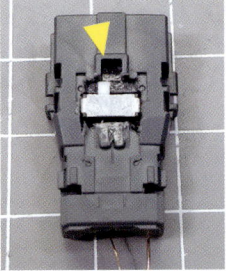

▲하박 부품(G-7)에 스위치 크기에 맞춰 사각형 구멍을 뚫어주고 스위치를 설치. 에나멜선은 안쪽에 넣어 둔다.

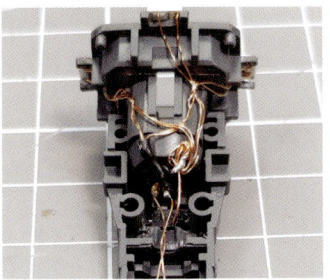

▲4020 LED의 긴 선(+)과 스위치의 선 하나를 연결하여 납땜. 스위치의 나머지 전선은 2핀 소켓의 +에 연결하고 납땜한다.
(연결위치는 회로도 참고)

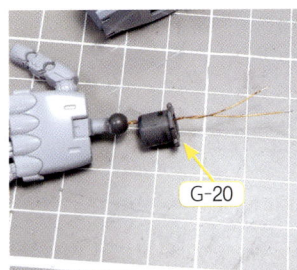

▲손에서 나온 전선(+,-)을 2핀 소켓에 연결하기 위해서는 세 부품을 끼워 준비해야 한다. 우선 손목 고정용 원통형 부품(G-20)에 전선을 통과시킨다.

①손가락의 전선을 하박부품 (C-13, G-18)에 통과시킨다.
②손가락의 노란색 LED를 보호하기 위해 2핀 소켓의 +극에 51Ω 저항을 납땜
③손가락의 +선을 저항에 납땜.
④손가락의 -전선은 2핀 소켓의 -극에 납땜한다.

팔 와이어
HIV 1.5SQ전선 14cm, 1.27 핀헤더, 소켓 각각 2핀, 에나멜선 AWG 32

지옹의 팔은 유선으로 연결되어 모든 방향으로 공격이 가능한 설정입니다. 전기가 흐르고 원하는대로 구부릴 수 있는 와이어를 제작했습니다.

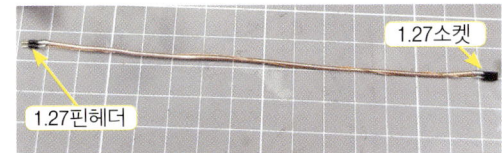

▲HIV 1.5SQ 전선(4화 참조)의 피복을 벗기면 한 가닥의 굵은 구리선이 나온다. 구리선의 끝을 깎은 후 2핀 소켓과 핀헤더에 납땜.

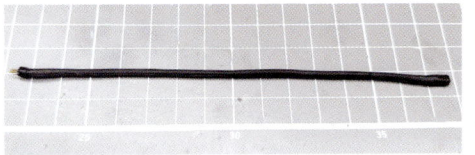

▲에나멜선과 구리선을 핀헤더, 소켓에 납땜한 후 3mm 수축튜브를 씌워서 마무리.

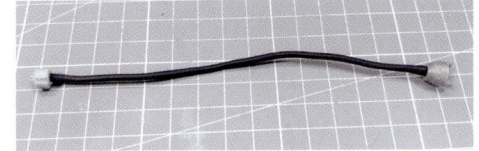

▲연결을 튼튼하게 하기 위해 하박쪽에는 프라파이프, 상박 쪽에는 3D프린팅 부품을 추가.

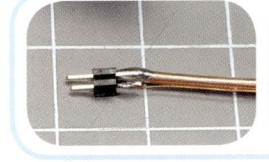 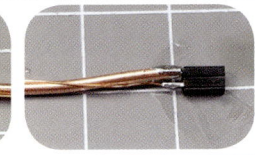 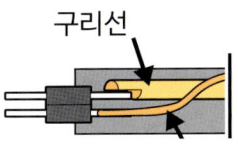 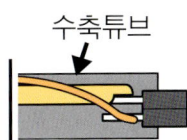  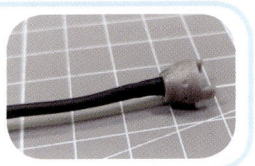

가슴 스러스트
2012 LED 주황색 4개, 에나멜선 AWG32

▲2012 주황색 LED에 에나멜선을 납땜한 후, 가슴 스러스트 부품(G-13, 14)에 구멍을 뚫어 준다.

▲LED를 스러스터 부품에 접착. 이 때 전선은 LED와 90°로 꺾은 후 표시처럼 위치해야 다른 부품과의 간섭이 없다.

▲스러스터 부품을 조립하고 가동용 부품(G-11, 12)의 축에 1mm의 구멍을 뚫고 에나멜선을 통과. 전선은 몸체 내부 방향으로 빼낸다.
스러스트는 앞 두 개, 뒤 두 개를 조립한다.

▲오른쪽의 전후 스러스터를 조립한 상태. 짧은선(-) 두 개는 납땜으로 연결. 왼쪽 스러스터도 동일하게 작업해둔다. 좌우 스러스터의 연결은 "상체 전선연결"에서 진행한다.

허리 메가 입자포

2012 LED 주황색 2개, 에나멜선 AWG32, 연선 AWG 32 파랑, 검정선

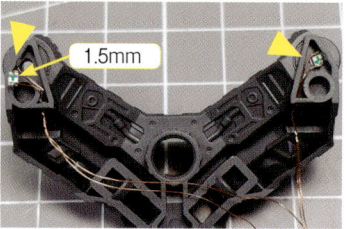 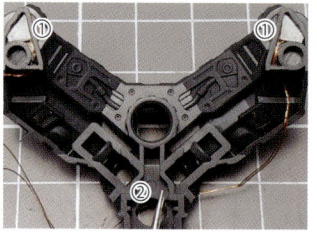  

▲허리의 메가입자포에 구멍을 뚫고 에나멜선을 연결한 2012 주황색 LED를 설치.

①0.5mm 프라판을 잘라 LED를 덮어준다. 빛샘 방지 및 LED고정용. ②부품의 가운데 벽에 구멍을 뚫어 왼쪽의 전선을 통과하여 오른쪽 전선과 묶음을 만든다.

▲에나멜선 +와 -를 각각 납땜으로 연결하고 +선에는 파란색 연선을, -선에는 검정색 연선을 연결.

▲파란선과 검정선을 수축튜브에 끼우고 허리 부품의 홈에 밀어 넣은 후 순간접착제로 고정하여 마무리.

메인 스러스터

3mm LED 웜화이트 12개, 연선 AWG36 노란선, 검정선, 5mm 네오디뮴 자석 4개

 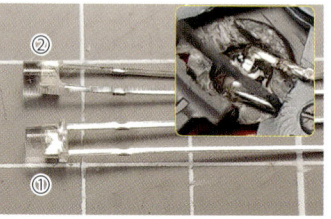 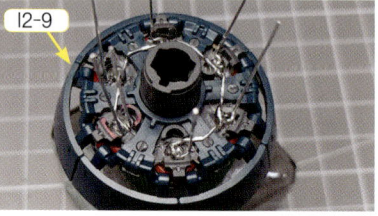

▲LED 설치를 위해 H-2부품의 구조물을 칼로 깎아내고 여섯 개의 구멍을 뚫어준다.

①LED렌즈의 아랫부분에는 살짝 튀어나온 플랜지라는 부분이 있다. ②플랜지를 칼로 깎아내면 3mm구멍에 깊이 집어넣을 수 있어서 공간을 확보할 수 있다.

▲커버 부품(I2-9)을 조립하고 3mm 웜 화이트 LED 6개를 구멍에 넣는다. LED의 -극 다리를 부품의 표면에 맞춰 구부리고 다음 LED의 -극에 납땜한다. 6개의 LED가 -극으로 연결.

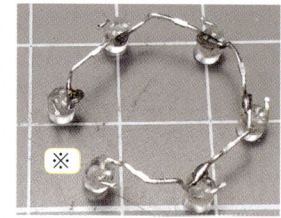 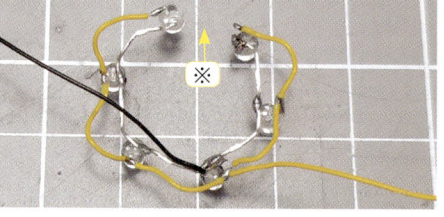 

▲-극이 연결된 LED를 분리하고 긴다리(+)를 잘라낸다.

▲1cm 노란선으로 LED의 +극을 연결해서 납땜한다. ※표시한 부분은 연결하지 않는다. 마지막으로 LED의 +극에 15cm 노란선, -극에 15cm의 검정선을 연결.

▲가운데 기둥에 구멍을 뚫고 노란선, 검정선을 기둥 사이로 빼낸다.

▲나머지 스러스터 부품을 조립. 이 때 스러스트와 관절을 연결하는 H-6부품의 가운데에 2mm 구멍을 뚫고 전선을 통과.

▲분사효과 부품은 자석 착탈식으로 제작. 스러스터 부품(H-1) 안쪽에 자석을 접착하고 분사효과 부품에 구멍을 만든 후 자석을 접착. 연결용 핀 세 개는 잘라낸다. ※자석이 제대로 붙는지 극성을 반드시 확인할 것.

서브 스러스터

3mm LED 웜 화이트 5개, AWG32 노란선, 검정선

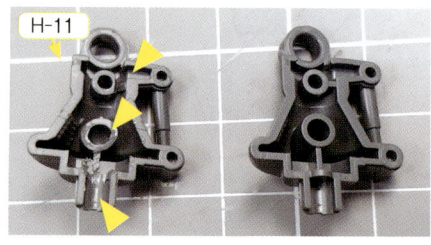 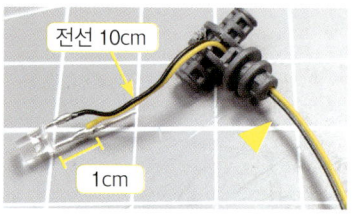 

▲3mm LED를 설치하기 위해 H-11 부품의 세군데(상부 핀 가드, 조립용 홀, 둥근 몰드)를 잘라낸다.

▲3mm LED의 전극용 다리를 자른 후, 노랑, 검정선을 납땜. 조인트 부품(H-13)의 중심축에 1.5mm 구멍을 뚫고 전선을 통과.

▲H-11 부품에 LED와 조인트 부품을 조립. 다섯 개 모두 동일하게 작업한다.

▲전선을 연결한 다섯 개의 소형 스러스터를 부품에 조립.

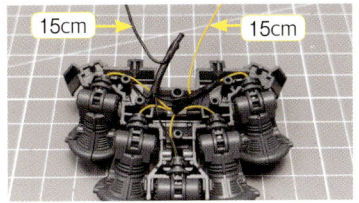
▲다섯 개의 노란선을 적당한 길이로 자르고 속전선을 묶어 준 후 15cm의 노란선을 추가로 연결하고 수축튜브로 마무리. 검정선도 동일한 방법으로 한다.

▲사진의 위치에 구멍을 뚫고 노란선, 검정선을 통과.

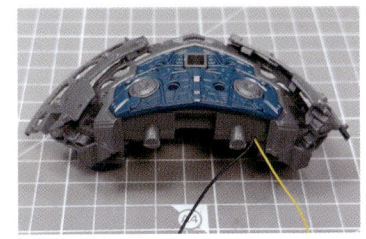
▲리어 스커트 나머지 부품을 조립한 상태. 노란선. 검정선은 상체와 연결할 때 사용.

상체 전선 연결
핀헤더 소켓2.54피치 2열 4핀, 연선 AWG 36 전선 적, 흑, 청, 백, 황

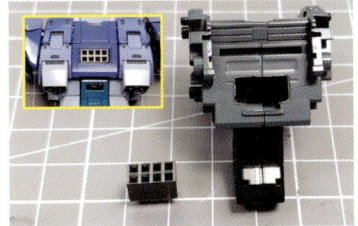
▲핀헤더 소켓(2열4핀)을 설치할 구멍을 등에 뚫어준다. 우연히도 소켓과 파란색 외부 장갑의 크기가 일치.

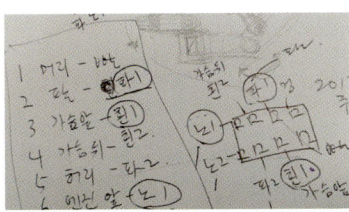
▲LED의 개수, 위치, 커넥터 등의 숫자가 늘어날수록 계속 메모해두어야 한다. 특히 같은 색 전선을 여러 개 사용하므로 전선의 구분도 필요.

▲검정선을 우선 납땜. 이 때 검정선은 긴 선(15cm, 하체 연결용)과 짧은 선(5cm 상체 연결용)을 묶어 함께 연결한다.

▲나머지 전선을 메모에 맞추어 소켓에 납땜. 파란색, 흰색, 노란색 전선의 1번 선에는 유성펜으로 점을 찍어두면 쉽게 구분할 수 있다.

▲전선을 연결한 소켓을 몸체에 순간접착제와 글루건 등으로 접착. 가슴 스러스트 작동용 부품(E-21)은 8핀 소켓과 간섭이 발생해 사용하지 않았다.

①상체 : 검정(짧은 선), 빨강, 파랑1, 흰선1, 2
②하체 : 검정(긴 선), 노랑1, 2, 파랑2
하체용 전선은 수축튜브로 씌운 후 허리를 통과시킨다.

▲왼쪽 팔(파랑, 검정선)을 조립하고 왼쪽 어깨(E-8)에 2mm구멍을 뚫고 전선을 넣어 가슴 안쪽으로 빼낸다.

왼팔 연결(파란선1)
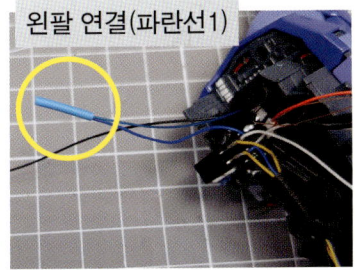
▲파란선1과 왼팔의 파란선을 각각 3cm 정도 남기고 자른 후 묶어주고 수축튜브로 마무리.

머리 연결(빨간선)

▲머리 부품을 조립하고 머리의 빨간선, 소켓의 빨간선을 각각 3cm정도 남기고 자른 후 연결한 다음 수축튜브로 마무리.

가슴 스러스터 연결(흰선1,2)

▲왼쪽 오른쪽 몸통을 가까이 두고 전방 가슴 스러스터 좌우의 +에나멜선을 꼬아준다. 그 후 흰선1(점을 찍어 표시)에 전방 스러스터 에나멜선을 꼬아준다.

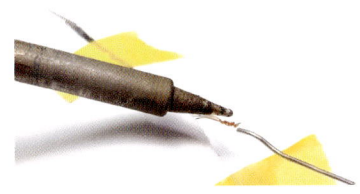
▲흰선1과 전방 스러스터 +에나멜선을 꼬은 상태에서 납땜한다. 납에 열을 가하면 페이스트 방울이 튀기 때문에 도색한 몸체표면을 오염 시킬 수 있다. 종이로 몸통을 가려주는 것이 필수.

▲납땜을 마치고 수축튜브로 마무리. 후방 스러스터도 흰선2(점표시 없음)에 동일한 방법으로 납땜하고 수축튜브로 마무리한다.

검정선 연결

▲검정선(팔, 머리, 전후방 스러스터 짧은 에나멜선)을 하나로 묶고 납땜한 후 수축튜브로 마무리.

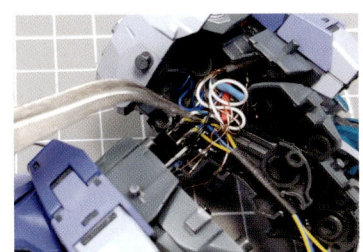
▲좌우 몸체를 조립할 때 핀셋을 이용해 전선이 몸체 조립용 핀과 홀에 간섭이 되지 않도록 정리해서 밀어 넣어준다.

▲좌우 몸체를 연결한 상태. 허리 아래쪽으로 하체 연결용 전선이 나와 있다.

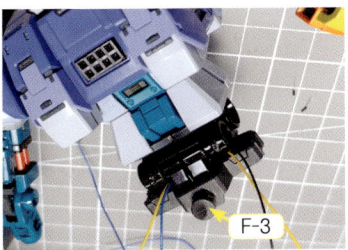
▲허리연결용 부품(F-3)을 조립하고 전선을 뒤쪽으로 보낸다.

하체 전선 연결

  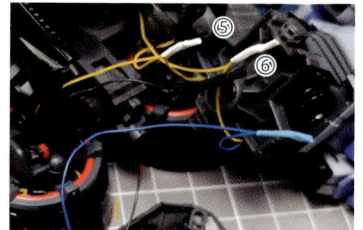 

①메인 스러스터 노란선 두 개를 한 묶음으로 꼬아준다. ②검정선 세 개(허리 메가입자포, 메인 스러스터, 보조 스러스터)를 한 묶음으로 꼬아준다.

③메인 스러스터 노란선 묶음과 상체의 노란선1(점표시)을 연결하고 수축튜브로 마무리 ④하체의 검정선 세 묶음을 상체의 검정선과 연결하고 수축튜브로 마무리.

⑤보조스러스터의 노란선을 상체의 노란선2(무표시)와 연결하고 수축튜브. ⑥허리 메가입자포의 파란선을 상체의 파란선2(무표시)와 연결하고 수축튜브.

▲연결한 전선을 허리 뒤쪽으로 정리하고 허리 부품(F-3)을 연결하고 나머지 부품을 조립해서 완성한다.

베이스

핀헤더 2열 4핀, 연선 AWG 36 전선 적, 흑, 청, 백, 황

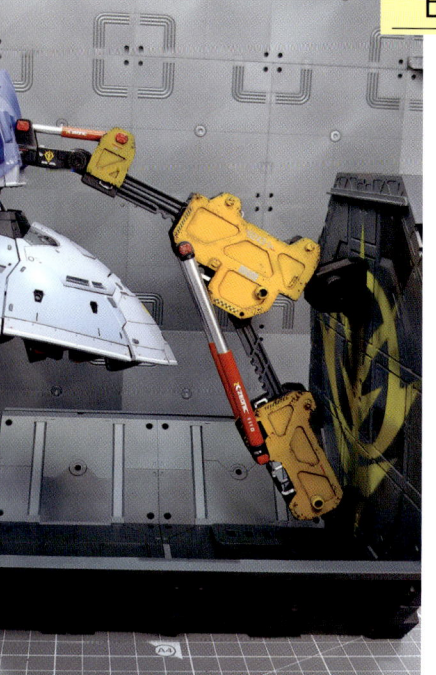

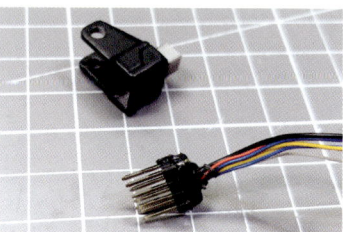 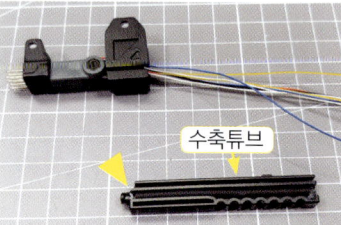

▲베이스는 세가지 제품을 조합해서 제작. ①액션베이스1 지온버전(액션베이스1 보다 길이가 짧다. ②액션베이스2 ③H행거 옥타곤

▲핀헤더 2열 4핀에 검정, 빨강, 하양, 노랑 전선을 납땜하고 글루건으로 고정하다. 핀헤더 고정부품은 크기에 맞추어 3D프린팅.

▲전선 통과용 구멍을 뚫고 가동기둥의 끝부분은 대가선으로 깎아준다. 전선이 지나는 곳에는 수축튜브를 사용(스텝 5 참고).

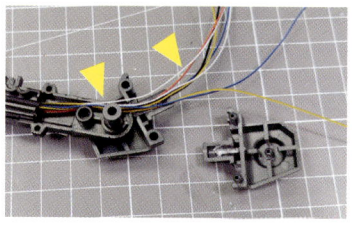 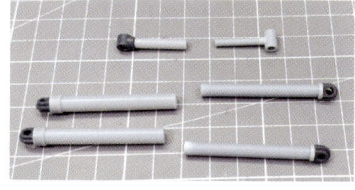 

▲베이스 받침 부분에 전선이 통과할 수 있는 구멍을 만들고 전선을 통과한다.

▲3mm, 4mm, 5mm, 7mm 프라파이프와 다른 제품의 관절부품을 사용해서 만든 실린더 부품

▲크레인 암의 장갑은 3D프린팅 후 1mm 프라판을 접착하여 제작.

◀크레인 암이 조립된 상태. 전선은 베이스 받침으로 빼놓는다.

◀H행거의 지온 마크는 노란색을 칠 한 후 지온 로고를 붙여 스텐실을 한 것. 액션베이스를 설치할 7mm 구멍을 베이스의 벽에 뚫어준다.

배선

슬라이드 스위치 BSD-104 6개, 푸시락 스위치 DS-450 Lock 1개

▲①푸시락 스위치는 메인 스위치로 버튼을 누르면 전체 전원을 켜거나 끌 수 있다. 그대로 사용해도 괜찮지만 분위기를 내기위해 지온 로고와 CAUTION 데칼을 붙이고 유광 클리어로 마무리.
②슬라이드 스위치는 색을 칠해 구분했다.
-파란색 : 손　　-흰색 : 가슴 스러스터 전방
-회색 : 가슴 스러스터 후방 -보라색 : 허리 메가입자포
-노란색 : 메인 스러스터　-주황색 : 서브 스러스터

▲베이스 가운데에 리머로 구멍을 뚫어 푸시락 스위치를 설치. 여섯 개의 슬라이드 스위치를 설치한다.

▲AAA사이즈 2구 건전지 홀더를 글루건으로 접착. 건전지 홀더의 빨간선을 푸시락 스위치 한쪽 단자에 연결.

①위와 아래의 슬라이드 스위치 세 개의 가운데 단자를 이어서 연결. LED의 잘라낸 다리를 활용하면 좋다.
②빨간선을 연결하고 푸시락 스위치의 나머지 단자에 연결.

▲크레인 암의 전선을 벽 구멍으로 빼낸 후 선 정리를 위해 수축튜브로 묶어준다.

①빨간선에 저항을 연결하고 푸시락 스위치 중 슬라이드 스위치를 연결한 단자에 납땜한다 ②베이스에서 나온 빨간선(모노아이)을 저항에 납땜한다.

①파란선1(점표시) : 무저항 연결(흰색 LED)
②흰선1(점표시) 저항 연결(주황색 LED)
③흰선2(무표시) 저항 연결(주황색 LED)

④파란선2(무표시) 저항 연결(주황색 LED)
⑤노란선1(점표시) 무저항 연결(웜화이트)
⑥노란선2(무표시) 무저항 연결

회로도

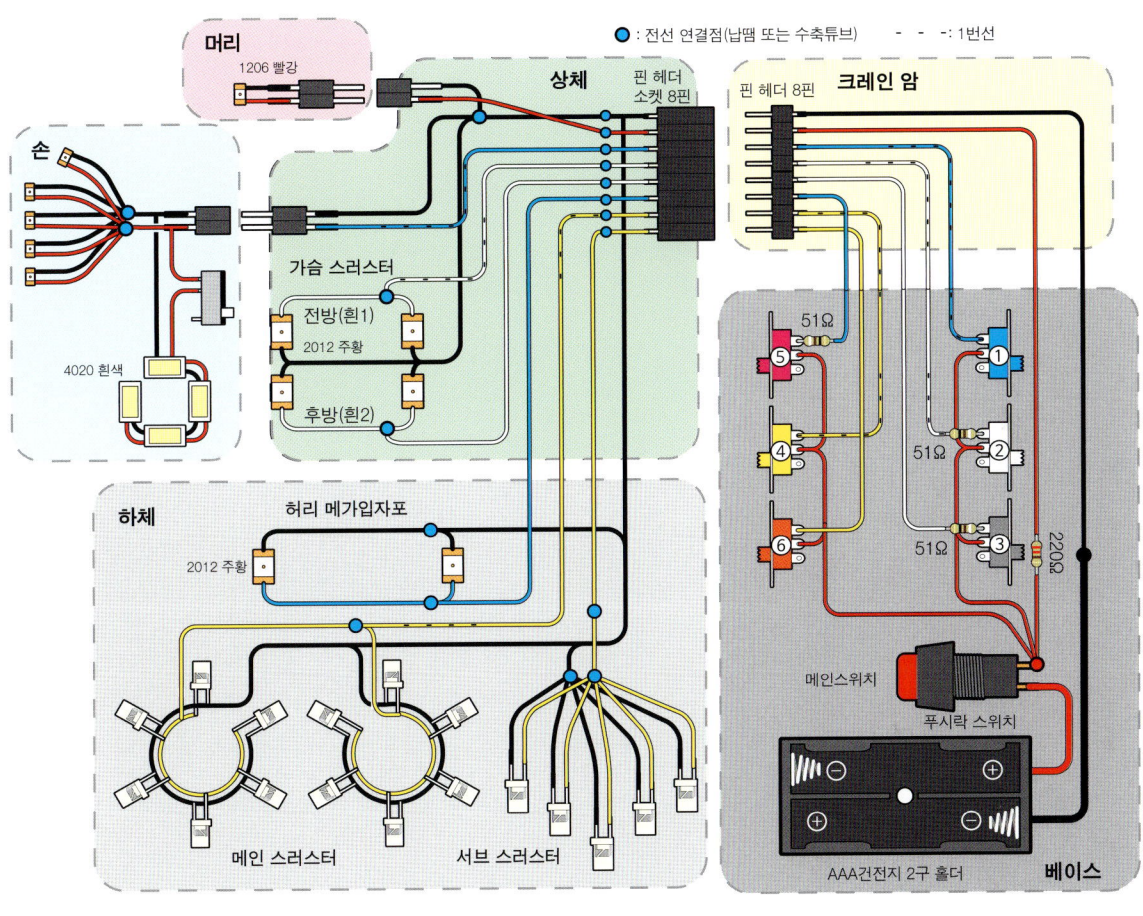

부록 : 베이스 암 작동

지옹과 연결한 베이스 암은 반다이 액션 베이스를 활용해서 제작했습니다. 아래의 베이스 길이를 조절해서 높낮이를, 위의 베이스 길이를 조절해서 앞뒤로 가동하도록 했습니다. 공업용 메카닉 느낌을 내기 위해 약간의 웨더링과 실린더 가동구조를 추가했습니다.

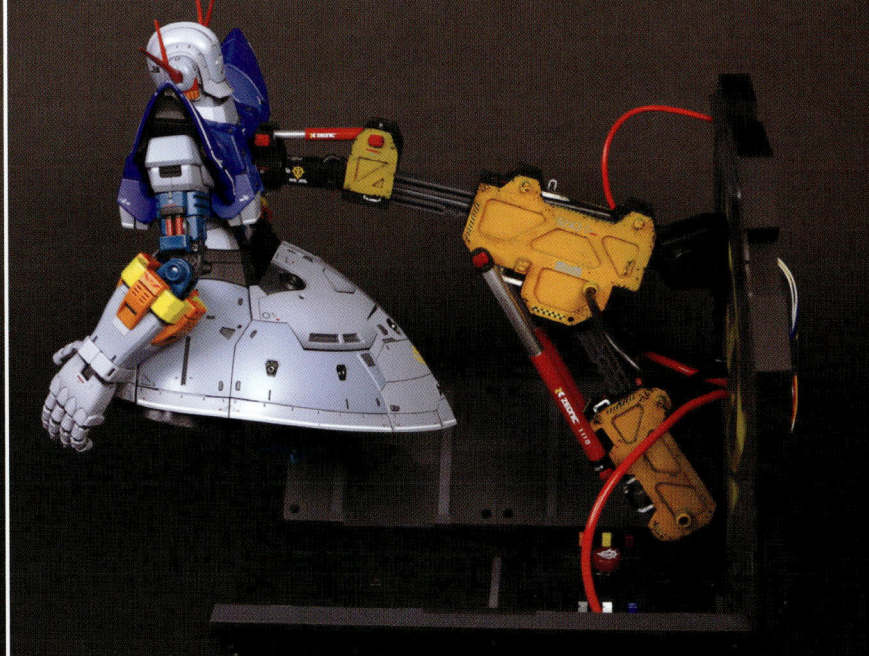

Step. 07
광섬유로 소형 광점을 만들어보자

HASEGAWA 1/3000
[CRUSHER JOE] CÓRDOBA

하세가와의 크리에이터 웍스(CW)시리즈는 유명 애니메이션이나 디자이너의 메카닉들을 모형화하고 있습니다. "코르도바"는 80년대 극장용 애니메이션인 "크러셔 죠"에 등장한 거대 전함으로 다양한 곡선과 수많은 라인을 가진 매력적인 모형입니다. 키트는 1/3000이라는 거대 스케일(완성 후 크기 약 32.5cm). 이번에는 거대 스케일의 우주선을 더욱 실감나고 밀도있게 표현하기 위해 광섬유를 이용해 소형 광점을 추가하여 제작하였습니다.

작은 광점으로 거대 전함 만들기
광섬유를 사용하는 방법

흰색에 검정색5%, 파란색5%로 조색하여 기본색을 만든 후 전체를 도장. 그 후 기본색에 흰색을 추가한 라이트 베이직과 약간의 검정색을 추가한 다크 베이직을 만들어 패널 단위로 다양하게 페인팅. 베이스는 반다이 액션베이스2와 H행거를 조합하고 스위치와 건전지를 설치.

흰색, 빨간색, 초록색, 파란색 LED와 0.25mm, 0.5mm, 1mm의 광섬유를 조합하여 제작. 몸체의 광점은 0.25mm 광섬유를 적용.

1 이번 공작의 주요부품

사용재료

- 납땜용 도구
- 연선AWG 36 전선 적, 흑, 청, 백, 황
- AA건전지 2개
- AA건전지 2구 홀더 1개
- 광섬유 0.25mm, 0.5mm, 1mm
- 핀헤더 2.5 피치 2열 4핀 1개
- 핀헤더 소켓 2.5 피치 2열 4핀 1개
- 슬라이드 스위치 BSD-104 3개
- 수축튜브 1.5파이, 2파이
- 가변저항 2KΩ 1개
- 1/4W 저항 61Ω 2개 (함교, 항법등 좌 빨간색)
- 2012 SMD LED 빨간색 1개(함교)
- 3mm 고휘도 LED 흰색 5개(광섬유)
- 3mm 고휘도 LED 파란색 2개(메인 엔진)
- 3mm 고휘도 LED 초록색 1개(항법등 우)
- 3mm 고휘도 LED 빨간색 1개(항법등 좌)

광섬유

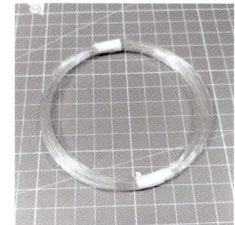

◀광섬유는 한쪽 끝에 빛을 비추면 반대쪽까지 빛이 나기 때문에 모형에서는 LED로는 재현할 수 없는 아주 작은 크기의 광점을 만들 수 있다. 도레이(Toray)나 미쯔비시(Mitsubishi)에서 만든 제품이 품질이 좋다. 온라인 종합쇼핑몰(옥션, G마켓, 11번가 등)에서 소량구입이 가능하다. 0.25mm(길이 6M), 0.5mm(4M), 1mm(2M) 단위에 1,000원 정도.

광섬유 기본작업

광섬유 작업은 작은 크기의 수 많은 광점이 특징이기 때문에 도장의 순서를 잘 계획해야 제대로 된 효과를 볼 수 있다. 이번에 소개하는 방법은 먼저 광섬유를 심고 도장 후 잘라내는 방법(도장 후 처리).

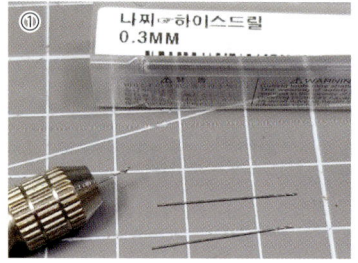

▲0.25mm의 광섬유 공작을 위해 0.3mm의 핀바이스 날이 필요하다. 가격은 비싸지만 보다 튼튼한 일제 드릴날을 추천. 쉽게 부러지므로 여분으로 몇 개를 구입해 두는 것이 좋다. 개당 4,000원선

▲광섬유를 심을 위치에 0.3mm의 구멍을 뚫어 둔다.

▲충분한 길이(이번 작업에서는 약 15cm)로 자른 광섬유를 바깥에서 밀어 넣는다.

▲광섬유가 바깥쪽으로 2-3mm 튀어나온 상태로 하고 다음 단계로 진행.

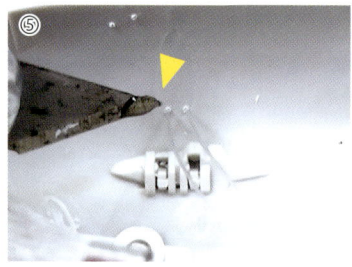

▲접착제를 칼이나 이쑤시개를 이용해 광섬유의 뿌리 부분에 발라준다.

▲광섬유가 일정한 양이 모이면 하나로 묶어 준다. 프라파이프를 이용하면 LED와 결합하기 편리한 장점이 있다.

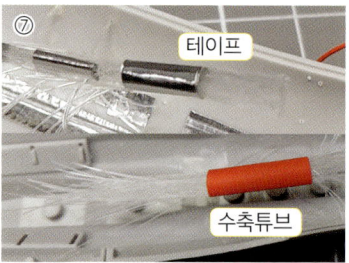

▲광섬유 묶기의 다른 방법. 테이프는 광섬유의 양에 관계없이 쉽게 사용할 수 있고 수축튜브는 조밀하게 끼워 넣을 수 있는 장점이 있다.

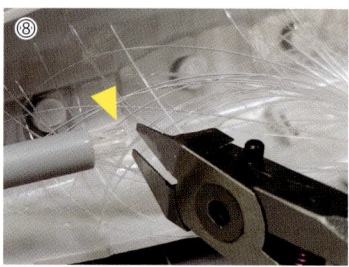

▲니퍼의 평평한 면을 이용해 광섬유를 동일한 높이로 잘라준다. 여러 가닥일 경우 한꺼번에 자르지 말고 두세 가닥씩 잘라야 깨끗하게 자를 수 있다.

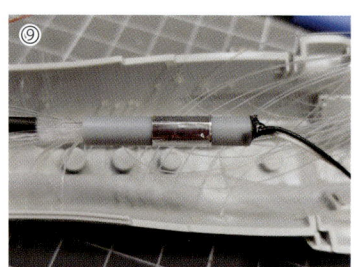

▲LED를 끼운 파이프에 광섬유 다발을 연결하고 테이프로 마무리.

▲내부 배선 작업까지 마친 후 몸체를 도장. 도료 때문에 광섬유의 빛은 보이지 않는다.

▲튀어나온 광섬유를 니퍼로 잘라준다. 도장을 한 상태이므로 표면에 흠집이 나지 않도록 주의.

▲광섬유를 잘라내면 광점이 제대로 보인다.

광섬유 접착

광섬유를 고정할 때 일반적인 순간접착제(점도가 낮아 물처럼 찰랑거리는 것)를 사용하면 쉽고 빠르지만 광섬유도 함께 경화되어 쉽게 끊어지기 때문에 주의해야 한다. 가능하다면 점도가 높은 접착제를 사용하는 것이 좋다.

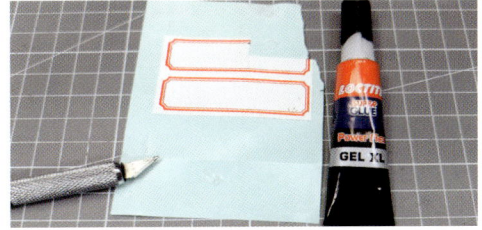
▲고점도 순간접착제. 록타이트의 파워플렉스 순간접착제. 굳은 후에도 약간의 탄성이 있다. 이면지에 덜어 놓고 칼이나 이쑤시개 등을 사용한다.

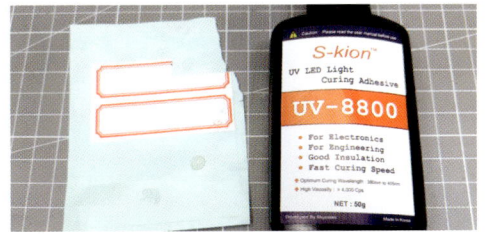
▲고점도 UV접착제 UV(자외선)에 반응하여 굳는 접착제. 고점도 순간접착제보다 탄성이 좋아 광섬유가 끊어지는 것이 덜한 장점. 하지만 매번 UV라이트를 비춰 고정해야야 하는 번거로움도 있다.

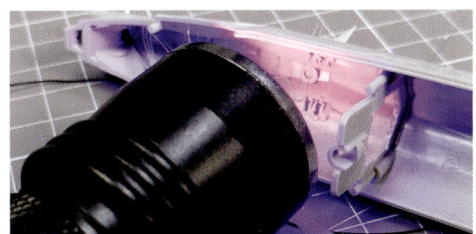
▲UV라이트를 10초 정도 비추면 경화가 된다.

광섬유와 LED연결(LED파이프 제작)

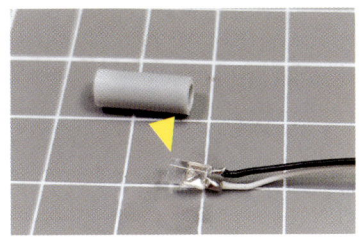
▲3mm LED 흰색에 전선을 납땜하고 LED의 튀어나온 부분(플랜지 ▲표시)를 깎아내고 프라파이프에 끼운 후 검정색 글루건으로 고정하면 빛샘 방지에 도움이 된다.

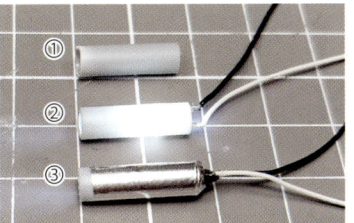
▲①외경 5mm(내경 3.2mm)의 프라 파이프를 1.5cm정도 준비 ②글루건으로 접착한 LED를 켜면 생각보다 빛이 많이 난다(빛샘) ③알루미늄 테이프로 감싸주면 빛샘을 막을 수 있다.

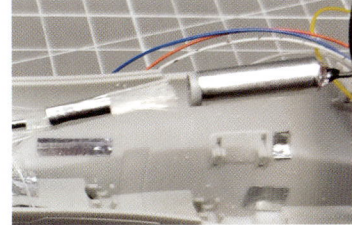
▲LED를 연결한 파이프에 묶어 놓은 광섬유를 끼워 넣는다.

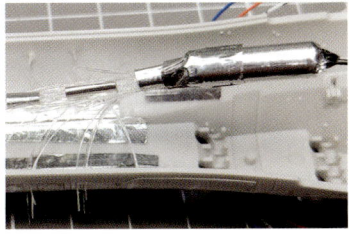
▲테이프로 광섬유와 파이프를 함께 감아준다. 알루미늄 테이프를 사용하면 풀림이 덜하고 잘 밀착시킬 수 있다.

광섬유 응용 (가열하여 방울만들기)

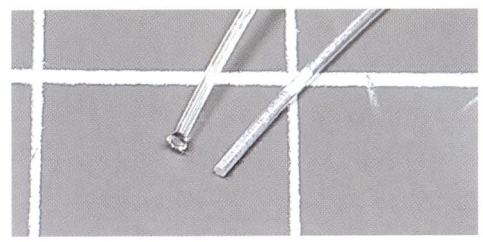
▲방울만들기로 광점을 약간 크고 볼록한 모양을 만들 수 있다. 이번 공작에서는 항법등에 응용. 라이터를 이용해야 하므로 화상, 화재에 주의.

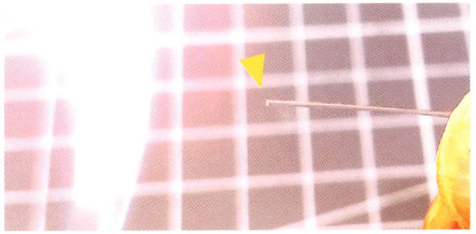
▲라이터를 켜고 광섬유를 가까이 가져가면 광섬유의 끝이 살짝 녹는다. 라이터와 너무 가까워지거나 오래 대고 있으면 금방 흘러내릴 정도가 되므로 주의.

▲일반 광섬유보다 입체적인 느낌이 난다.

기타 광섬유 팁

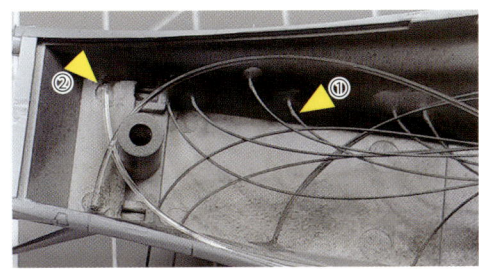
▲어떤 접착제를 쓰던 광섬유에 접착제가 묻으면 경화하기 때문에 끊어지기 쉬운 상태가 된다. ①과 같이 너무 당겨 ㄴ모양이 되면 끊어지기 쉽다. 가능한 ②의 상태처럼 최대한 부드러운 곡선이 되도록 여유있게 작업을 해야 한다.

▲새로운 광점을 만들려고 한다면, 우선 구멍을 뚫고 싶은 위치에 철필로 점을 찍어 만든 후 핀바이스를 사용하면 정확하게 구멍을 뚫을 수 있다.

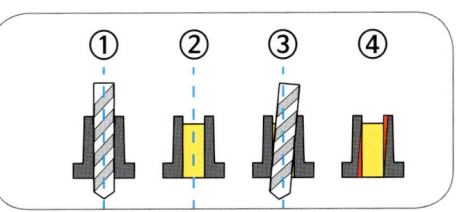
▲0.5mm, 1mm의 광섬유를 같은 굵기의 핀바이스로 구멍을 뚫으면 조립이 쉽지 않다. 이 때 쓸 수 있는 방법 ①1mm의 핀바이스로 수직 뚫기. ②직경 1mm의 구멍으로 뚫려있는 상태 ③그 후 핀바이스를 살짝 기울여 돌리면 구멍을 넓어진다 ④빨간 영역만큼 구멍이 넓어져 광섬유를 끼우기 쉽게 된다(그림은 설명을 위해 과장한 것으로 실제 작업할 때는 아주 조금만 기울여도 된다).

2 각 부분 공작

메인엔진
1mm 광섬유, 3mm 파란색 LED 2개

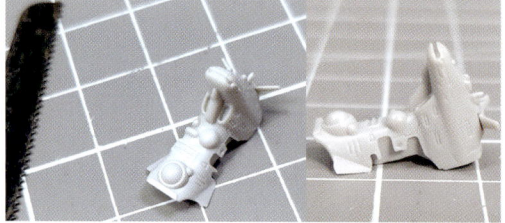

▲키트의 함교는 구멍을 쉽게 뚫기 위해 두께 4mm의 톱으로 평평하게 만들어준다.

▲0.3mm 핀바이스로 구멍을 세 개 뚫고 칼로 다듬어서 구멍을 만들기.

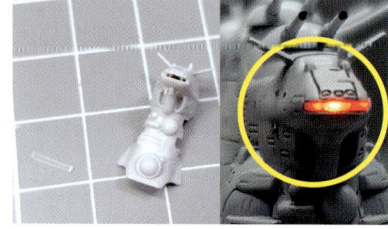

▲가운데 구멍의 좌우에 0.3mm구멍을 추가로 뚫어준다. 여기에 0.25광섬유를 심은 후 프라판을 씌우면 보다 넓은 범위로 빛이 나온다.

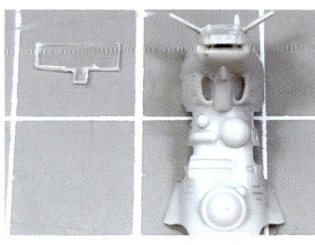

▲두께 0.4mm의 투명 프라판을 T모양으로 잘라 준비. 가운데 튀어나온 부분이 구멍에 끼워지는 구조.

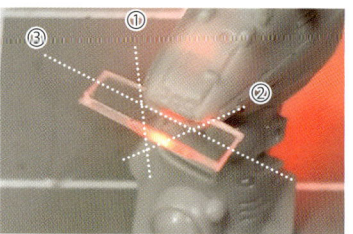

▲투명 프라판을 함교에 끼운 후 튀어나온 부분을 니퍼로 잘라준다. 자르는 단면이 짧을수록 프라판의 깨짐이 덜하므로 좌우 사이드를 먼저 잘라내고 마지막에 가운데를 자른다.

▲니퍼로 자른 단면은 유리 줄(일명 게이트 클리너 또는 게이트 지우개)로 갈아주면 깨끗해진다. 본체 도장을 한 후 조립할 예정이기 때문에 잘 보관해야 한다.

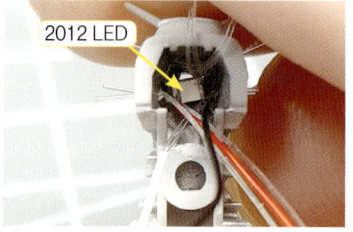

▲함교에 0.25mm의 광섬유를 먼저 심어서 접착한 후 빨간색, 검정색 전선을 납땜한 2012 빨간색 LED를 광섬유의 안쪽으로 밀어 넣는다.

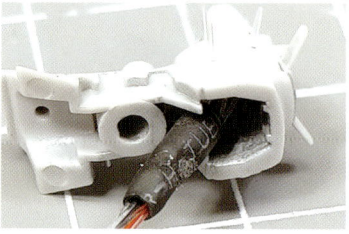

▲LED는 안쪽에 있어 접착하기 곤란하기 때문에 광섬유와 함께 수축튜브로 묶어주면 고정할 수 있다. (광섬유를 넣은 수축튜브를 가열절대 금지. 메인엔진 파트 참조)

▲상체에 구멍을 뚫고 함교를 조립.

하체 광섬유 작업
2.54피치 2열 3핀 핀헤더, 소켓, AWG 36 전선 검정, 하양, 파랑, 노랑

▲전함의 작은 사각형 오목 몰드에 광섬유 포인트를 만들기로 결정. 0.3mm 핀바이스로 뚫어준다.

▲구멍을 모두 뚫고 광섬유 심기 작업 시작. 부드러운 광섬유라고 해도 양이 많아 질수록 관리가 까다로워진다.

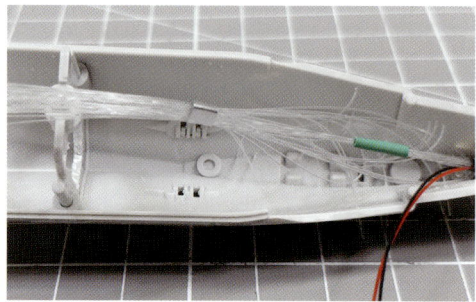

▲어느 정도 광섬유가 모이면 (여기에서 30가닥 정도) 테이프나 수축튜브 등으로 한번씩 정리해야 다음 작업이 편리.

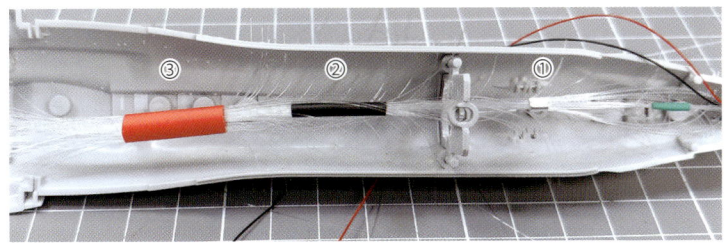
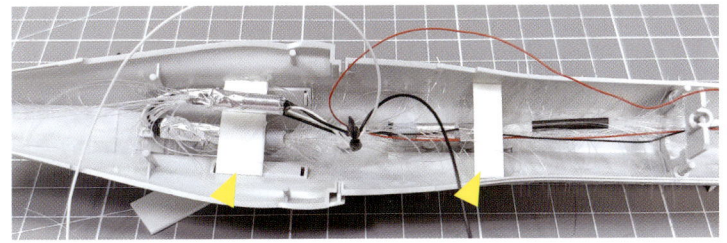

▲3mm LED를 광원으로 할 경우 0.25mm의 광섬유는 약 90가닥 정도가 최대. 광섬유를 작업을 하면서 모아다가(①②) 90가닥이 되면(③) LED설치 위가 된다.

▲상체에는 총 세 개의 LED를 사용. LED의 검정선 세 개와 함교의 검정선 한 개를 하나로 연결하고 LED의 흰선을 하나로 연결하면 전선은 흰선, 검정선, 빨간선이 된다 여러 가닥의 광섬유는 텐션이 강해져 조립이 어려울 수 있으므로 프라판을 접착해서 눌러준다. 순간접착제나 UV접착제를 사용하면 빠르게 작업이 가능.

하체 광섬유 작업
2.54피치 2열 3핀 핀헤더, 소켓, AWG 36 전선 검정, 하양, 파랑, 노랑

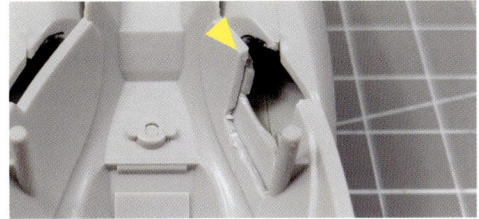
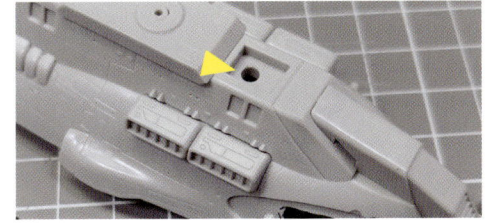

▲엔진의 광섬유 통과를 위해 공간 만들기를 우선 작업. 좌측은 키트의 상태, 우측이 벽을 잘라낸 상태.

▲커넥터도 광섬유 작업을 하기 전 미리 해야 한다. 2열3핀의 핀헤더와 소켓으로 제작.

▲전함 뒷부분 접속부를 잘라내면 2열3핀 소켓의 크기와 딱 맞는다. 베이스와 연결할 때 힘을 많이 받는 부분이므로 안쪽에서 플라스틱 재료를 이용해서 확실하게 고정해준다.

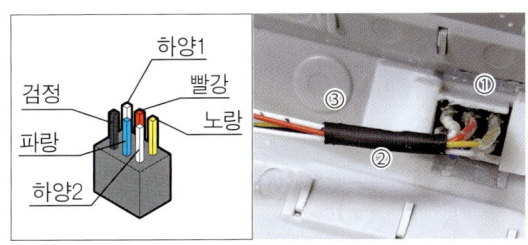
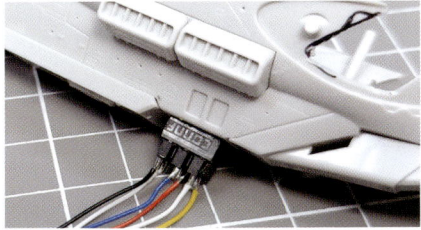
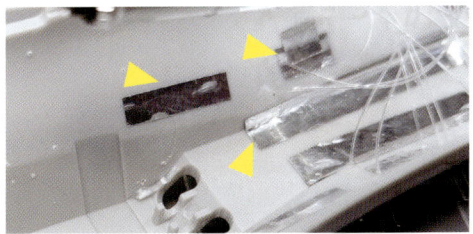

▲①검정, 하양1(점섬 표시), 파랑, 빨강, 하양2, 노란선을 각각 소켓에 납땜하고 수축튜브로 마무리 ②광섬유와의 간섭을 줄이기 위해 여섯 개의 전선을 수축튜브로 묶어준다 ③흰선이 두 개이므로 1번 선에는 매직펜으로 점을 찍어 표시.

▲소켓에 전선을 납땜한 후 핀헤더를 연결해서 전선의 색을 맞추어 납땜하면 편리하다. 베이스를 통과하기 때문에 여유 있는 길이로 해야 한다. 흰선 1번에는 점을 찍어서 표시.

▲광섬유 작업을 하기 전에 모형의 내부에서 LED를 비춰보면 벽 두께가 얇은 부분으로 불빛이 투과되는 곳을 찾을 수 있다. 알루미늄 테이프를 붙여서 빛샘을 방지한다.

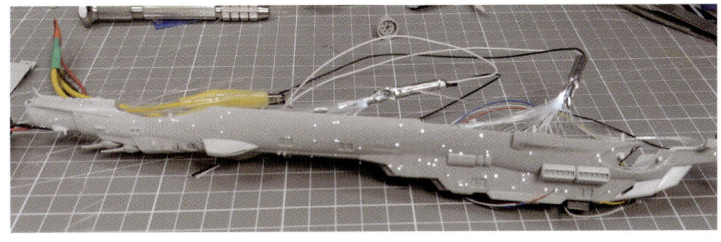

▲하부 광성유 첫번째 묶음은 82가닥. 두 번째 묶음은 74가닥으로 마무리. 두 곳은 알루미늄 테이프로 감아 주었다.

▲LED 파이프를 연결하고 광점 테스트. 작업 중 끊어진 광섬유를 찾아보고 문제가 있는 곳은 다시 작업한다.

메인엔진
1mm 광섬유, 3mm 파란색 LED 2개

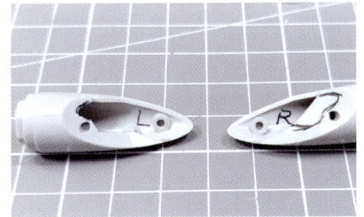

잘못된 예

▲메인엔진은 1mm 핀바이스로 구멍을 뚫어준다. 정직하게 1mm로 뚫으면 광섬유를 끼워 넣기 어렵기 때문에 마무리단계에서 핀바이스를 살짝 기울여 구멍을 넓힌다.

▲1mm 광섬유는 텐션이 강하기 때문에 연결하기 위해서는 공간 확보가 필수. 엔진 부품에 광섬유가 지나갈 공간을 만들어 둔다.

▲1mm의 광섬유는 잘라내도 휘어져 있는 형태를 유지하고 텐션이 강하기 때문에 구부리거나 펴는 것이 쉽지 않다. 마구 끼우면 취급이 곤란해진다.

엔진은 광섬유를 접착하기 전 미리 칠해둔다.

▲광섬유는 조립할 때의 방향을 고려해서 가지런하게 끼운 후 접착하고 수축튜브로 묶어준다.

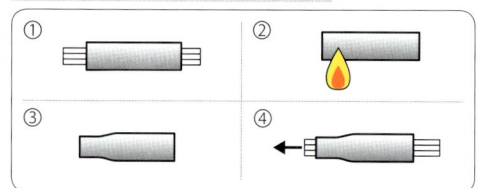
광섬유 묶기 - 수축튜브 이용

①광섬유 다발보다 큰 수축튜브를 준비 ②광섬유가 없는 상태에서 한쪽 끝부분을 살짝 가열 ③수축되어 직경이 작아진다 ④화살표 방향으로 광섬유를 넣으면 광섬유를 잡아준다.

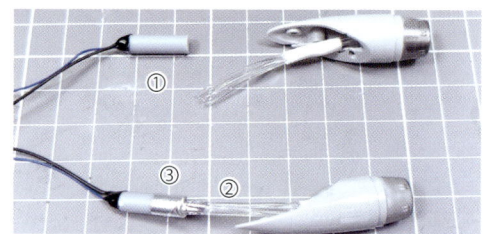
①3mm LED 파란색을 내경 3mm파이프에 조립 ②광섬유를 끼워 넣는다. ③알루미늄 테이프로 파이프와 광섬유를 고정.

하체 배선

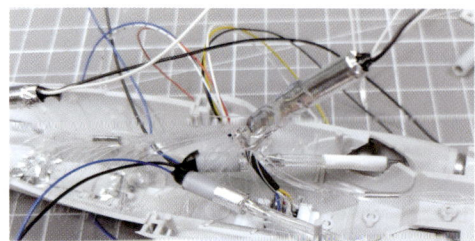
▲파란색 LED와 광섬유를 조립한 엔진을 하체에 조립.

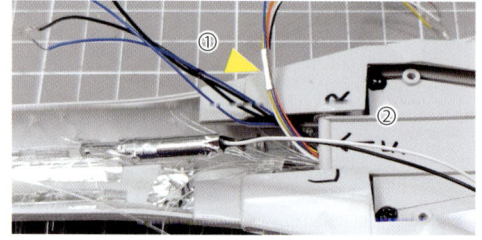
①커넥터에 연결한 전선 여섯 개는 전함 본체의 LED 전선과 혼동하지 않도록 흰색 수축튜브로 묶어준다 ②날개 부품을 조립

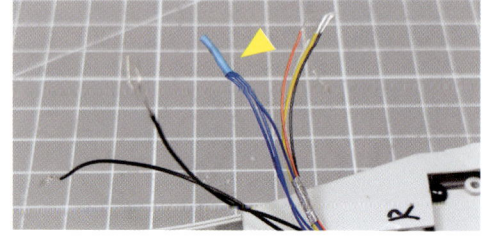
▲엔진LED의 파란선 두 개와 커넥터 파란색을 연결하고 수축튜브로 마무리. 나머지 전선은 전체를 도장한 후 상체와 결합할 때 연결할 예정.

도장과 상하체 결합

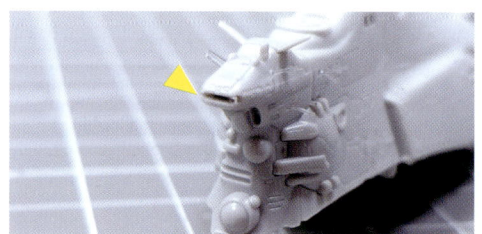
▲도장을 하기 전에 함교의 구멍에 도료가 들어가지 않도록 0.5mm 광섬유를 끼워둔다.(마스킹 테이프로도 가능)

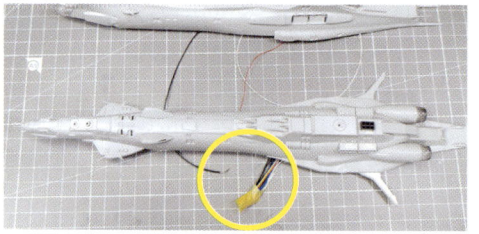
▲도장할 상하체를 준비. 하체의 경우 전선이 노출되어 있기 때문에 도료가 묻지 않도록 테이프로 붙여둔다.

▲미리 칠해 놓은 엔진에도 도료가 묻는 것을 방지하기 위해 둥근 스티커(9mm)를 붙여둔다.

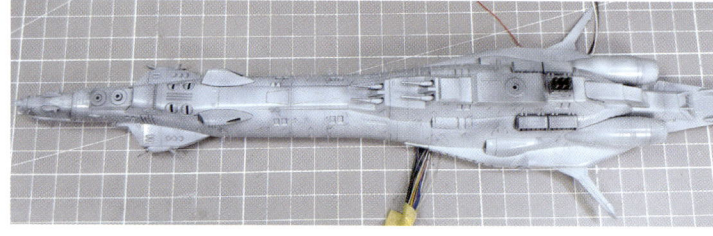
▲유광검정색을 베이스로 칠한 후 건조.
그 후 기본색을 묽게 희석(도료3: 신너7)해서 베이스로 칠한 검정색이 조금씩 드러나도록 그라데이션 도장.

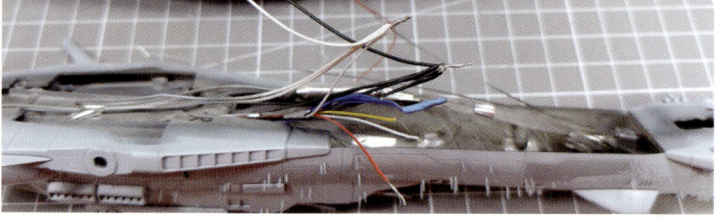
▲기본색 도장이 마무리 된 후 전선 연결 작업을 시작한다. 상하체의 흰선을 묶어서 커넥터의 흰선1(점선표시)에 연결하고 수축튜브로 마무리. 함교의 빨간선과 커넥터의 빨간선을 연결하고 수축튜브로 마무리.(배선은 뒤에 나올 회로도를 참고)

항법등 공작 및 조립   0.5mm 광섬유, AWG 36 전선 적, 흑, 황

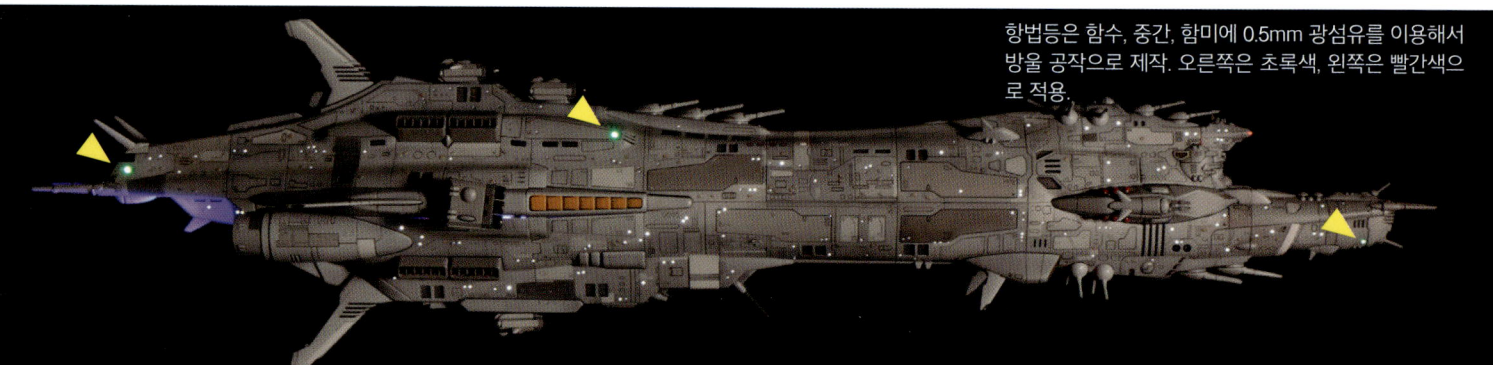
항법등은 함수, 중간, 함미에 0.5mm 광섬유를 이용해서 방울 공작으로 제작. 오른쪽은 초록색, 왼쪽은 빨간색으로 적용.

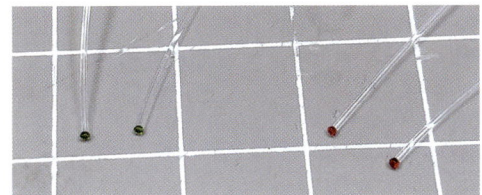
▲꺼진 상태에서도 색을 확인할 수 있도록 투명초록, 투명 빨강 도료를 칠해둔다. 항법등은 상하체에 설치되고 이것을 함께 묶을 것이므로 길게 잘라 작업해야 한다. (20cm정도)

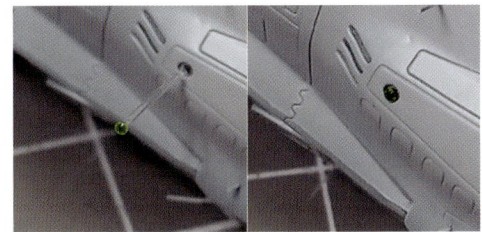
▲선체에 0.5mm 구멍을 뚫고 광섬유를 끼워 넣는다. 오른쪽은 초록색, 왼쪽은 빨간색.

▲항법등용 빨간색, 초록색 LED의 -극을 하나로 연결하고 검정색을 연결. 초록색에는 노란전선을 연결.

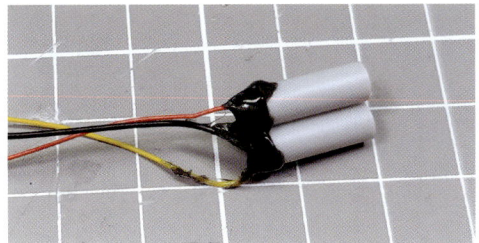
▲5mm프라 파이프에 LED를 조립하고 글루건으로 고정.

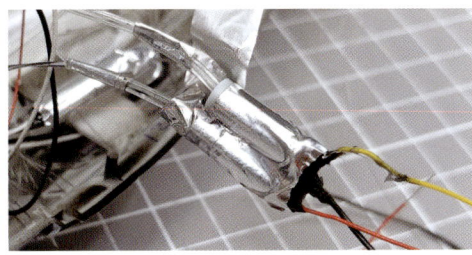
▲항법등 광섬유는 좌우 색을 맞추어 테이프로 묶어주고 LED파이프에 끼운 후 테이프로 고정한다.

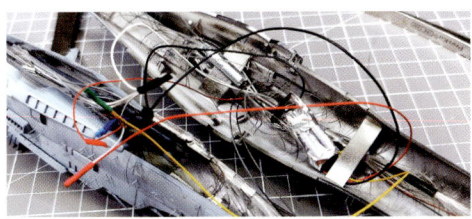
▲항법등 LED 노란선은 하체 커넥터 노란선에 연결, 빨간선은 커넥터의 흰선2에 연결하고 각각 수축튜브로 마무리(배선은 회로도 참고)

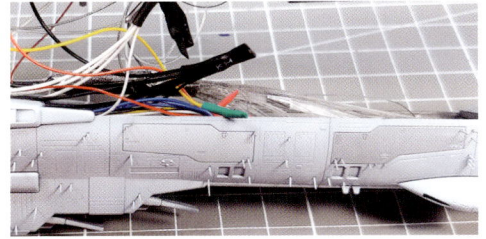
▲배선을 마치면 상하체를 조립. 전선이 조립용 핀과 홀에 간섭이 되지 않도록 핀셋으로 조금씩 밀어 넣으며 조립.

▲큰 전함을 만들 때 단색으로 도장하면 심심하다. 면적이 넓은 부분을 패널라인을 기준으로 마스킹하고 짙은 색과 밝은 색으로 각각의 패널에 도장.

▲튀어나온 광섬유는 니퍼를 몸체에 최대한 붙여 잘라내면 광점이 나타난다. 도장면이 까지지 않도록 주의.

베이스
핀헤더 2열 3핀, 반다이 액션베이스 2, Hand&Head H행거 부품

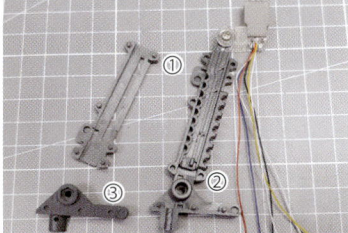
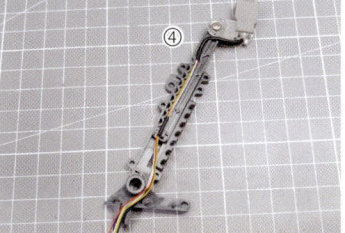
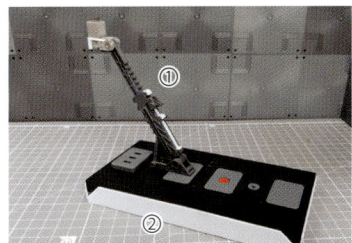

①미리 전선을 납땜해둔 2열 3핀 핀헤더 ②핀헤더 크기에 맞추어 3D프린팅으로 홀더를 제작 ③액션베이스2를 암으로 사용. 전선을 통과시키기 2mm의 구멍을 뚫어 둔다.

①액션베이스의 가동기둥에 전선이 지나가도록 작은 몰드를 잘라낸다 ②전선 통과를 위해 기둥을 감싸는 부품의 아랫부분을 잘라낸다 ③조립용 기둥에도 2mm의 구멍을 뚫어 준다

④전선은 세 가닥씩 좌우로 나누고 전선이 꼬이는 것을 방지하고 외형을 정리하기 위해 수축튜브를 씌워준다.

①액션베이스 암의 접합선을 가리고 약간의 디테일업을 위해 프라판을 접착 ②H행거 패널 두 개를 겹쳐서 조립하고 부품연결용 작은 구멍을 가리기 위해 프라판(사진의 흰색)을 접착.

베이스 배선
1/4W저항 62Ω, 가변저항 2KΩ, 연선 AWG 36 전선 적

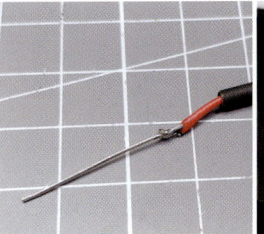

①AA 건전지 2구 홀더를 글루건으로 접착 ②가변저항용 홀더를 3D프린팅으로 제작 ③2KΩ가변저항 ④베이스 암에서 빼낸 전선.

①건전지 홀더의 검정선과 베이스 암의 검정선을 연결하고 수축튜브로 마무리 ②슬라이드 스위치 3개를 조립.

▲잘라낸 LED다리의 전극에 빨간선을 납땜한 후, 세 개의 스위치 가운데 단자에 끼워 넣고 납땜한다.

▲스위치 가운데 단자를 연결한 빨간선과 건전지 홀더의 빨간선을 연결하고 수축튜브로 마무리.

▲베이스 암의 빨간선(함교)과 흰선2(빨간색 항법등)를 연결하고 62Ω 저항을 납땜

▲저항과 베이스 암의 노란선(초록색 항법등)을 첫번째 스위치에 납땜한다.

①빨간색 전선으로 두 번째 스위치와 가변저항의 1번 핀을 납땜으로 연결 ②베이스 암의 흰선1(점선표시, 광섬유)을 가변저항의 2번핀(가운데)에 납땜한다.

▲베이스 암의 파란선을 세번째 스위치 단자에 납땜.

▲가변저항을 편리하게 돌릴 수 있도록 손잡이(노브)를 만들어서 조립. 본체의 0.25mm 광섬이 최대 밝기이면 어두운 곳에서는 지나치게 밝게 된다. 이럴 때는 저항을 높여 약간 어둡게 해주는 것이 좋다. 반대로 밝은 장소에서는 저항을 낮춰 밝게 할 수도 있다.

회로도

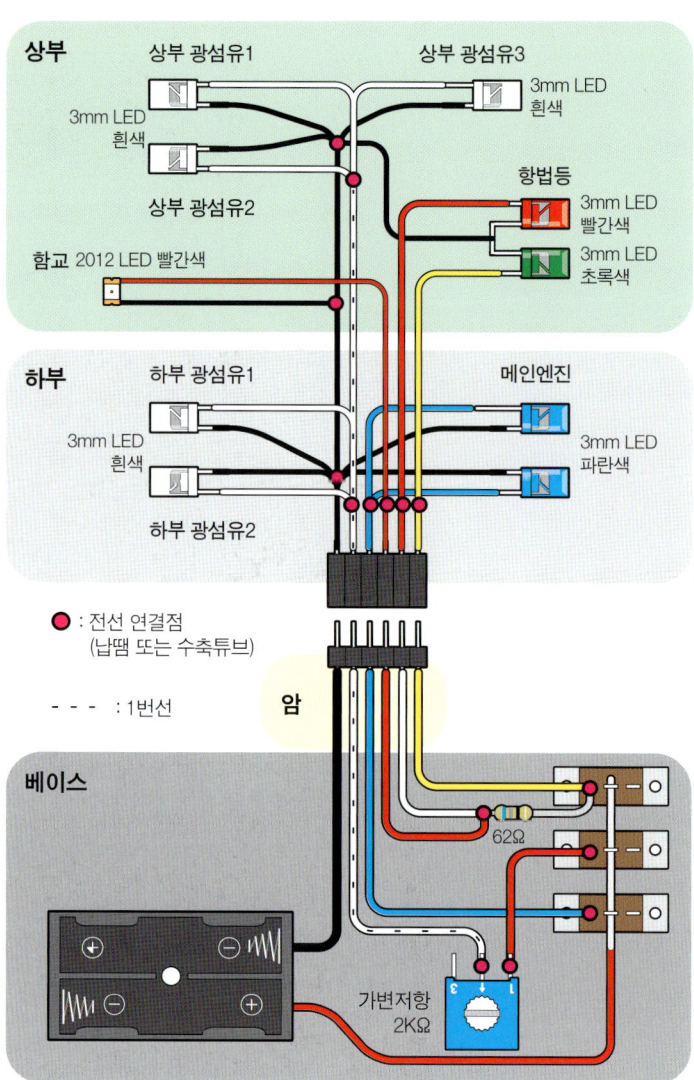

Step. 08
LED와 솜으로 폭발과 화염효과를 만들어보자

BANDAI HG GUNDAM
THE ORIGIN MS-05 ZAKU-I
(DENIM/SLENDER)

지온군 초기 MS
MS-05 ZAKU-I

자쿠-I은 애니메이션 건담 디오리진에 등장하는 지온군의 초기 MS로 다른 기체에 비해 비교적 단순한 형태를 지니고 있습니다. 이번 제작에서는 구형임에도 오랫동안 전장을 누비며 사용한 기체가 스페이스 콜로니 방어전을 펼치는 상황으로 설정했습니다. 콜로니 방어를 하고 있던 자쿠-I은 적의 사격을 발견하고 재빨리 회피, 동시에 바주카를 발사합니다. 피격 당한 콜로니는 폭발을 일으킵니다.

자쿠-I은 구형기체를 오랜 기간 사용한 것으로 설정하여 웨더링을 추가.

백팩 버니어 분사 효과

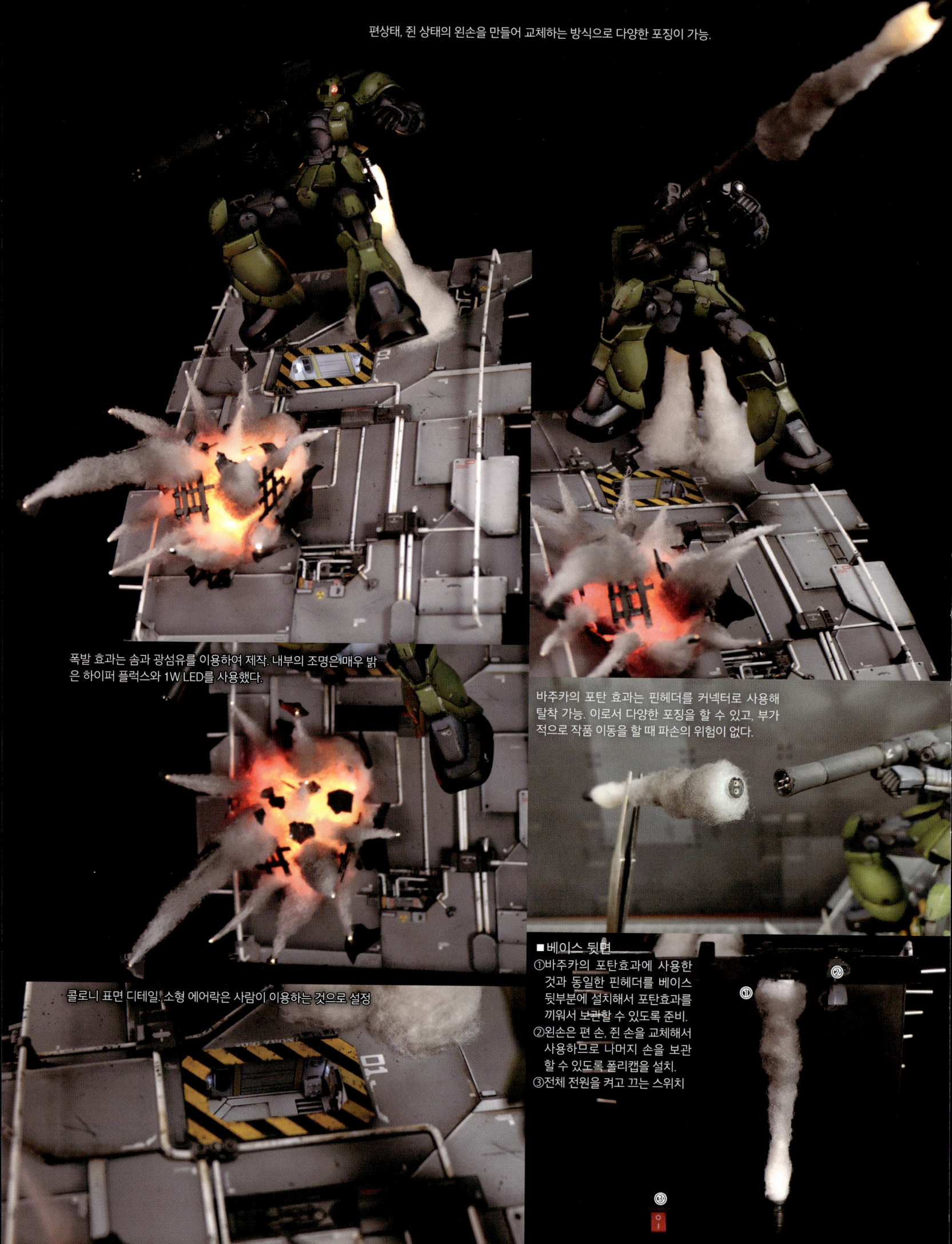

편상태, 쥔 상태의 왼손을 만들어 교체하는 방식으로 다양한 포징이 가능.

폭발 효과는 솜과 광섬유를 이용하여 제작. 내부의 조명은 매우 밝은 하이퍼 플럭스와 1W LED를 사용했다.

바주카의 포탄 효과는 핀헤더를 커넥터로 사용해 탈착 가능. 이로서 다양한 포징을 할 수 있고, 부가적으로 작품 이동을 할 때 파손의 위험이 없다.

콜로니 표면 디테일. 소형 에어락은 사람이 이용하는 것으로 설정

■ 베이스 뒷면
①바주카의 포탄효과에 사용한 것과 동일한 핀헤더를 베이스 뒷부분에 설치해서 포탄효과를 끼워서 보관할 수 있도록 준비.
②왼손은 편 손, 쥔 손을 교체해서 사용하므로 나머지 손을 보관할 수 있도록 폴리캡을 설치.
③전체 전원을 켜고 끄는 스위치

1. 이번 공작의 주요부품

LED 설치
※전선과 LED를 납땜하는 방법은 1장 참고

사용재료
- 납땜용 도구
- 연선AWG 30 전선 적, 흑, 백
- 연선AWG 26 전선 적, 흑, 황
- 에나멜선
- AA건전지 2개
- AA건전지 2구 홀더 1개
- 목화솜, 화학솜 약간
- 0.5mm 광섬유
- 로커스위치(KCD11-101) 1개
- 만능기판 1개
- 수축튜브 1파이, 2파이
- 1/4W 저항 10Ω 1개 (하이퍼 플럭스LED)
- 1/4W 저항 82Ω 1개 (모노아이)
- 1/4W 저항 91Ω 1개 (에어록)
- 3mm 고휘도 LED 웜화이트 3개 (바주카, 버니어)
- 하이퍼플럭스 LED 빨간색 3개(베이스 폭발)
- 1W LED 웜화이트 1개(베이스 폭발)
- 2*3 사각LED 흰색 4개(에어락)
- 라운드 핀헤더 2.5피치 2핀 2개
- 2.5피치 핀헤더, 핀헤더 소켓 각각 2핀 1개씩.

솜의 종류

◀솜의 종류

목화솜 : 밀도가 높아 부드러운 느낌의 효과를 만들 때 좋다. 이번 공작에서는 화염효과에 사용했다. 약국에서 판매하는 탈지면, 이불이나 인형에 넣는 목화솜 또는 화장솜 등.

화학솜 : 폴리에스터 재질로 만든 솜. 쿠션, 인형 내부 충진용으로 사용. 텐션이 강해 풍성한 느낌이 난다. 화학솜도 종류에 따라 밀도가 높은 것과 낮은 것이 있다. 넓은 범위로 퍼지는 연기를 표현할 때 사용.

연기, 화염의 기본적인 작업 방법

  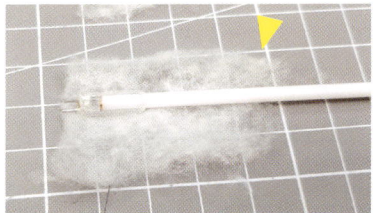 

▲솜을 넓고 얇게 잘라서 쓰면 작업이 편리.

▲끝의 지저분한 부분은 잘라내고 사용. 가위로 쉽게 잘린다.

▲넓게 편 솜을 김밥 마는 것처럼 작업을 한다. 풀림이 덜 하고 솜의 두께를 조절하기 쉽다. 시작점(▲)에 약간의 접착제를 발라준다.

▲전체를 한꺼번에 덩어리로 작업하지 말고 부분부분 조금씩 형태를 추가하며 작업한다.

접착제

401 이지 브러시
401 플렉스 젤

◀솜을 접착할 때는 순간접착제가 유용하다. 점도가 낮은(잘랑거리는) 접착제보다 점도가 높은 타입이 작업이 편리하다.

주의 : 일반적으로 사용하는 점도가 낮은 순간접착제를 밀도가 높은 목화솜에 사용할 경우 급속 경화로 유독성 연기가 발생할 수 있으므로 주의하세요.

솜 표면 정리

▲솜이 너무 풍성하거나 형상을 차분하게 하고 싶을 때는 무광클리어를 붓으로 발라준다.

▲접착, 도장을 마무리한 뒤에 곳곳에 튀어나온 솜털은 가위나 니퍼 등으로 잘라 정리해준다.

전자부품

솜을 이용한 폭발효과에 LED를 사용할 경우 솜의 두께로 인해 조명이 잘 안보일 수 있다. 그래서 이번에는 높은 광량의 LED를 사용하는 것을 추천.

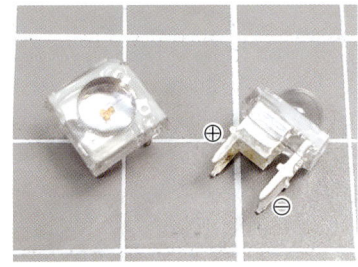

◀하이퍼플럭스 LED

일반 LED에 비해 상당히 밝고, 넓은 범위를 비춘다. 사용전압은 일반 LED와 같은 2V. 소모전류는 칩의 개수에 따라 다른데 이번 공작에 사용한 3칩의 경우는 70mA 정도.

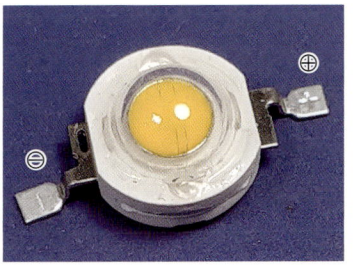

◀1W LED

웜 화이트 색상을 사용. 사용전압은 3.4V, 소모전류는 350mA(소모전류가 높을수록 더 밝다.) 전극에 +와 -가 표시되어 있다.

주의 : 열이 많이 발생해서 장시간 켜두면 모형의 플라스틱이 변형될 문제가 생길 수 있다. 장시간 켜놓지 않아야 한다.

■LED 합성색

▲세 개의 빨간색 하이퍼와 가운데 웜화이트 1W LED를 함께 켠 상태.

▲빨간색 LED만 켠 상태. 붉은 색만 있으면 폭발보다는 화재 같은 느낌이 든다.

▲노란색 칠을 한 웜화이트만 켠 상태.

▲함께 켠 상태. 붉은색, 노란색 그리고 합성된 주황색 등 다양한 색변화가 생긴다.

◀로커스위치
한쪽을 누르면 반대쪽이 올라가는 스위치. O쪽은 전선을 연결을 끊고(OFF), I쪽은 연결하는(ON) 방향. 전극은 두 개이므로 각각 전선을 연결해서 사용한다.
이번 공작에 사용한 로커스위치는 작은 크기의 KCD11-101. 250원 정도.

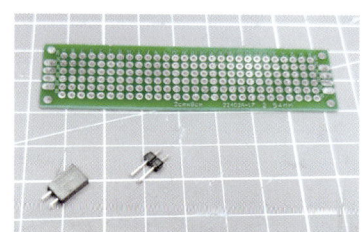
◀만능기판
여러 가지 전자부품으로 회로를 만들 때 사용. 구멍에 전선을 연결해서 사용할 수 있다. 전선, 저항 또는 여러 전자부품을 한꺼번에 조립해서 사용할 때 편리하다. 이번 공작에서는 전원용 커넥터(핀헤더)와 전선, 저항을 연결하기 위해 사용

2 각 부분 공작

머리-모노아이
3216 LED 빨간색 1개, 에나멜선

▲지온군 MS의 특징인 모노아이는 82Ω의 저항을 연결, 광량이 낮아지며 렌즈의 원형 디테일이 제대로 보인다.

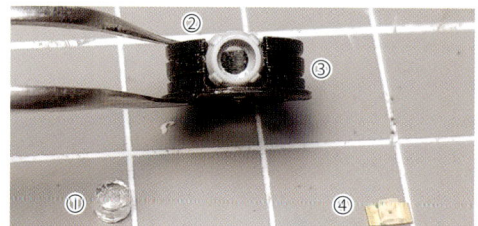
①빌더스 파트 "MS 사이트 렌즈" 부품에 포함된 투명 렌즈. ②회색부품 가운데에 2mm 구멍을 뚫는다. ③3D프린터로 출력한 모노아이 가이드 부품 ④3216 빨간색 LED

▲에나멜선을 납땜한 3216 LED를 모노아이 부품 뒤에 끼우고 접착.

▲턱 부분에 있는 모노아이 회전용 구멍은 프라판으로 덮어 빛샘을 방지한다.

▲후두부에 1mm의 구멍을 뚫고 에나멜선을 통과.

▲미스터컬러의 CR2 마젠타에 유광 클리어를 첨가하여 모노아이의 투명 부품을 페인팅. 반투명의 마젠타 컬러가 되어 원래 LED의 색에 약간의 변화를 줄 수 있다.

▲모노아이는 회전이 가능해서 완성 후 적당한 방향으로 돌릴 수 있다.

백팩 버니어
3mm 웜화이트 LED, 에나멜선.

▲버니어 분사효과 부품은 투명 필라멘트로 3D 출력. 적층식 프린터로 출력한 부품은 특유의 적층선이 보이는데 LED를 켜면 내부 난반사가 일어나 더욱 좋은 효과가 된다.

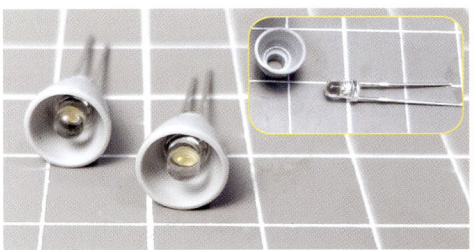

▲"빌더스 파트 1/144 MS 버니어01"에서 가져온 부품에 4mm 구멍을 뚫고 LED의 밑부분을 끼우고 접착.

①분사효과용 부품 ②자쿠를 지지하기 위해 외경 3mm, 내경 2mm의 동파이프를 준비.

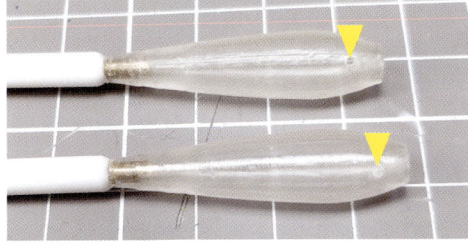

▲본체와 베이스를 연결할 에나멜선을 통과 시키기 위해 분사효과 부품에 1mm의 구멍을 뚫어 둔다.

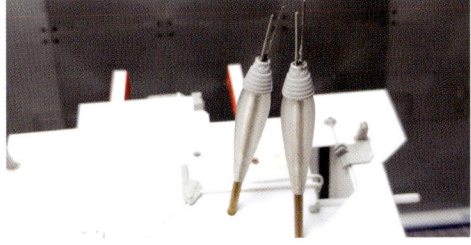

▲버니어의 LED에 분사효과 부품을 끼우고 동파이프를 조립한 후 베이스에 조립.

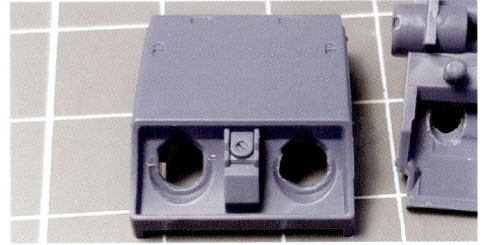

▲백팩 부품에는 버니어를 조립할 수 있도록 6mm의 구멍을 뚫어준다.

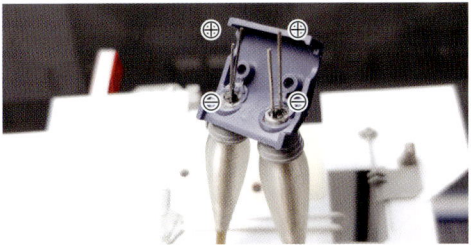

▲백팩 부품을 버니어에 끼우고 LED의 전극 방향을 맞추어 준다. +전극은 위쪽, -전극은 아래쪽.

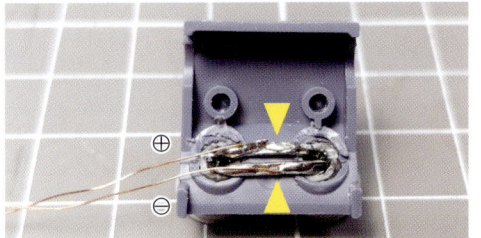

▲+,- 전극을 구부려 각각 납땜하고 +전극에는 긴 에나멜선을 -극에는 짧은 에나멜선을 납땜한다.

상체 전선연결
에나멜선, AWG 30 전선 적, 흑

◀베이스　　　　　몸통▶

▲몸통 등 부품의 표시한 부분(백팩에 가려지는 부분)에 1mm의 구멍 뚫고 베이스용 전선을 끼워둔다.

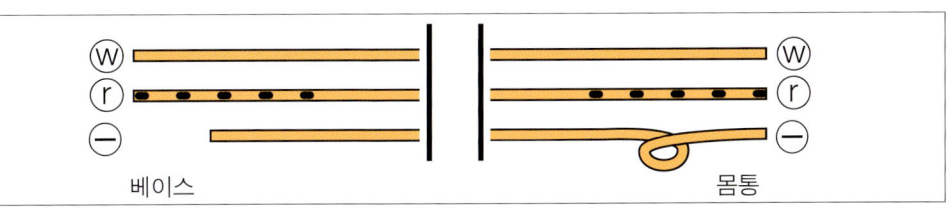

베이스　　　　　몸통

■베이스용 전선(에나멜선 20cm 세 가닥)
베이스와 연결되는 전선은 세 가닥. 에나멜 선이므로 표시를 해두지 않으면 혼동하기 쉽다.
ⓦ 웜 화이트 LED용 : 표시 없는 긴 에나멜선
ⓡ 빨간색 LED용 : 양쪽 끝에 유성펜으로 점선을 찍어 표시한 긴 에나멜선.
⊖ 공통 -용 : 짧은 에나멜선. 몸통 쪽의 끝부분을 둥글게 해서 긴 에나멜선과 구분한다.

▲몸통의 등 부품에 1mm의 구멍을 뚫고 백팩 LED의 +,- 에나멜선을 내부로 보낸다.

▲목 부품에 1mm 구멍을 뚫어 머리의 +,-에나멜선을 통과.

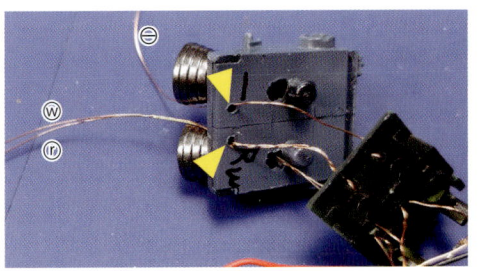

▲백팩에 구멍을 뚫고 베이스용 전선을 통과시킨 후 백팩과 등 부품을 조립. 몸통과 마찬가지로 오른쪽은 공통-선, 왼쪽은 LED용 전선으로 구분.

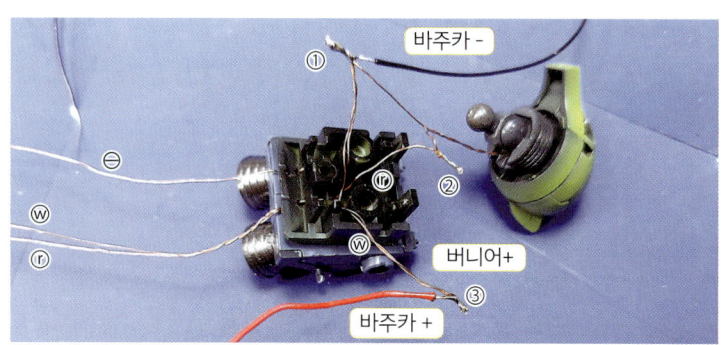  

①공통-선 연결 : 머리의 -선, 버니어의 -선, 바주카의 -선(AWG30 검정선 6cm) 그리고 베이스용 -선(⊖)을 하나로 연결하여 납땜.
②머리의 +선을 베이스용 전선(ⓡ점선표시)과 연결
③버니어의 +선, 바주카의 +선(AWG30 빨간선 6cm) 그리고 베이스용 전선(ⓦ)을 연결하고 납땜

①바주카로 연결하는 AWG30전선은 어깨로 빼낸다. ②납땜한 전선 묶음들이 서로 닿지 않도록 몸체의 틈에 끼워 넣는다.

▲가슴부품을 조립하고 마무리. 어깨에는 바주카와 연결하는 AWG30 전선이 나와 있다.

버니어 지지대 연결

1mm 수축튜브, WG 30 전선 적, 백, 흑

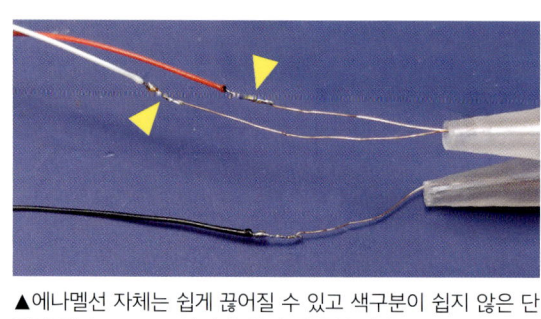 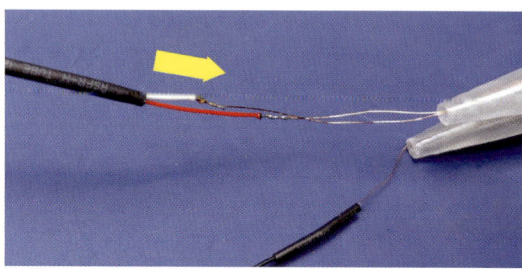

▲에나멜선 자체는 쉽게 끊어질 수 있고 색구분이 쉽지 않은 단점이 있다. AWG30 빨간선, 흰선, 검정선(각각 15cm)을 준비해서 에나멜선에 납땜하여 파이프를 통과하도록 작업. 이 때 빨간선, 흰선의 연결 위치를 위아래로 다르게 연결.

▲1mm 수축튜브를 사용. 빨간선, 흰선의 연결 위치가 다르므로 수축튜브를 한 번만 사용해도 합선이 되지 않는다(두 선을 각각 수축튜브로 할 경우 동파이프에 끼울 수 없게 된다).

▲백팩으로 빼낸 에나멜선을 ①분사부품의 옆구멍에 끼우고 ②하단부로 통과 ③분사부품 내부의 에나멜선은 가늘어서 눈에 띄지 않는 효과가 있다. 일반적인 AWG전선을 사용하면 전선의 색이 보이거나 빛 효과가 떨어질 수 있다.

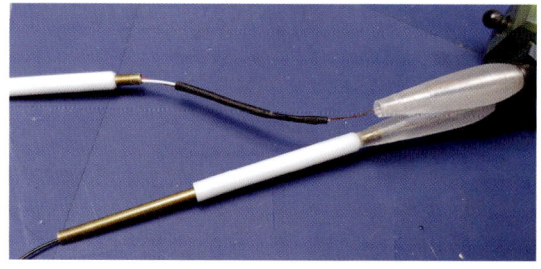 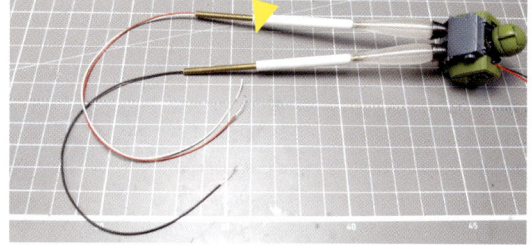

▲납땜한 전선을 동파이프에 끼워 넣고 동파이프를 분사부품에 끼운다. 흰색 프라파이프는 높이 고정용.

▲버니어 분사효과와 베이스 지지대 완성. 동파이프가 드러난 부분(▲)이 베이스에 끼워지는 부분.

백팩 버니어 분사효과

목화솜

▲분사연기 : 목화솜을 사다리모양으로 자른 후 반으로 나누면 좌우 대칭의 솜을 만들 수 있다.

◀분사효과용 솜은 밀도가 높고 부드러운 목화용 솜으로 제작했다. 우주정거장에서 방금 분사한 형상을 상정하여 하단부의 연기가 퍼지는 모양으로 제작. 이번에는 두 단계의 과정으로 먼저 하단부를 제작하고 다음으로 상단부(LED효과 부분)에서 마무리를 한다.

▲지지대가 보이지 않도록 솜으로 감싸준다. 아랫부분은 연기가 퍼지는 것처럼 풍성하게 해준다.

①솜을 조금 내리고 ②접착제를 바른 후 ③솜을 올려 접착.

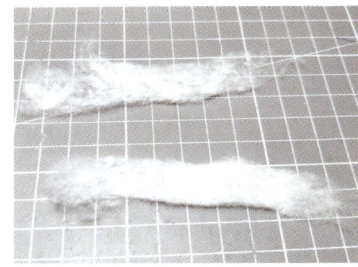
▲분사화염 : 길게 자른 솜을 반으로 나누어 두 개를 준비한다.

▲솜의 시작부분(▲)을 접착하고 솜을 당기면서 분사효과 부품에 감아준다.

▲양쪽의 솜을 감아준 상태.

▲분사효과 부분은 무광 클리어를 붓으로 칠해서 솜이 밀착하도록 한다.

바주카
AWG30 적, 흑, 2핀 라운드 핀헤더 2개, 3mm LED 웜 화이트 1개, 에나멜선

▲바주카와 포탄을 연결하기 위해 라운트 핀헤더(2핀)를 사용. 핀헤더와 바주카의 포구 크기에 맞추어 제작한 가이드를 준비.

▲핀헤더에 AWG30 빨간선, 검정선(각각 15cm)을 납땜하고 가이드에 접착.

▲전선이 지나갈 수 있도록 바주카 포구에 구멍을 뚫고 먼저 조립한 핀헤더와 가이드를 접착.

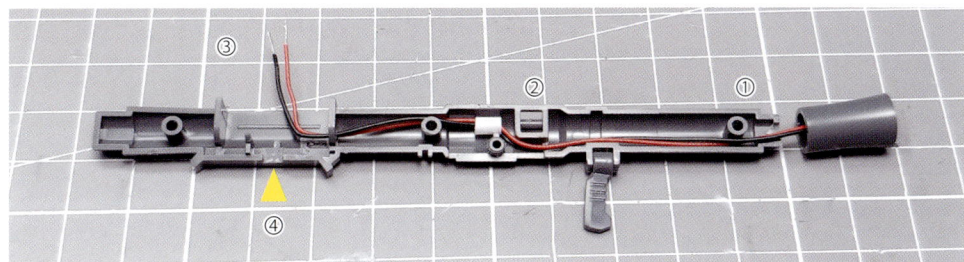

①포구와 연결되는 부분에 구멍을 뚫어서 전선을 통과.
②프라 파이프를 잘라 전선 가드로 접착. 이렇게 하면 전선이 돌아다니지 않아 조립할 때 방해가 되지 않는다.
③몸체에서 나온 선과 연결할 예정이므로 끝부분을 1cm 정도 탈피해둔다.
④몸체에서 나온 전선이 통과할 수 있는 구멍을 뚫어 준다.

▲바주카에 뚫어 놓은 구멍으로 어깨의 전선 두 개를 넣는다.

▲빨간선과 검정선의 색을 맞추어 꼬아준다. 도장, 이동 등을 대비해 분해가 쉽도록 납땜은 하지 않는다.

▲각각의 전선은 수축튜브로 마무리. 바주카 탄창의 밑 사각형으로 자르고 속을 비우면 연결한 전선이 들어갈 공간이 생긴다.

■바주카 조준경

바주카의 조준경은 구멍을 뚫고 모노아이로 조준하는 형태를 재현(약간 구식 같은 느낌일 수도..)

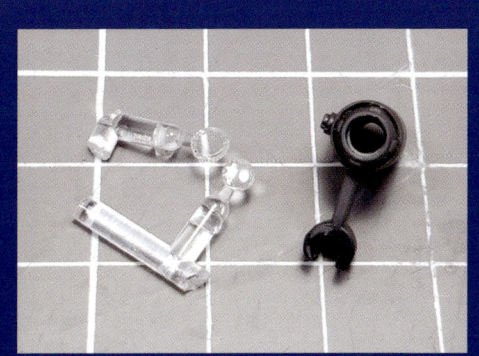
투명부품은 빌더스 파트 MS사이트 렌즈 01을 사용. 조준경 부품에 구멍을 뚫어 둔다.

양쪽에 투명부품을 부착. 렌즈효과로 반전된다(실물의 조준경에서는 렌즈를 추가해 반전이 되지 않도록 만든다).

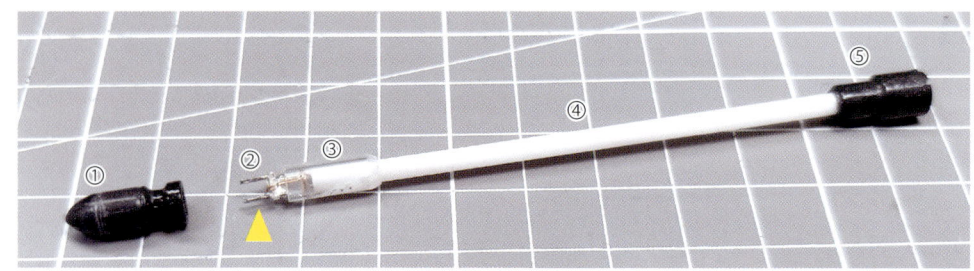

①3D 출력한 포탄. 밑에는 LED다리를 끼울 수 있는 구멍 두 개를 만들었다.
②3mm 웜 화이트LED의 다리를 자르고 에나멜선을 납땜
③5mm 투명 프라파이프에 LED를 끼우고 접착
④3mm 프라 파이프. 여기로 에나멜선이 지나간다.
⑤바주카와 연결되는 부분. 3D출력과 라운드 핀헤더 2핀을 사용.

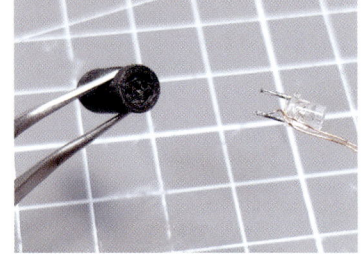

▲LED의 다리를 5mm 정도 남기고 자른 후 +극에는 긴 에나멜선, -극에는 짧은 에나멜 선을 납땜. LED전극 다리를 포탄에 끼워 넣는다.

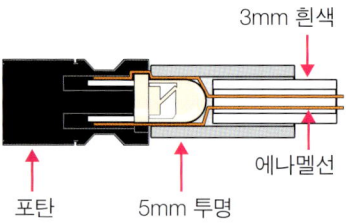

▲포탄, LED, 파이프 조립 참고

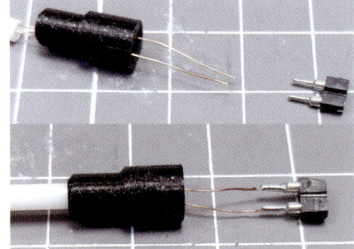

▲3mm 파이프와 바주카 연결 부품을 통과한 에나멜선에 라운드 핀 헤더를 납땜하고 밀어넣고 순간접착제로 고정.

▲바주카와 포탄 완성 상태. 핀헤더를 착탈 할 수 있는 구조.

바주카 화염효과   목화솜, 화학솜

▲포탄화염은 밀도가 높은 목화솜을 이용. LED쪽은 굵게, 3mm파이프 쪽은 밀착해서 감아주고 접착.

▲화염 뒤쪽의 연기는 화학솜을 사용. 뒤로 갈수록 연기의 범위가 커지므로 긴 삼각형 모양으로 자른 솜을 준비.

▲화염(목화솜)과 연결되는 부분은 접착제를 바르고 밀착해서 감아준다.

①감아 놓은 솜을 화염쪽으로 당겨주고 ②파이프에 접착제를 바른다. ③솜을 내려 접착.

▲바주카포와 연결되는 끝에는 화학솜을 추가로 붙여 좀 더 풍성한 연기를 만든다.

▲바주카 연결용 부품에 솜을 접착. 이 때 접속용 구멍에 접착제가 흘러들어가지 않도록 주의

▲완성된 상태. 포탄과 연결된 부분은 화염, 뒤로 이어지는 화약 연기를 표현.

▲짙은 회색도료 10%, 신너 90%의 비율로 묽게 희석해서 연기부분에 에어브러싱. 희석이 많이 되었지만 생각보다 짙어지므로 조금씩 해야 한다.

▲입체감을 강조하기 위해 라인을 에어브러시하고 마무리.

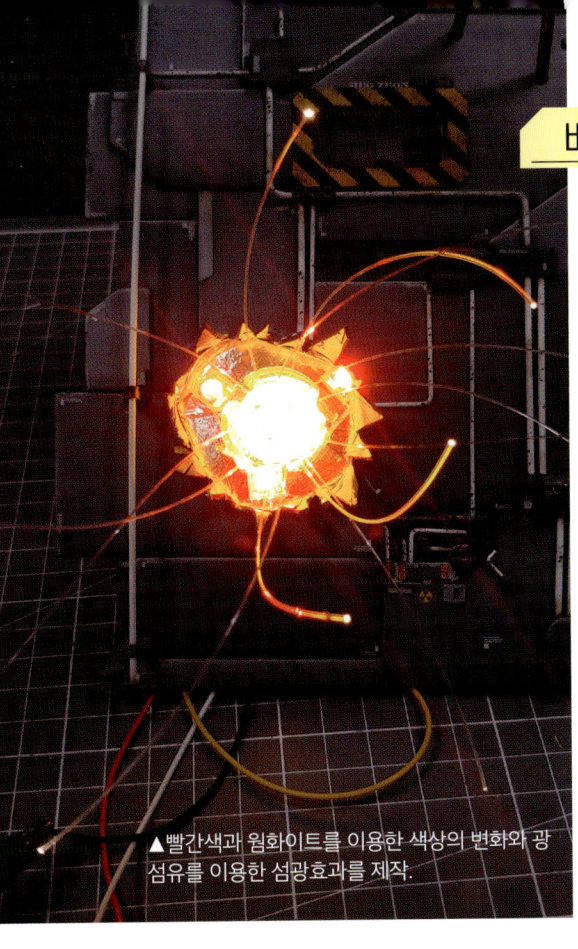

▲빨간색과 웜화이트를 이용한 색상의 변화와 광섬유를 이용한 섬광효과를 제작.

베이스 제작

0.5mm 광섬유, 하이퍼 플럭스 LED 빨간색 3개, 1W LED 웜 화이트, 1/4W 10Ω저항, AWG26선

▲프라판에 패널라인을 파고 둥글게 만든 후, 정크 파트를 이용해 디테일을 제작. 폭발효과를 위해 구멍을 뚫어둔다.

▲구멍의 안쪽에 알루미늄 테이프를 붙여 빛샘 방지. 가운데 부분은 구멍에 맞춰 잘라낸다.

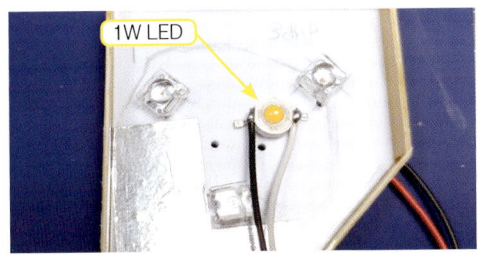

▲LED를 여러 개 사용하므로 프라판으로 고정판을 제작하고 하이퍼 플럭스 빨간색 세 개와 1W 웜화이트 LED를 설치. 전선은 AWG26선을 사용.

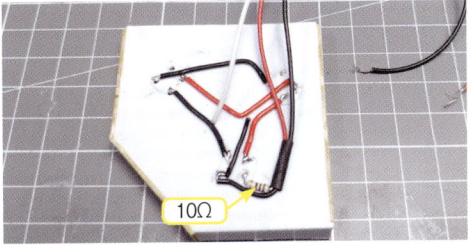

▲하이퍼플럭스 3개는 병렬 연결. +에는 저항을 부착하고 빨간선을 연결. 1W LED의 +극에는 흰선. -선은 공통으로 묶고 검정선을 연결.

▲LED고정용 프라판에 알루미늄 테이프를 붙여 반사율을 높여준다. 광섬유 설치를 쉽게 하기 위해 1W LED에 완구용 캡슐을 덮고 글루건으로 접착.

▲색상변화를 위해 캡슐에 노란색 도료를 도장. 광섬유를 심기 위해 0.5mm 구멍을 핀바이스로 뚫어준다.

▲0.5mm 광섬유를 구멍에 끼우고 빛이 제대로 나오는지 확인하고 순간접착제로 접착. 광섬유는 여유 있는 길이로 준비(여기서는 15cm)

■ 소형 에어락

①소형 에어락은 별도로 제작. 정크 부품으로 디테일을 제작.

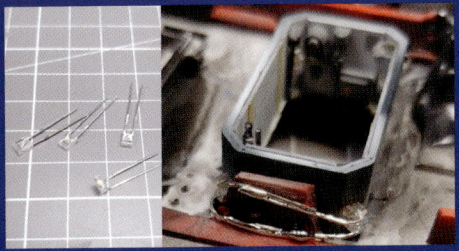

②에어락에는 사각 LED를 사용해서 네 개의 모서리에 설치. 왼쪽과 오른쪽 LED를 각각 같은 전극의 다리끼리 납땜.

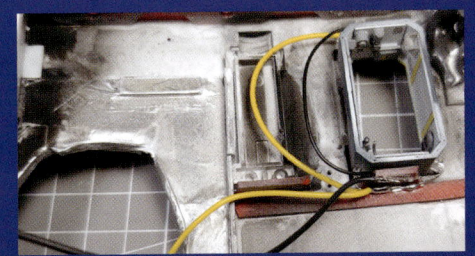

③+극은 노란색, -극은 검정색을 연결해서 네 개의 LED를 병렬로 연결.

■ 베이스 디테일

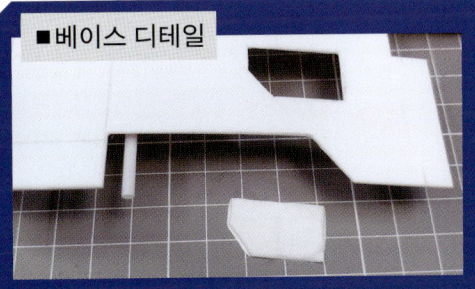

①베이스에 적당한 크기의 구멍을 잘라낸다.

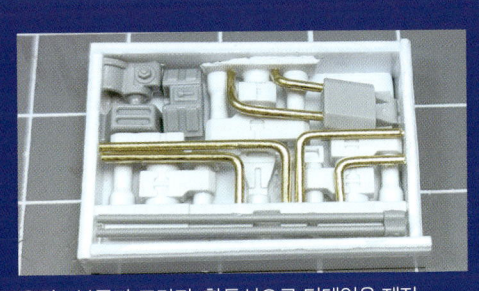

②정크부품과 프라판, 황동선으로 디테일을 제작.

③디테일 부품을 도장하고 베이스에 조립.

베이스 폭발효과
화학솜, 목화솜

▲내부 폭발에 따라 밝은 빛이 나는 것은 물론 그와 함께 파편을 추가해 폭발 순간을 재현하였다.

▲길게 자른 화학솜으로 폭발 테두리에 감아 준다. 접착하지 않고 끼워 넣는 것으로 고정이 된다.

▲섬광이 튀어나가는 방향을 고려하면서 솜으로 광섬유를 누르거나 솜의 사이에 끼워 넣어준다.

▲가운데는 부풀어 오른 형태로 솜을 덮어 준다. 테두리와 마찬가지로 광섬유의 방향을 고려하면서 작업.

■ 섬광 제작

▲솜을 소량 뜯어내서 손바닥으로 비벼 원뿔 모양으로 만든다.

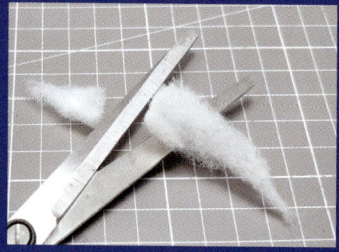
▲가위로 적당한 길이(사진은 6cm정도)로 잘라준다.

▲광섬유의 중간쯤에 솜을 끼운 상태에서 광섬유의 밑부분에 접착제를 발라준다.

▲솜을 끝까지 밀어 광섬유와 접착. 접착제가 완전히 마른 후 다음 작업으로 진행한다.

▲솜을 뿌리 부분으로 눌러 내리고 광섬유에 순간접착제를 발라둔다.

▲솜의 끝을 원래 위치로 당겨서 미리 발라둔 접착제에 접착.

▲화학솜으로만 마무리 하는 것 보다 목화솜을 군데군데 추가해 연기의 변화를 준다.

▲접착제가 완전히 마르면 여분의 광섬유를 날카로운 니퍼로 잘라낸다.

▲작업을 마무리 한 상태.

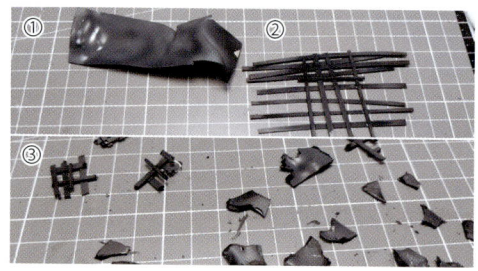
파편제작 ①프라판에 열을 가해 구부려 준다 ②프라판을 길게 잘라 격자로 붙이고 짙은 회색으로 도장 ③니퍼와 칼 등을 이용해 잘게 자른 후 프라판의 흰색이 드러난 부분은 도료로 칠해준다.

▲폭발효과의 군데군데 파편을 접착. 광섬유의 끝에 붙여주는 것도 효과적. 폭발효과에는 바주카 연기효과와 같이 묽게 희석한 도료로 에어브러싱하여 입체감을 더해 준다.

베이스 배선

1/4W저항 82Ω, 91Ω, 핀헤더, 핀헤더 소켓, AWG26 빨간선, AA건전지 홀더, 로커스위치, 만능기판.

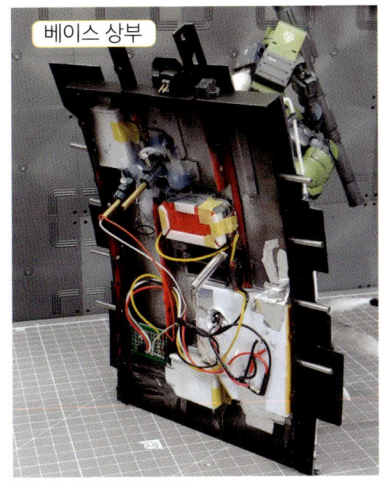
베이스 상부

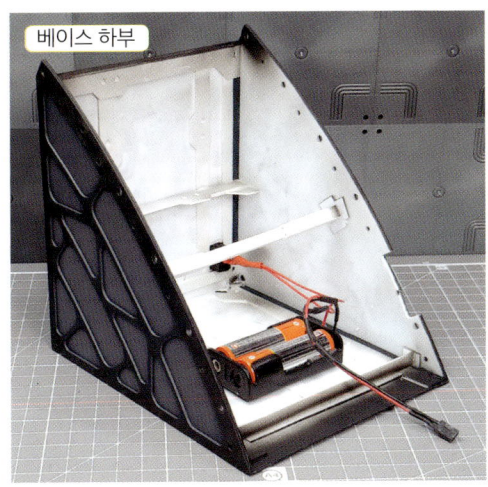
베이스 하부

▲자쿠-I이 있는 베이스 상부와 전원이 설치된 베이스 하부로 나누어 제작. 분리를 할 수 있으므로 도장, 회로 제작이 편리하고, 건전지를 교체하거나 회로의 수리가 필요할 때 분해, 조립이 가능하다.

■ 베이스 하부 작업

▲로커 스위치의 단자에 각각 빨간선을 연결하고 수축튜브로 마무리. 베이스에 스위치 크기에 맞춰 구멍을 뚫은 후 설치한다.

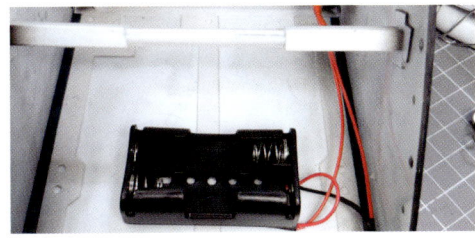
▲AA건전지 2구 홀더를 베이스 바닥에 고정하고 홀더의 +선과 스위치의 빨간선 한 개와 연결.

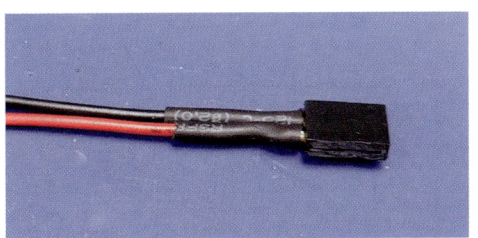
▲2핀 소켓의 한쪽에는 스위치와 연결한 빨간선을 납땜하고 나머지 한쪽에는 전지홀더의 검정선을 납땜한다.

■ 베이스 상부 작업

▲자쿠-I의 황동파이프는 베이스 상부에 고정. 고정용 부품은 글루건으로 튼튼하게 고정. 파이프에는 AWG30의 빨간선, 흰선, 검정선이 나와있다.

▲에어락과 폭발효과의 검정선을 하나로 묶어 공통 검정선으로 만들어 준다. 베이스에는 AWG26 전선을 사용하고 있어서 자쿠-I의 전선과 구분할 수 있다.

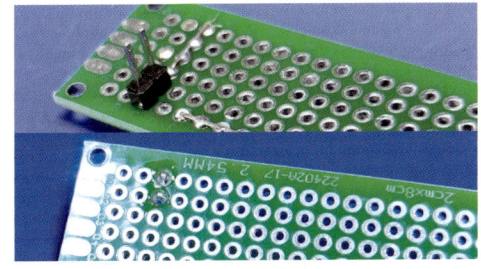
▲핀헤더를 만능기판에 끼우고 뒷면에서 납땜.

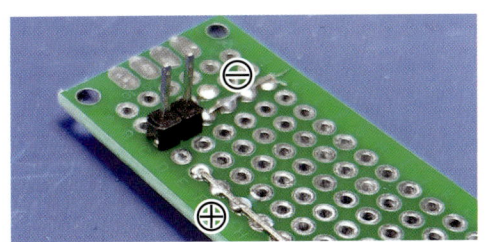
▲LED를 공작 할 때 자른 다리를 납땜으로 붙여 +라인과 -라인을 만든다.

▲베이스의 공통 검정선(굵은선)과 자쿠-I의 공통-선을 -라인에 각각 납땜.

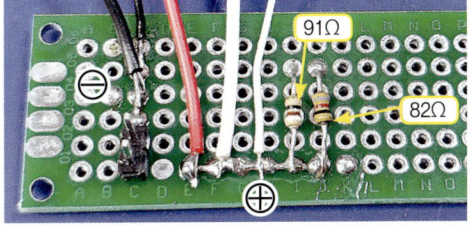
▲+라인에 납땜 : 베이스 폭발효과에 사용한 빨간선과 흰선. 자쿠에서 나온 흰선(가는선)을 납땜하고 저항 91Ω(에어록용), 82Ω(모노아이용)을 추가로 납땜한다.

▲91Ω 저항에는 베이스의 노란선(에어록)을 납땜하고 82Ω에는 자쿠-I의 빨간선(가는선, 모노아이)을 납땜한다.

▲적당한 크기로 자른 만능 기판을 베이스 안쪽에 글루건으로 부착.

▲건전지상자의 커넥터를 기판에 조립하고 베이스 상하를 조립하여 마무리.

회로도

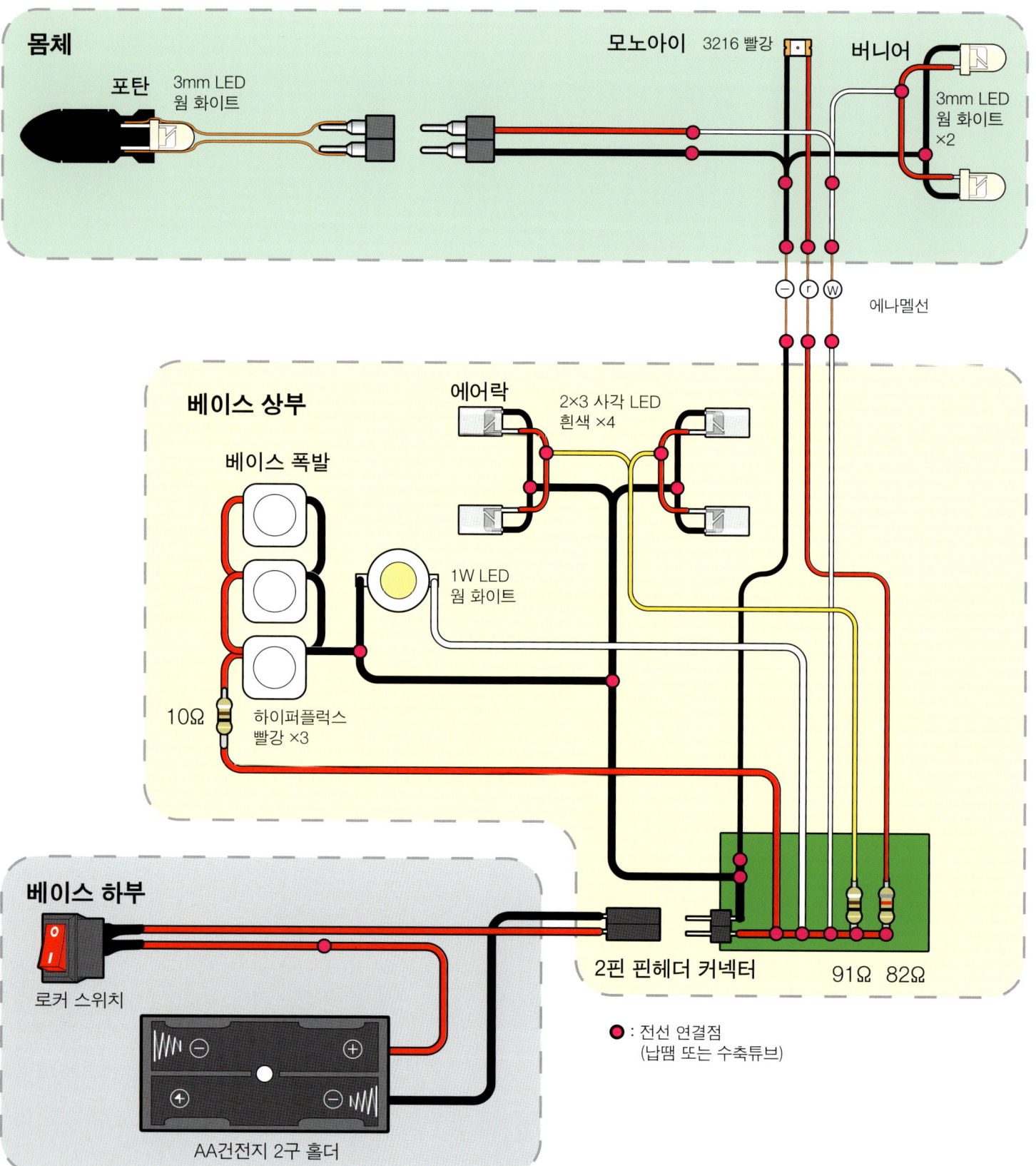

은하제국에 대항하는 붉은 창

레이저 발사효과와 조종석 계기판 공작

Step. 09
간단하게
레이저 효과를
만드는 LED

BANDAI 1/72 STARWARS
A-WING

A-윙은 스타워즈 에피소드 6 제다이의 귀환에 등장하는 반란군용 우주전투기이다. 주인공 기체인 X-윙이나 특이한 형태의 Y-윙, B-윙에 비해 다소 얌전하게 생긴 기체이지만 영화의 설정에 따르면 오랫동안 여러 전장에서 활약한 훌륭한 기체이다. 이번 공작에서는 2기의 레이저포에서 순차로 발사되는 레이저와 광섬유를 이용한 조종석 계기판을 제작. 간단하지만 인상적인 효과를 만들 수 있는 방법을 소개한다.

베이스에는 전원 스위치와 세 개의 가변저항을 설치. 둥근 손잡이를 돌려 레이저, 조종석, 엔진의 밝기를 조절한다.

조종석 계기판의 여러 광점은 LED 한 개와 광섬유를 사용. 광섬유에는 클리어도료를 칠해 각각 다른 색으로 빛난다.

A윙 본체와 베이스는 커넥터로 분리, 연결이 가능. 베이스는 반다이의 스타워즈 시리즈에 포함된 패널을 사용하여 제작.

메인엔진에는 일반 LED보다 밝은 1W 웜화이트를 사용하고 보조엔진에는 2mm LED 네 개를 병렬로 연결.

레이저 효과는 필라멘트 LED를 사용하여 왼쪽은 포구에서 발사 직후, 오른쪽은 포구에서 조금 떨어진 상태의 좌우 비대칭 형태로 제작.

A윙의 외형은 좌우 대칭이지만 패널라인을 자세히 보면 좌우가 조금씩 다른 재미있는 형태.

A윙 본체와 베이스는 핀헤더로 제작한 4핀 커넥터로 연결. 베이스 쪽의 커넥터는 상하좌우 가동이 가능하도록 제작.

1. 이번 공작의 주요부품

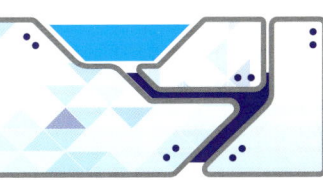

사용재료
- 납땜용 도구
- 연선AWG 32 전선 적, 흑, 백, 황
- 에나멜선 AWG32
- 수축튜브 1mm, 2mm, 3mm
- 1W LED 웜화이트 2개
- 필라멘트 LED 빨간색 2개
- 2mm LED 노란색 4개
- 3mm 일반형 LED 흰색 1개
- AA건전지 2구 홀더 2개
- 토글스위치 1개 (MTS-102)
- 가변저항 500Ω 3개 (3386P 샤프트)
- 2.54 피치 핀헤더, 소켓
- 0.5mm 광섬유
- 1mm 광섬유

필라멘트 LED

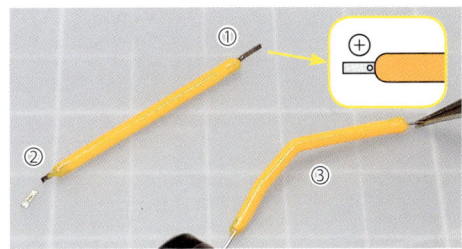

▲필라멘트 LED(Filament LED)는 여러 개의 작은 LED를 긴 막대 형태로 만든 것으로 전원을 연결하면 전체가 빛이 난다. 레이저 효과에 사용하면 최고. 해외 쇼핑몰에서 "Filament LED 3V"로 검색하면 3V전압으로 작동하는 다양한 종류를 찾을 수 있다. 이번에 사용한 것은 38mm 길이의 빨간색 LED로 10개에 4달러 정도.

▲필라멘트 LED 사용시 주의사항
①전극에 구멍이 뚫려있는 곳이 +극 ② 전극용 단자가 약해 쉽게 휜다. 심하게 움직이면 끊어질 수 있으므로 주의 ③몸체가 약해 부러지기 쉬우므로 완성 후에도 주의 해야 한다. 해외 구매 시, 포장이 부실해 모두 부러진 상태로 도착하기도 한다. 처음 구입하는 곳이라면 최소 수량만 구입해서 상태를 확인하고 재주문 하는 것을 추천.

2mm LED

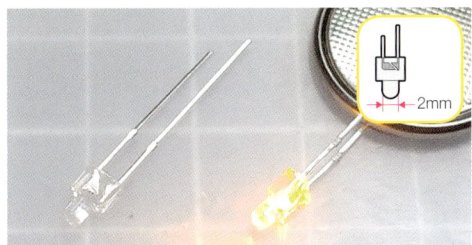

▲플라스틱 렌즈 직경이 2mm인 LED. 전극용 다리는 일반적인 LED와 같은 간격이다. 모형에는 3mm보다 작은 크기도 자주 사용된다. 전기적 특성은 일반 LED와 동일. 국내에서는 찾기 쉽지 않아 해외 쇼핑몰을 이용한다. 일반적인 형태의 LED에 비해 가격은 약간 비싸다.

2. 각 부분 전자공작

조종석 계기판
3mm LED 흰색 1개, 광섬유 0.5mm, 1mm, AWG32 연선 흑, 백

▲3mm 흰색 LED 하나로 광섬유에 빛을 공급하여 여러 광점을 제작. 각 광점에는 서로 다른 색을 칠했다.

▲조종석 계기판에는 0.5, 1mm의 구멍을 핀바이스로 뚫어준다. 그 후 광섬유를 가열하여 방울모양(스텝 7 참조)을 만든 후 끼운다. 이번 작례에서는 0.5mm 6개, 1mm 3개를 제작.

▲각각의 광섬유 방울에는 빨간색, 파란색, 초록색, 노란색의 클리어 도료를 칠해준다. 그리고 계기판의 광섬유 외의 디테일에도 밝은 색을 칠해주었다.

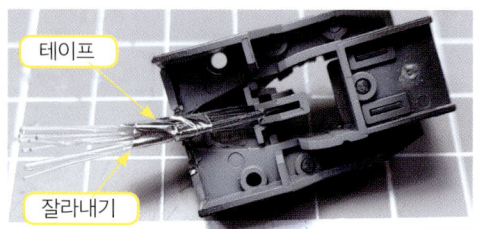
▲9개의 광섬유를 알루미늄 테이프로 감아서 묶어주고 튀어나온 광섬유는 깨끗하게 잘라낸다.

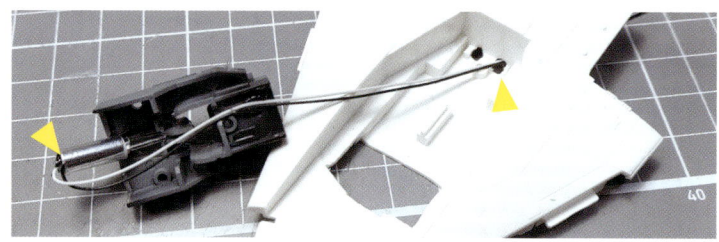
▲흰선과 검정선을 연결한 3mm 흰색 LED를 5mm 프라파이프에 끼워서 고정하고 광섬유 다발을 파이프에 끼운다.

엔진
1W LED 웜 화이트 2개, 2mm LED 노란색 4개, AWG32 연선 흑, 백, 황

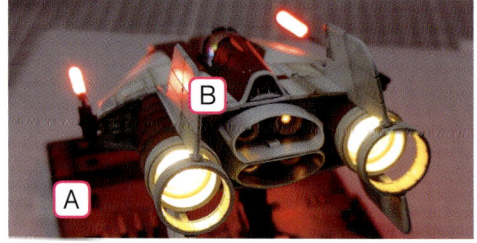
▲좌우의 메인엔진 [A]에는 1W 웜 화이트 LED, 가운데의 보조엔진[B]에는 2mm LED 노란색 네 개를 병렬로 연결.

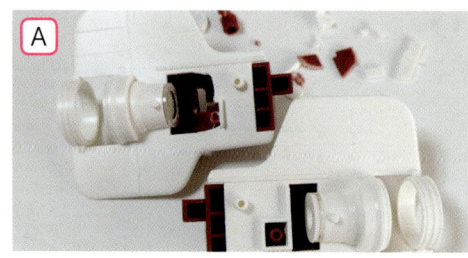
▲메인엔진에 LED를 설치하기 위해 플라스틱 부품을 잘라내 공간을 만든다.

▲1W LED와 투명부품을 연결하는 부품(사진의 은색)을 3D프린팅. 오른쪽(▼)은 조립 상태

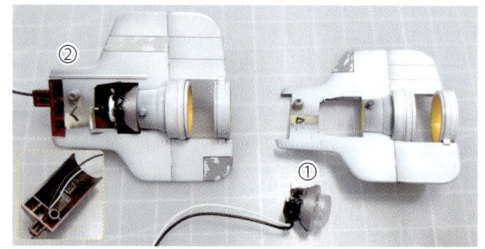
①1W LED에 흰선, 검정선을 납땜하고 연결부품에 글루건으로 고정 ②LED의 전선은 빨간 부품에 구멍을 뚫어 앞쪽으로 통과시킨다.

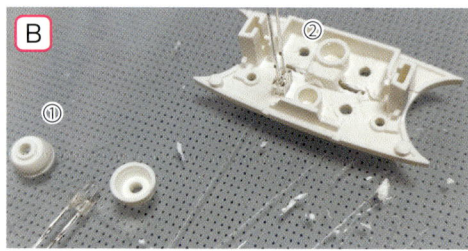
①보조엔진의 버니어 가운데에 2mm 구멍을 뚫기 ②버니어 고정 부품의 구멍도 2mm 구멍을 뚫고 LED 4개를 끼운다.

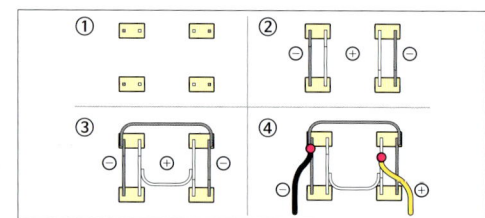
▲4개의 LED의 전극을 구부려 납땜 ①2mm LED 4개를 버니어 고정부품에 끼운다 ②+, -전극을 각각 구부려 맞대고 납땜 ③잘라낸 전극으로 +, -를 각각 연결 ④+극에 노란선, -극에 검정선을 연결한다.

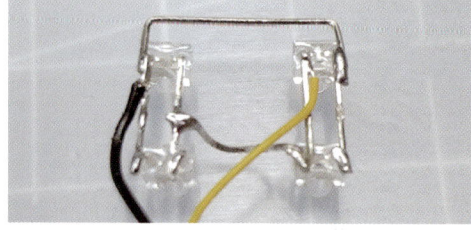
▲보조엔진 LED완성상태. 전극으로 연결되어 있어 도장을 할 때 분리해도 형태가 그대로 유지된다.

▲도장을 한 후 보조엔진의 버니어를 LED에 맞춰 패널에 접착한다.

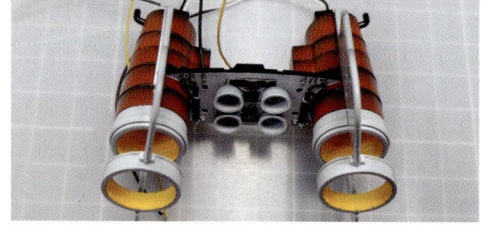
▲메인엔진과 보조엔진을 조립. 흰선 두 개, 노란선 한 개, 검정선 세 개가 된다.

광선효과
5030 LED 흰색 6개. AWG32 연선 흑, 황, 청, AWG 32 에나멜선

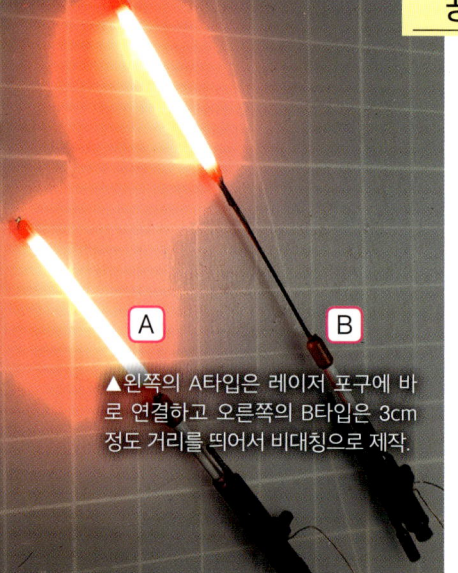
▲왼쪽의 A타입은 레이저 포구에 바로 연결하고 오른쪽의 B타입은 3cm 정도 거리를 띄어서 비대칭으로 제작.

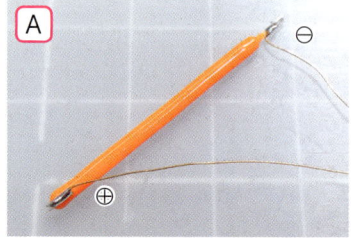
▲필라멘트 LED에 에나멜선을 연결. +쪽 전극을 LED쪽으로 접은 후 에나멜선을 납땜하고 -전극 쪽은 그대로 에나멜선을 납땜한다.

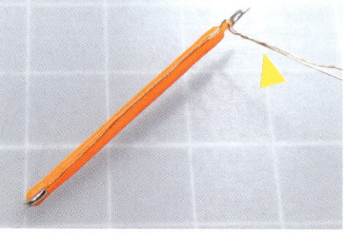
▲+에 연결한 에나멜선을 곧게 펴서 LED 몸체에 최대한 밀착 시킨 후, -전극에 에나멜선을 감아서 풀리지 않도록 한다.

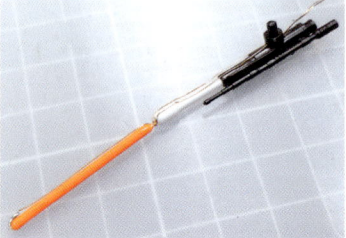
▲레이저포의 구멍에 -전극을 끼우고 에나멜선은 레이저 포의 포신에 최대한 밀착해서 순간접착제로 접착. 전극은 쉽게 휘어지므로 꺾이지 않도록 주의해야 한다.

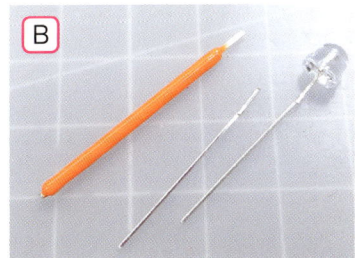
▲-극의 길이를 연장하기 위해 LED의 전극을 잘라서 사용. 이렇게 LED에서 잘라낸 전극을 모아두면 전극 연장할 때 쓸모가 있다.

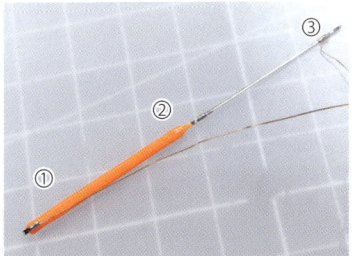
①+전극을 접고 에나멜선을 납땜 ②-극에는 LED 전극을 납땜 ③전극의 끝에 에나멜선을 납땜.

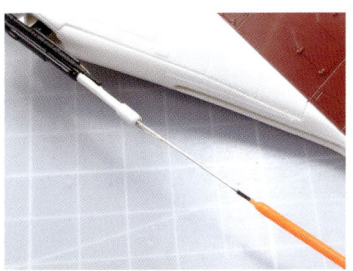
▲+극에 연결한 에나멜선을 연장한 전극에 순간접착제로 붙이고 레이저 포의 구멍에 끼운다.

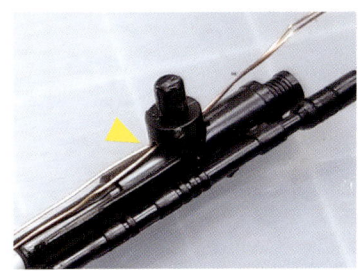
▲두 개의 레이저 포 연결부분에 1mm 구멍을 뚫어 에나멜선을 통과시킨 후 순간접착제로 고정.

본체 배선

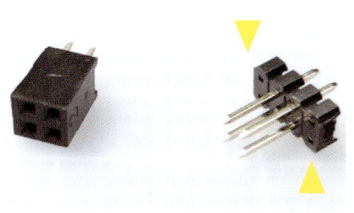
▲본체와 베이스를 연결하기 위해 4핀 핀헤더와 소켓을 사용. 핀헤더는 좌우로 한 칸씩 넓게 자르고 핀을 빼준다.

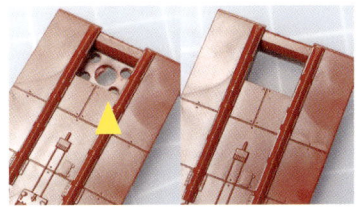
▲본체의 베이스 접속구멍은 핀바이스로 네 모서리를 뚫고 니퍼로 잘라낸 후 칼로 다듬어 준다. 우연이지만, 4핀 소켓의 크기와 동일.

▲안쪽에서 핀헤더를 글루건으로 고정. 한 칸씩 넓혀 두었으므로 보다 튼튼하게 고정할 수 있다.

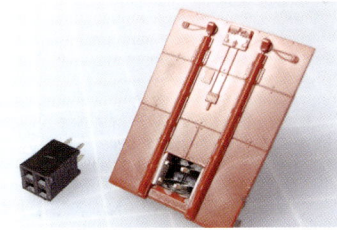
▲본체 핀헤더 완성 상태. 소켓이 깊게 들어가므로 흔들림이 적다.

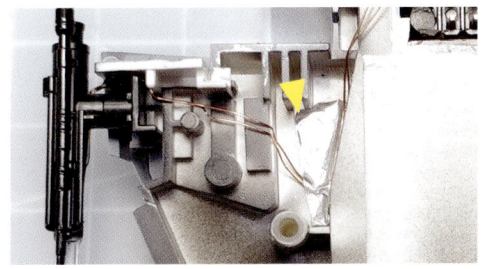
▲레이저포를 본체 하부의 위치에 조립한 후 에나멜선을 몸체 안쪽으로 넣기. 조립에 방해가 되지 않도록 테이프로 고정해둔다.

▲핀헤더 주위의 부품을 잘라내어(▼) 공간을 확보한다. 좌우 에나멜선의 +극, -극을 각각 모아 꼬아주고 납땜(에나멜선의 납땜은 Tip & Info#2참조)

▲납땜한 +선과 -선을 핀헤더의 위치(회로도 참조)에 납땜.

▲앞서 조립한 엔진을 본체 상부에 조립하고 전선을 연결한다. 검정선(메인엔진 2개, 보조엔진1개, 조종석 1개) 4개를 묶어주고 커넥터와 연결하기 위한 검정선을 추가로 연결.

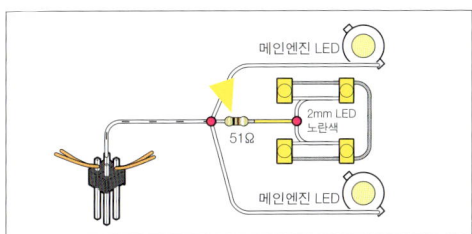
▲메인엔진과 보조엔진을 하나의 전원으로 켜지도록 제작. 이 때 공급되는 전압은 3V. 그대로 연결하면 메인엔진은 문제 없지만 보조엔진(2V 노란색)은 고장나므로 반드시 저항(▲)을 연결해서 보호해야 한다.

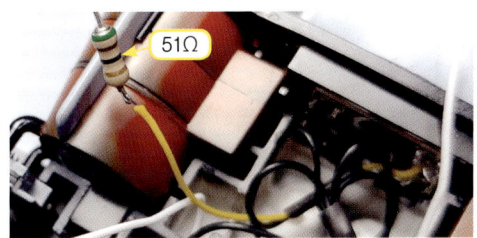
▲저항의 다리를 4mm정도 남기고 자른 후 보조엔진의 노란선에 납땜.

▲노란선에 연결한 저항의 빈 단자에 메인 엔진 흰선 2개를 연결하고 커넥터와 연결하기 위한 흰선을 추가로 연결하고 수축튜브로 마무리.

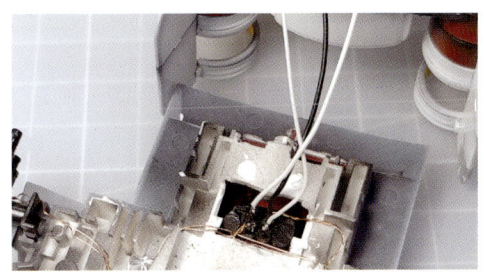
▲검정선을 커넥터에 연결하고 조종석의 흰선, 엔진의 흰선을 각각 커넥터에 연결(연결 위치는 회로도 참고).

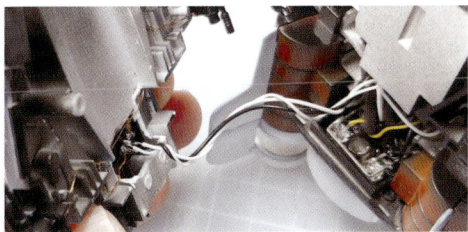
▲전선을 커넥터에 연결한 후, 본체 상부와 하부를 조립. 이 때 연결한 전선이 조립에 방해가 되지 않도록 주의. 상부, 하부의 플라스틱 구조물을 충분히 깎아내서 공간을 확보하고 조립하는 것을 추천.

베이스

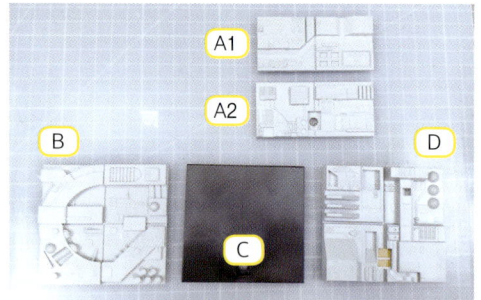
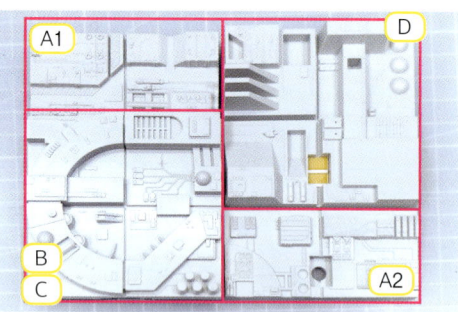

▲A패널은 반으로 잘라 형태의 변화를 주고 평평한 C패널을 깔아 높낮이의 변화를 주었다(A,B,C,D는 임의로 붙인 것).

▲B, D패널을 엇갈려 두고 빈 곳에 A1, A2를 배치. C패널을 밑에 두고 B패널을 올린 후 접착.

▲반다이 스타워즈 시리즈에 포함된 데스스타 패널 세 개를 조합해서 베이스의 표면을 제작. 전원 스위치는 베이스 윗면 앞쪽에 설치하고 베이스의 뒤쪽에는 레이저 효과, 조종석, 엔진을 각각 조절할 수 있는 가변저항을 설치해서 각각의 밝기를 조절할 수 있도록 했다. 레이저 광선의 효과를 돋보이게 하려고 검정색과 짙은 회색으로 도장.

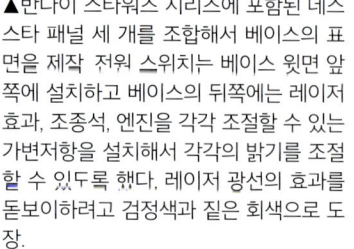
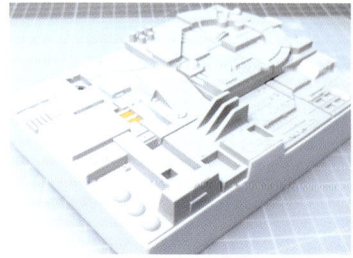

▲건전지와 가변저항을 설치한 공간을 만들기 위해 1mm 프라판을 잘라 붙여 베이스의 높이를 높게 제작.

▲4핀 소켓에 본체 커넥터와 연결된 것과 같은 색의 전선을 연결. 조종석과 엔진은 두 개가 모두 흰선을 사용하고 있어 베이스를 통과 후에는 구분이 어렵다. 구분을 위해 엔진용 흰선에는 점을 찍어둔다.

▲조인트는 앞뒤 좌우 가동이 가능하도록 설계한 3D프린팅 부품. 조인트용 기둥은 4mm 황동파이프를 사용. 4핀 소켓을 조인트 부품에 조립한다.

베이스 배선

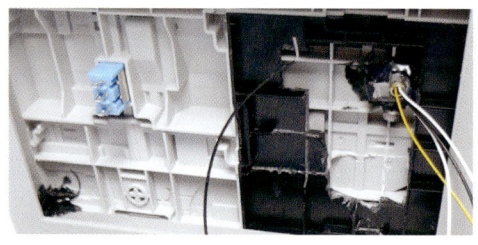

▲전원 스위치는 토글 스위치를 사용. 데스스타 패널에 있는 구멍에 끼워넣고 글루건으로 고정한다.

▲소켓 커넥터에 연결한 전선을 황동파이프를 통해 베이스 밑으로 빼낸다.

▲LED 밝기 조절용으로 샤프트가 있는 500Ω 가변저항을 사용. 적당한 크기에 샤프트가 있어 조절이 편리하다.

▲베이스 후면에 가변저항의 샤프트용 구멍(4mm)를 뚫어준다.

▲가변저항의 1번 핀에 빨간선을 각각 연결.

▲베이스의 커넥터에서 나온 흰선, 흰선(점선), 노란선을 각각의 가변저항 2번(신호선)에 납땜한다.

▲베이스의 안쪽에 가변저항을 끼우고 글루건으로 고정.

①전원용으로 AA2구 홀더(3V)를 사용. 베이스 안쪽에 글루건으로 부착한다. ②토글 스위치의 바깥쪽 단자에 저항에 연결한 빨간선 세 개를 묶고 한꺼번에 납땜.

①건전지 홀더의 검정선과 커넥터의 검정선을 연결 ②건전지홀더의 빨간선을 토글 스위치의 가운데 단자에 납땜한다.

회로도

■ 전원을 넣으면 레이저, 조종석 계기판, 엔진 LED가 켜진다. 각각의 가변저항을 돌려 LED의 밝기를 조절할 수 있다.

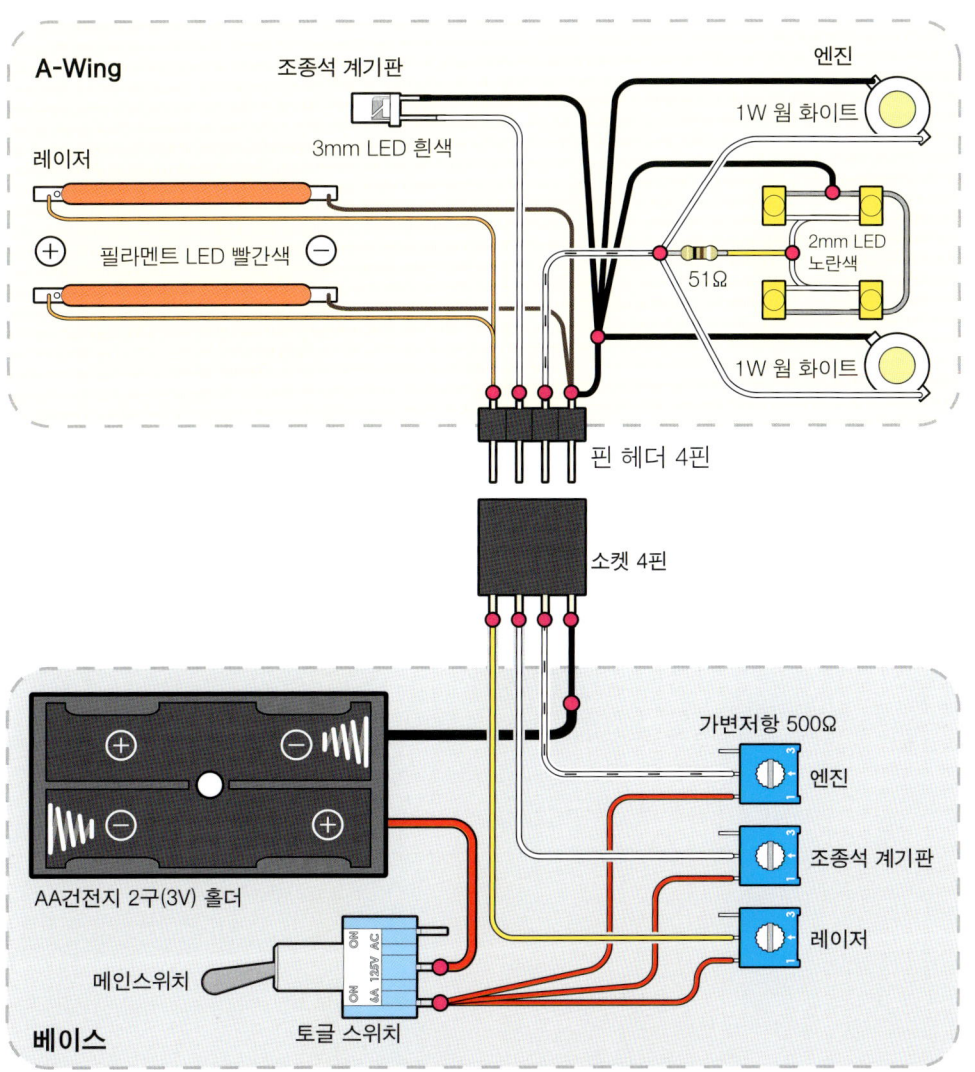
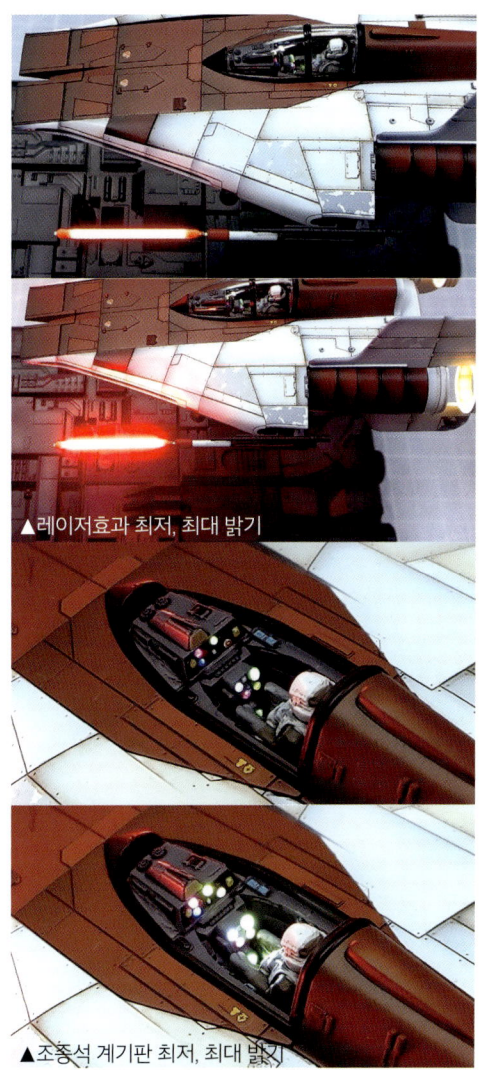

▲ 레이저효과 최저, 최대 밝기

▲ 조종석 계기판 최저, 최대 밝기

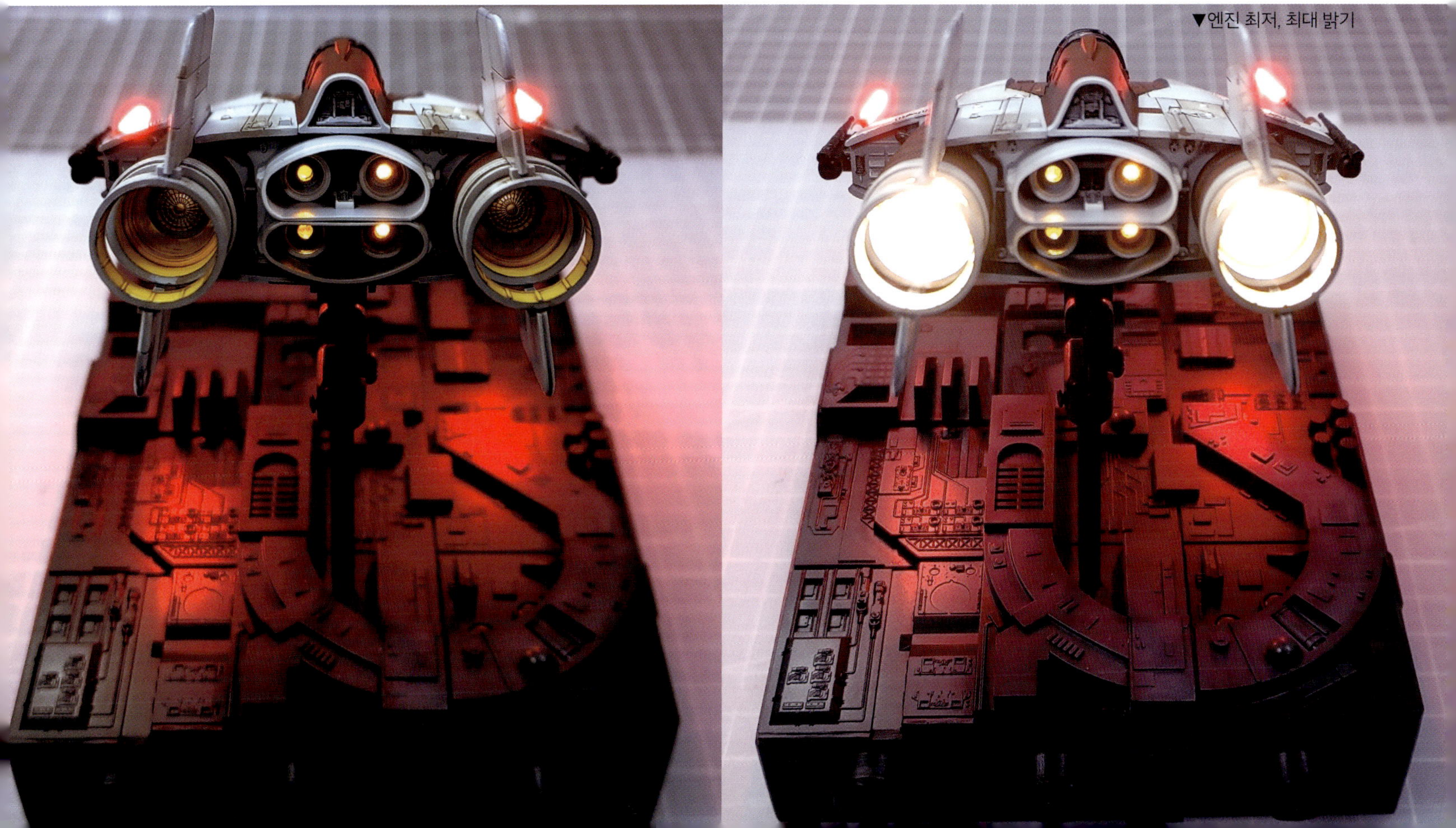

▼ 엔진 최저, 최대 밝기

Step. 10
프로펠러 속도조절과 LED공작
TAMIYA 1/48 P_38F/G LIGHTNING

태평양 전선의
쌍꼬리 악마

2차 대전 당시 미군이 사용한 유명한 전투기로 두 개의 엔진을 설치하여 독특한 외형이 특징이다. 뛰어난 상승,하강 능력 그리고 선회 능력 등의 기동성을 가지고 있어서 폭격기 호위, 전투기와의 공중전 등에서 맹활약을 하였으며 특히 2차 대전 당시 태평양전선에서 일본군과의 전투에서 많은 전과를 올린 기체이다.

날개하면에 착륙등과 인식등을 LED로 공작

조종석 LED

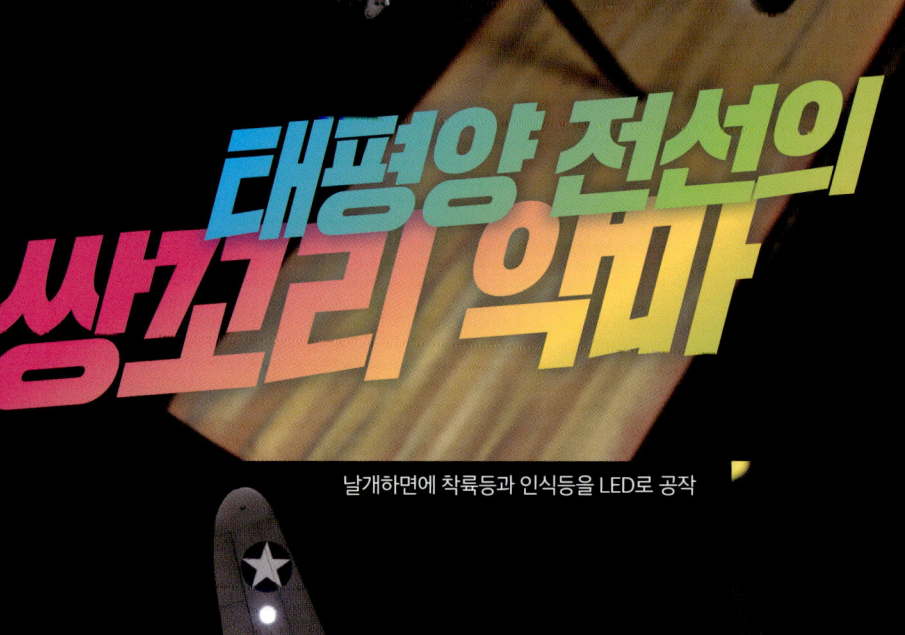

프로펠러 모터와 LED에 전원을 공급하고 각도를 조절 할 수 있는 조인트를 제작

나무 베이스는 활주로의 속도감을 재현한 도장. 좌측하단에는 각종 부품을 조종하는 컨트롤 박스를 설치.

기체의 LED와 모터를 제어하는 장치. 프로펠러의 회전 속도를 조절하는 스로틀에는 모터변속기를 사용하였고 LED는 토글 스위치로 ON-OFF를 조절.

조종사 인형의 팔은 조종간(오른팔)과 스로틀(왼팔)에 위치하도록 개조.

본체와 기둥의 조인트는 8핀 커넥터로 연결.

커넥터를 분리해서 바닥에 착륙 상태로 둘 수 있다.

1 이번 공작의 주요부품

사용재료
- 납땜용 도구
- 연선AWG 36 전선 적, 흑, 백, 황, 청
- 연선AWG 26 전선 적, 흑, 백, 황, 청
- 에나멜선 AWG32
- 에나멜선 AWG34
- AA건전지 5개
- AA건전지 2구 홀더(3V) 1개
- AA건전지 3구 홀더(4.5V) 1개
- 로커스위치(KCD11-101) 1개
- 토글스위치(MTS-102) 5개
- DC모터 (코어리스 716) 2개
- DC모터 속도조절기 1개
- 수축튜브 2mm, 3mm
- 1/4W 저항 51Ω 3개
- 1608 LED 흰색 3개
- 1608 LED 빨간색, 초록색, 주황색 각 1개
- 2피치 핀헤더, 소켓 2열 4핀(총 8핀)
- 알루미늄 파이프 5mm

2mm피치 핀헤더와 소켓

▲핀의 간격이 2mm인 핀헤더와 핀헤더 소켓. 이번 공작에서는 기체의 전방 랜딩기어 내부에 커넥터를 설치하기 위해 비교적 작은 크기의 핀헤더를 사용했다. 핀과 핀의 간격이 좁기 때문에 납땜을 할 때 옆의 핀과 합선이 되지 않도록 주의.

모터

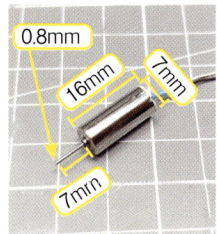

◀프로펠러용 모터는 작은 크기임에도 빠른 속도로 회전하는 미니드론용 DC모터를 사용. 이번에 사용한 모터는 "코어리스 716 장축"을 선택. 직경 7mm, 길이 16.5mm, 회전 축의 길이 7mm, 축 직경은 0.8mm. 모형에 사용하기 위해 모터를 고를 때는 일반적인 축 길이(5mm)보다 긴 축(장축)을 사용해야 공작이 편리하나.
가격은 개당 2,000원 정도.

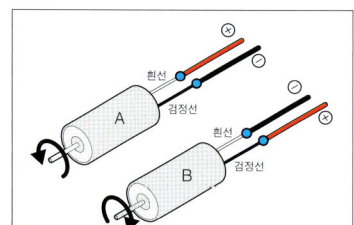

◀DC모터는 전원의 연결 방법에 따라 회전 방향을 바꿀 수 있다. 용도에 따라 원하는 방향이 되도록 전원선을 연결한다. 이번에 사용한 716모터에는 흰선과 검정선이 연결된 타입(제품에 따라 빨간색, 파란색이 연결된 타입도 있다). A 흰선에 +, 검정선에 -를 연결하면 모터의 축은 반시계 방향으로 회전. B 흰선에 -, 검정선에 +를 연결하면 모터의 축은 시계방향으로 회전한다.

토글 스위치

◀레버를 움직여 ON-OFF를 조절하는 스위치. 공업용으로 많이 사용하며 2차 대전 당시에도 이와 비슷한 형태의 스위치를 사용했다. 이번 공작에서는 단자가 3개인 MTS-102를 이용해서 LED를 제어.

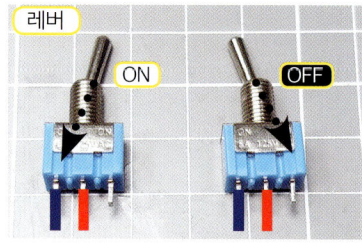

◀토글 스위치의 ON-OFF

일반적인 스위치는 움직인 쪽이 ON이 되지만 토글 스위치는 반대 방향이므로 주의. 가운데 단자에 전원선(빨간선), 한쪽에는 LED의 선을 연결한다(파란선).
On : 레버를 오른쪽으로 하면 레버의 대각선(점선) 방향의 파란선과 연결되어 ON이 된다.
OFF : 레버를 왼쪽으로 하면 레버의 대각선인 빈 단자와 연결되므로 OFF.

DC 모터 속도조절기

◀LED는 가변저항만으로도 빛의 밝기를 조절할 수 있지만, 모터는 가변저항만으로는 속도를 조절할 수 없어서 모터 속도조절기를 사용해야 한다. 이번에 사용하는 미니드론 모터에 맞추기 위해 입력값이 1.8V~15V를 사용할 수 있는 것을 선택. 이 제품은 부품번호가 없어서 "**1.8V~15V 2A DC모터 속도조절기**"로 검색해서 찾아야 한다. 가격은 2,000원 정도(판매처에 따라 가격 편차가 크기 때문에 저렴하게 구입하려면 여러 곳을 잘 찾아봐야 한다.)

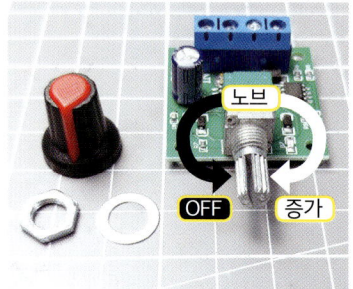

◀속도조절기에는 고정용 너트, 노브를 쉽게 돌릴 수 있는 플라스틱 노브가 포함되어 있다.
OFF : 노브를 반시계 방향(검정색 화살표)으로 끝까지 돌리면 딸깍 소리가 나며 전원이 차단된다.
증가 : 시계방향으로 돌리면 모터의 속도가 증가하며 끝까지 돌리면 입력전압과 동일한 전압이 출력된다. 이번 공작에서는 4.5V 전원을 사용하므로 모터에 공급되는 최대 출력은 4.5V가 된다.

◀전선연결
속도조절기에는 4개의 전선연결용 단자가 있다. 전선을 단자의 구멍에 끼우고 나사를 시계방향으로 돌리면 전선이 고정된다.
뒷면에 연결 위치가 표시되어있다.
MOTOR+ : 모터의+   POWER- : 전원의-
MOTOR- : 모터의-   POWER+ : 전원의+

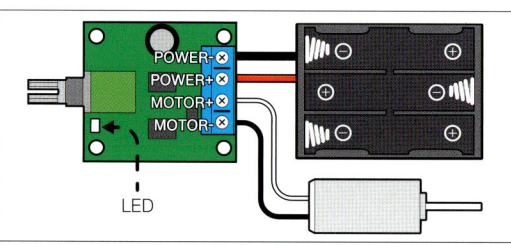

◀연결 예시
모터 전원 공급용으로 4.5V 건전지 홀더를 사용.
변속기 기판에 설치된 빨간색 LED는 모터의 속도에 따라 빛의 밝기가 변한다.

사용전선과 전자공작 포인트

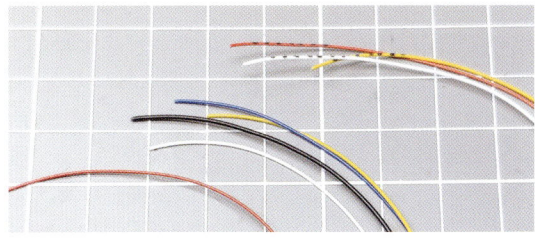

▲이번 공작에서는 빨강, 검정, 흰, 노란, 파란색 전선을 사용하는데 LED와 모터를 연결할 때는 총 여덟개의 전선이 필요하다. 같은 색의 선을 구분하기 위해 전선의 양 끝부분에는 유성펜으로 점을 찍어두었다(빨간색, 노란색, 흰색).

① 조종석 실내등 ② 인식등 빨강 ③ 인식등 초록 ④ 인식등 주황 ⑤ 모터(좌우) ⑥ 착륙등 (좌우)

2. 각 부분 전자공작

프로펠러
코어리스 716 모터 2개, AWG32 연선 적, 흑, 백

▲이번 공작에서는 두 개의 모터를 병렬로 연결하여 함께 회전하도록 공작.

▲모터 마운트를 장착하기 전에 강도를 높이기 위해 둥글게 자른 프라판을 부품에 접착.

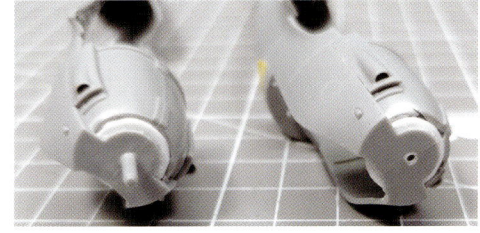

①키트의 원래 부품에 있는 플라스틱 샤프트를 잘라낸다.
②축직경(0.8mm)보다 조금 넓은 1mm의 구멍을 뚫어준다.

▲모터 마운트는 엔진룸의 크기에 맞춰 3D프린팅으로 제작. 이 때 마운트의 날개를 톱니 모양으로 하면 글루건의 실리콘이 앞뒤로 골고루 들어가 안정적으로 고정할 수 있다.

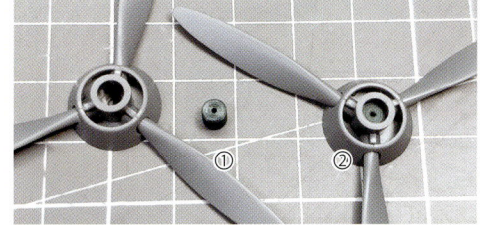

①모터 축의 크기(0.8mm)에 맞추어 부품을 3D프린팅.
②프로펠러의 홈에 넣고 순간접착제로 고정.

▲프로펠러를 조립하고 모터에 전원을 연결해서 바람의 방향을 확인. 오른쪽은 반시계방향, 왼쪽은 시계방향으로 회전해야 한다. 회전방향을 확인하기 어렵다면 바람이 뒤로 부는 방향으로 전원을 연결하면 된다.

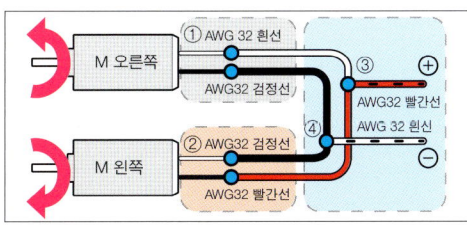

①오른쪽 모터 : 흰선-흰선, 검정선-검정선. 모터는 반시계 방향으로 회전. ②왼쪽 모터 : 흰선-검정선, 검정선-빨간선. 모터는 시계 방향으로 회전.
■비행기 동체를 조립한 후 커넥터에 연결할 때(본체 내부 배선 과정)
③흰선과 빨간선을 묶고 빨간선(점선표시)을 연결.
④검정선 두 개를 하나로 묶고 흰선(점선표시)을 연결

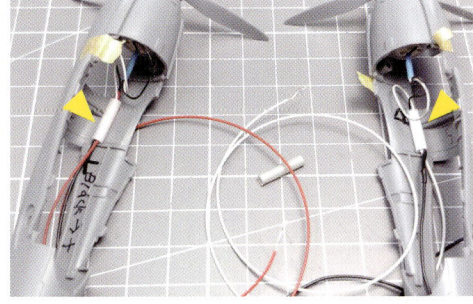

▲연결한 전선으로 인해 조립할 때 간섭(끼임)이 생기지 않도록 빈 공간에 프라파이프를 고정하고 전선을 끼워넣는다. 전선을 부품에 바로 접착하지 않으므로 나중에 모터를 수리할 필요가 있을 때 전선을 빼낼 수 있다.

▲날개 아래쪽에 설치되어 야간 착륙할 때 사용한다. P-38 F/G형 이후 형식에서는 날개 앞쪽으로 이동되었다.

착륙등 LED
1608 LED 흰색. AWG34에나멜선, AWG 32 연선 흑, 백

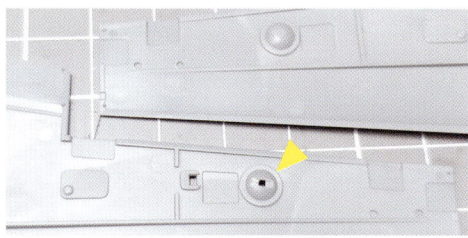

▲날개 안쪽의 착륙등 반사경(반구)부분에 1mm구멍을 뚫고 LED의 모양에 맞춰 사각형 구멍을 만들어 둔다.

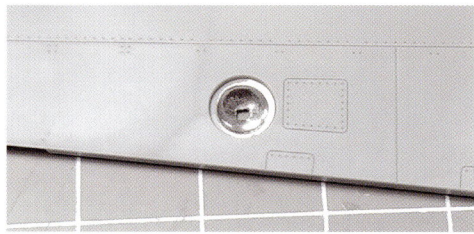

▲반사경에는 모로토우 크롬을 칠해둔다. 붓칠로 하더라도 깔끔하게 크롬 도장을 할 수 있다.

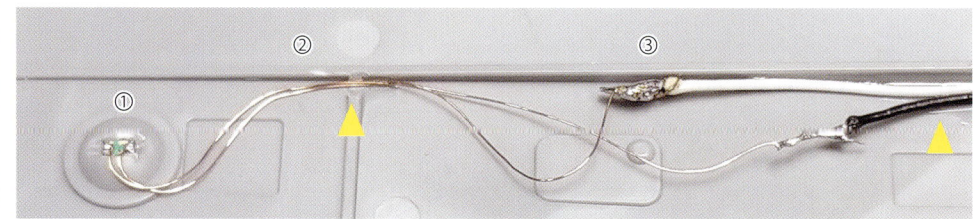

①흰색 LED에 AWG34 에나멜선을 납땜한 후 뚫어놓은 구멍에 접착한다. ②에나멜선은 자주 움직일 경우 LED와 연결한 부분이 쉽게 끊어지기 때문에 이를 방지하기 위해 에나멜선을 날개에 순간접착제로 고정한다. ③색 구분과 연결을 쉽게 하기 위해 에나멜선+에는 AWG32 흰선, 에나멜선-에는 검정선을 납땜하고 선이 움직이지 않도록 순간접착제로 고정.

조종석 LED
1608 LED 빨간색, 초록색, 주황색, AWG34에나멜선, AWG 32 연선 적, 흑, 청, 황

▲조종석 실내등이지만 이렇게까지 밝지는 않다. 영화에서 과장된 빛으로 주인공을 비추는 것과 같은 일종의 연출.

▲1608 LED 흰색을 사용. 하지만 그대로 흰색 빛이 나면 2차 대전의 느낌이 나지 않는다. 흰색 LED에 노란색 도료를 칠해두면 옛날 전구의 색과 비슷한 느낌이 된다.

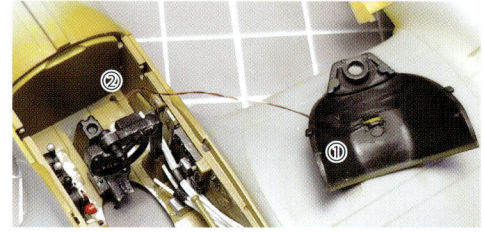

①LED는 눈부심 방지판(검은색 부품)의 안쪽에 설치하여 계기판에서 빛이 나오는 느낌으로 제작 ②에나멜선은 기체 앞쪽에 구멍을 뚫고 아래쪽으로 내린다.

인식등 LED
1608 LED 흰색. AWG34에나멜선, AWG 32 연선 흑, 백

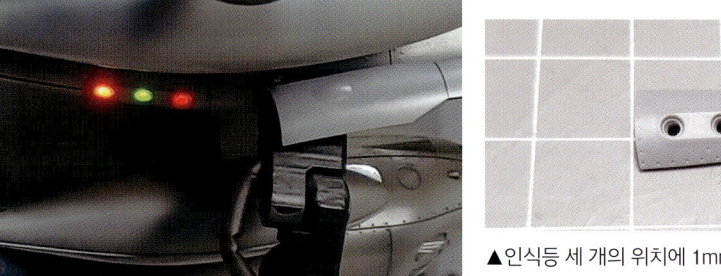

▲P-38G에는 야간 비행시에 기체를 구분하기 위한 인식등이 설치되어있다. 세가지 색을 각각 켜거나 끌 수 있다.

▲인식등 세 개의 위치에 1mm의 구멍을 뚫어준다.

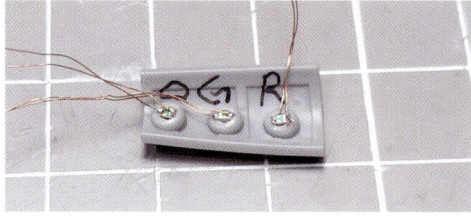

▲LED의 색에 맞춰 에나멜선을 납땜한 1608 LED를 끼우고 순간접착제로 고정.

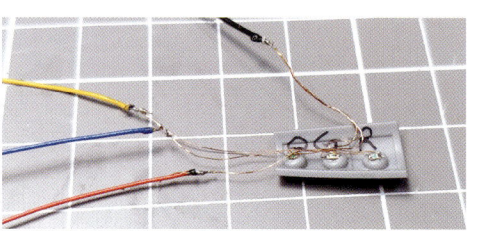

▲에나멜선 -선 세가닥을 하나로 묶어 검정선을 납땜하고 빨간LED에는 빨간선, 초록 LED에는 파란선, 주황색 LED에는 노란선(점선)을 연결.

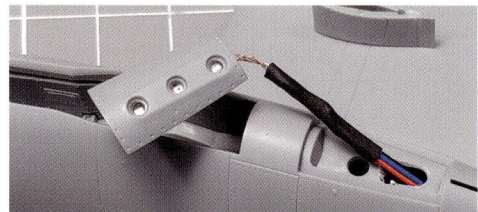

▲연결한 전선을 수축튜브로 묶어주어 기채 내부로 보내고 인식등 부품을 접착. 에나멜선은 끊어지기 쉬우므로 주의해서 작업해야 한다.

▲기체는 베이스의 기둥과 연결하기 위해 커넥터를 사용. 커넥터를 최대한 가리기 위해 전방 랜딩기어의 안쪽에 설치했다.

기체 커넥터
2mm피치 핀헤더 8핀 AWG 32 연선 적, 흑, 백, 청, 황

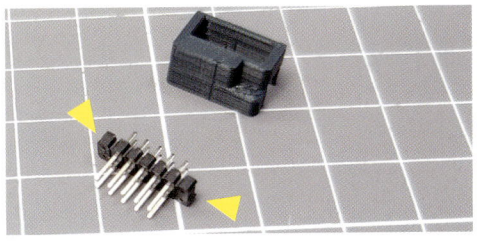

▲핀헤더를 기체에 고정하기 위한 부품을 3D프린팅. 핀헤더 2열 4핀(총 8핀)의 좌우를 한 칸씩 넓게 남겨 두면 고정부품에 견고하게 고정할 수 있다.

▲핀헤더에 10cm정도의 전선을 납땜. 이 선들은 기체 내부의 LED와 모터전선에 연결한다. 같은색의 전선은 구분을 위해 점선을 표시.

▲날개 지지대 부품에 구멍을 뚫고 납땜한 전선을 기체 내부로 넣어준다.

▲3D프린팅한 부품은 랜딩기어 내부에 순간접착제로 고정.

본체 내부 배선
2mm피치 핀헤더 소켓 8핀 AWG 32 연선 흑, 황

▲동체를 조립한 후, 모터와 LED의 전선과 커넥터의 전선을 연결한다. 복잡해 보일 수 있지만 같은 색의 전선을 연결하는 것이므로 하나씩 작업하면 어렵지 않게 정리할 수 있다.

▲날개와 동체 사이에 전선을 연결해야 하는데 공간이 넓지 않다. 최대한 얇게 하기 위해 연결한 전선에는 수축튜브를 사용하지 않고, 합선 방지를 위해 거리를 띄운 후 각각의 전선을 순간접착제로 고정한다.

▲같은 색의 전선들을 마무리한 상태. 동체 상판을 조립할 때 전선으로 방해가 되는 곳이 없는지 확인해야 한다.

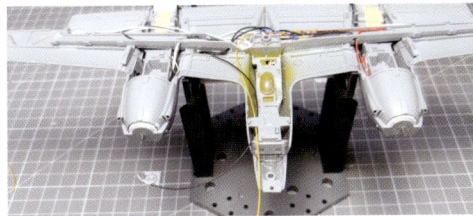

▲조종석 LED는 동체 상판에 있어서 조립 전에 전선을 연결할 경우 조립에 방해가 될 수 있다. 이 키트는 기수 부분이 열려 있으므로 이곳으로 전선을 빼낸다.

▲동체 상판에 있는 조종석 LED의 에나멜선에 AWG32 노란선과 검정선을 납땜하고 기수 부분으로 빼낸다.

▲동체 상판과 하판을 접착 후 빼낸 노란선과 검정선을 각각 연결하고 여분의 전선은 기수 내부로 다시 밀어 넣어주어 마무리.

지지대와 베이스
2mm피치 핀헤더 소켓 8핀 AWG 32 연선 적, 흑, 백, 청, 황, 알루미늄 파이프

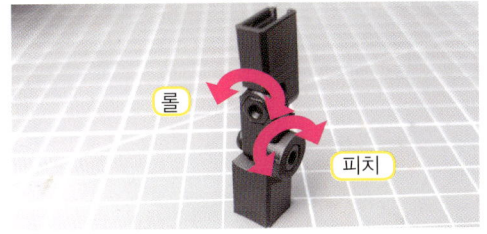

▲기체를 전시할 때 좌우(롤), 앞뒤(피치) 가동할 수 있도록 3개의 부품으로 구성한 조인트를 3D프린팅으로 제작.

▲핀헤더 소켓에 전선을 순서에 맞춰 납땜. 중복되는 전선은 양쪽 끝에 점선을 표시한다. 이 전선들은 전원선, 스위치와 연결해야 하므로 충분한 길이(이 공작에서는 30cm)로 준비.

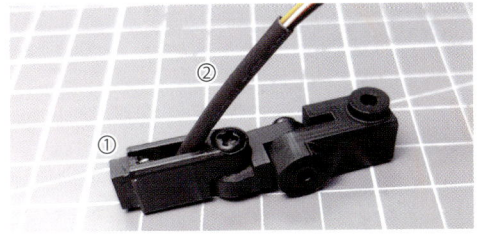

①전선을 연결한 커넥터를 글루건을 이용해 조이트에 접착한다. ②전선을 하나로 묶어주기 위해 3mm의 수축튜브를 씌워준다(가동해야 하므로 가열은 하지 않음).

▲지지대는 외경 5mm의 알루미늄 파이프를 사용. 8개의 전선을 알루미늄 파이프 내부로 통과시킨다.

▲할인점에서 구입한 목제 트레이를 베이스로 제작. 건전지상자를 설치해야 하므로 칸막이는 떼어낸다.

①알루미늄 파이프를 통과시키기 위해 5mm구멍을 뚫기 ②컨트롤 박스의 전선을 통과시키기 위해 구멍을 만든다 (드릴로 구멍을 연달아 뚫고 니퍼로 잘라낸 후 칼로 다듬어 준다).

▲지지대를 60도의 기울어진 각도를 유지하기 위해 고정부품을 3D프린팅으로 제작.

①고정부품 가운데로 커넥터 연결한 전선을 빼낸다 ②고정부품은 4개의 나사로 베이스에 고정 ③알루미늄 파이프는 나사 두 개로 고정한다.

컨트롤박스
토글 스위치 5개, 로커스위치, 모터 변속기, 1/4W 저항 51Ω 3개, AWG 26연선 적, 흑, 백, 청, 황

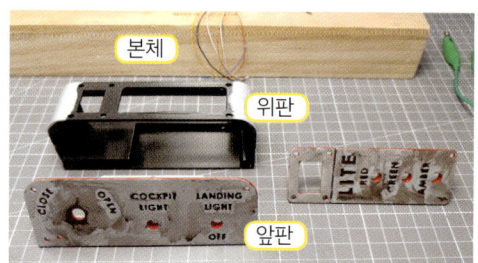
▲컨트롤 박스는 전자부품 장착을 편리하게 하기 위해 위판, 앞판, 본체를 분리해서 제작.

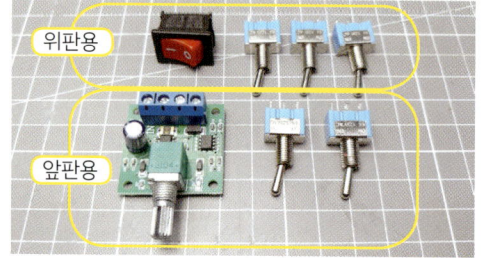
▲로커스위치는 LED에 공급되는 전체 전원을 켜거나 끌 수 있도록 준비.

▲모터변속기와 토글 스위치는 컨트롤 박스에 끼운 후, 바깥쪽에서 너트를 돌려 고정.

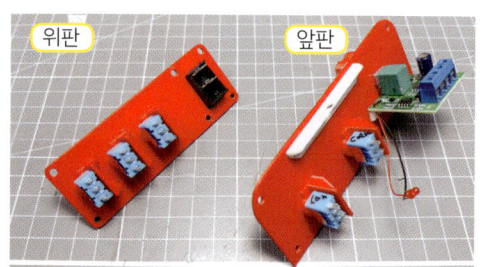
▲위판에는 인식등을 각각 켜고 끌 수 있는 스위치 3개와 LED 전체 전원용 로커스위치를 설치. 앞판에는 모터변속기와, 조종석, 착륙등 스위치를 설치.

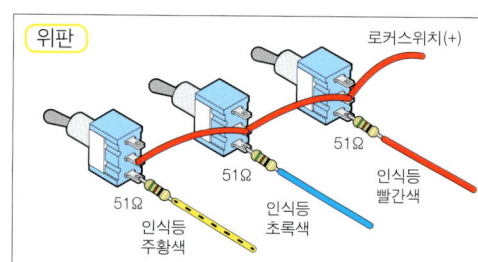
▲위판 토글 스위치 가운데 단자 세 개를 빨간선(전원선)으로 납땜하고 아래 단자에 저항을 먼저 납땜하고 각각의 전선을 색에 맞춰 저항에 납땜한다

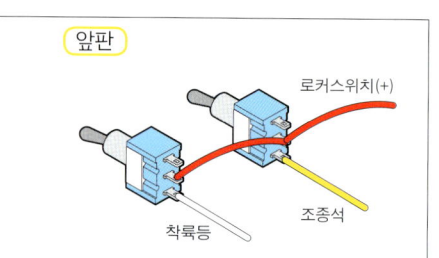
▲앞판 토글 스위치 가운데 단자 두 개를 빨간선(전원선)으로 납땜하고 아래단자에 각각 AWG26 흰선, 노란선을 저항 없이 납땜.

▲모터는 건전지 전류를 많이 소모하므로 이번 공작에서는 LED와 모터에 별도의 전원을 공급하기로 했다. 건전지 홀더는 글루건을 사용해 베이스에 접착 ①AA건전지를 2개 사용하는 3V 건전지 홀더는 LED용 ②AA건전지 3개를 사용하는 4.5V 건전지 홀더는 모터용.

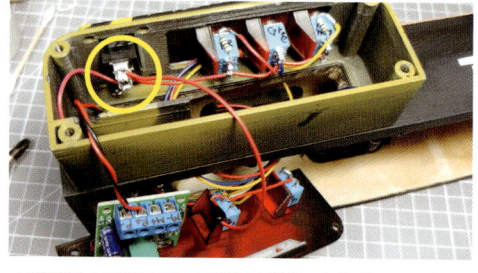
▲위판에 설치한 로커스위치의 한쪽 단자에는 3V전원선을 연결한다. 나머지 한쪽 단자에는 코글 스위치와 연결한 빨간선을 연결한다.

▲모터 변속기에 4.5V 건전지의 +선과 -선을 POWER에 연결하고 본체의 빨간선(점선)과 흰선(점선)을 MOTOR에 연결.

▲컨트롤 박스의 스위치에 연결한 전선(AWG26)과 파이프에서 나온 커넥터의 전선(AWG32)을 같은 색끼리 연결하고 수축튜브로 마무리.

▲연결을 마친 후 전선이 엉키지 않도록 테이프로 감아 정리한다.

▲베이스는 검정색으로 도장 후 문자 마스킹을 제작 후 에어브러싱.

▲지면작업은 젤스톤을 사용. 젓가락을 이용해 넓게 펴 발라준다.

▲넓은 붓에 물을 묻혀 표면을 정리. 줄무늬가 나오도록 깊이를 약간씩 조절.

▲젤스톤이 완전히 마른 후, 속도를 표현하기 위해 슬롯 모양의 마스킹 가이드를 제작하고 여러 번 겹쳐 에어브러싱. 다크 옐로우, 브라운, 탄, 미들 스톤을 번갈아 사용.

회로도

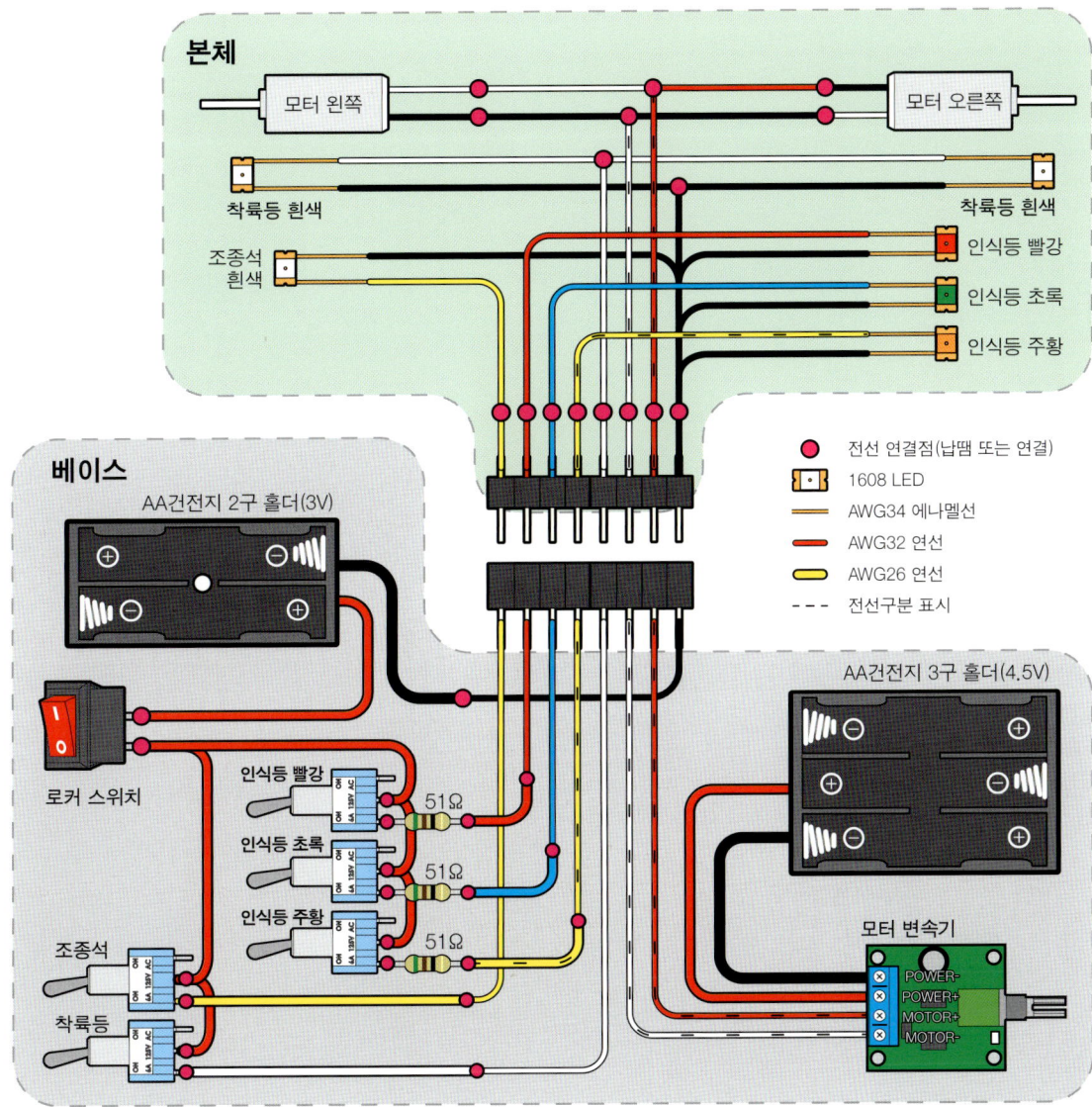

4 추가공작

파일럿 개조

▲키트에 포함된 인형의 팔은 가지런히 놓은 상태.

▲양 팔을 칼로 조심스럽게 잘라낸다.

▲조종핸들과 스로틀 레버에 맞춰 각도를 맞추고 꺾은 후 퍼티로 틈을 수정.

▲완료된 상태.

라디오 안테나 AWG 32, 34 에나멜선

실제 기체에서는 스프링이 달린 후크를 이용해 두 개의 안테나선을 조종석 캐노피와 꼬리날개에 연결한다. 모형에서 에나멜선을 이용해 스프링 형태를 재현하는 방법을 소개한다.

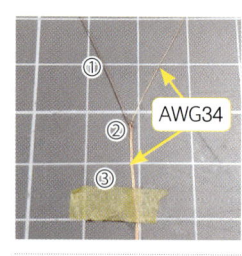
①AWG34 에나멜 선을 V형태로 구부린다. ②가운데에 에나멜선을 겹친 후 순간접착제로 고정. ③겹친 에나멜선의 끝부분을 테이프로 붙여 두면 공작이 편리하다.

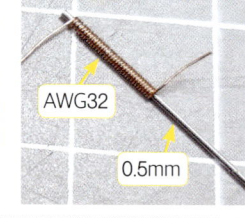
◀두 선을 감싸는 스프링 효과를 만들기 위해 AWG32 에나멜선을 0.5mm 드릴날에 감아준다.

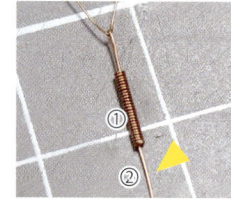
①겹친 에나멜선에 스프링을 끼우고 순간접착제로 고정.
②접착제가 완전히 굳은 후 겹신 두 가닥의 전선 중 한 가닥은 잘라낸다.

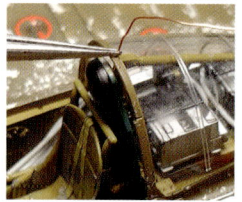
◀캐노피에 0.3mm의 구멍을 뚫고 에나멜선의 끝 부분을 넣고 캐노피 안쪽에서 순간접착제로 고정. 완전히 고정되면 여분의 전선은 잘라낸다.

▲0.3mm 드릴로 수직미익을 관통하는 구멍을 뚫는다.

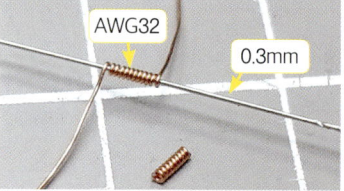
▲0.3mm 드릴날에 AWG32 에나멜선을 감아 스프링 모양을 제작.

①스프링을 안테나 에나멜선에 끼운 후
②안테나 에나멜선을 수직미익의 구멍에 관통시킨다.

▲반대편에서 에나멜선을 핀셋으로 팽팽하게 당긴 후 순간접착제로 안테나 에나멜선과 스프링을 고정.

■ PVA(폴리 비닐 알코올) 계열 접착제

◀밀리터리 키트는 기본적으로 플라스틱을 접착해야 완성이 된다. 하지만 전자공작을 할 때는 LED가 고장나거나, 수정을 해야 할 경우를 대비해 분해를 할 수 있다면 더욱 안심된다. 이 때는 PVA계열의 접착제를 사용한다. PVA계열 접착제는 플라스틱을 녹여 접착하는 유기 용제류가 아니라 스스로 굳어서 고정되는 타입으로 완전히 굳으면 적당한 접착력을 유지하고 힘을 주면 떼어낼 수 있다. 국내에서는 "종이나라 만능본드"가 적당하다(주의 : 노란색의 목공본드는 플라스틱을 녹이므로 사용 금지).

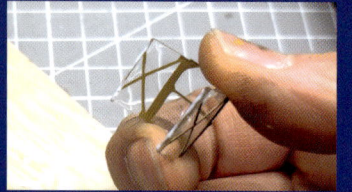
▲PVA 접착제는 굳기 전에는 흰색이지만 완전히 마르면 투명하게 되어 캐노피에도 사용 할 수 있다.

▲모터에 문제가 생길 경우, 수리할 수 있도록 PVA접착제를 사용해서 커버를 접착.

▲PVA접착제는 건조가 느리므로 완전히 접착될때까지 테이프로 고정해 둔다.

▲분리할 때는 약간 힘을 주면 떨어진다. 다시 접착하기 전에는 굳어 있는 접착제를 핀셋 등으로 떼어내고 접착한다.

Step. 11
아두이노로
여러 개의 LED를
제어해보자

BANDAI SPACE BATTLESHIP
YAMATO 2202 1/1000
DREADNOUGHT

파동포와
파동엔진 효과

애니메이션 "우주전함 야마토 2202"에 등장하는 지구연합군의 우주전함이다. 최강의 무기로 사용하는 파동포와 엔진의 회전 효과 등을 LED로 제작하였다. 여러 개의 LED를 연출에 맞춰 켜고 끄는 것은 소형처리장치인 아두이노를 사용하여 제작. 이 책에서는 지면의 한계상, 아두이노에 대해 자세하기 다루지는 못하지만 독자분들에게 아두이노를 활용하는 예시를 소개함으로 전자공작의 범위가 이렇게 넓어질 수 있다는 것을 알려드리고 싶어 이번 편과 다음 편 두 개의 작품을 소개하고자 한다.

파동포 효과. 세 개의 RGB LED를 이용해서 반짝이며 색이 순차적으로 변하고 마지막에는 청록색의 빛이 나도록 제작.

파동엔진 효과. 세 개의 LED가 회전속도가 점점 빨라지고 그에 맞춰 가운데의 LED가 점차 밝아지도록 제작.

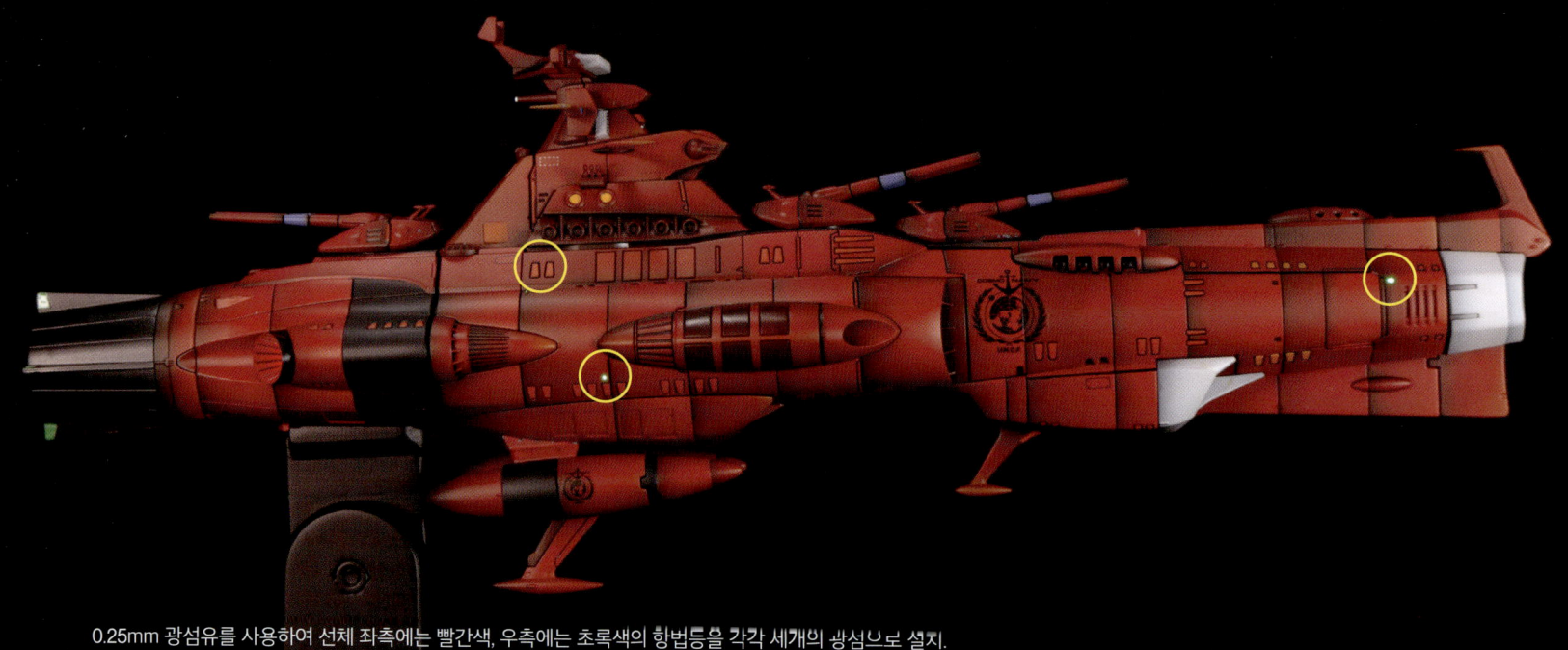

0.25mm 광섬유를 사용하여 선체 좌측에는 빨간색, 우측에는 초록색의 항법등을 각각 세개의 광섬으로 설치.

함교는 투명부품에 LED를 적용하도록 설계되어있다. 함교 바로 아래에는 0.25mm의 광섬유를 이용해 4포인트의 광점을 추가로 공작.

함교 후면에는 0.5mm의 광섬유로 광점을 제작.

전함과 베이스의 지지대는 총 16개의 커넥터로 연결. 파동포용으로 6핀, 파동엔진용으로 5핀. 여기에 함교와 좌우 항법등 3핀을 사용(핀 하나는 예비).

다수의 LED를 순차적으로 제어하기 위해 아두이노를 사용. 전선을 아두이노에 연결하고 어떻게 작동할지 연출을 고려하여 프로그램을 제작.

베이스에는 두 개의 버튼을 설치. 우측(노란색)은 엔진 시동, 연출용으로, 회전하며 LED가 점차 밝아지는 작동. 좌측(파란색)은 파동포 발사 연출용으로 색이 변하며 파동포 발사를 연출.

1 이번 공작의 주요부품

사용재료

- 납땜용 도구
- 연선AWG 32 전선 적, 흑, 백, 황, 청
- 에나멜선 AWG32
- 에나멜선 AWG34
- 아두이노 나노 1개
- 브레드보드 미니 1개
- 12mm 택트 스위치 2개
- 수축튜브 1mm, 2mm, 4mm
- 2012 LED 노란색 12개
- 5mm 확산형 LED 웜화이트 1개
- 3mm 확산형 LED 웜화이트 2개
- 3mm 확산형 LED 빨간색 1개
- 3mm 확산형 LED 초록색 1개
- 2.5 피치 핀헤더, 소켓 2열 8핀(총16핀)
- 2.5 피치 직각 핀헤더 40핀
- 1/4W 저항 33Ω 1개, 51Ω 6개, 100Ω 5개, 150Ω 2개

5050 RGB LED

◀가로세로 5mm크기의 SMD LED. 빨,초,파 세 개의 LED칩이 있다. 앞에서 볼 때 모서리가 깎여 있는 쪽이 -극. +극은 순서대로 빨강, 초록, 파랑용 단자.

LED 설치

※전선과 LED를 납땜하는 방법은 스텝 1 참고

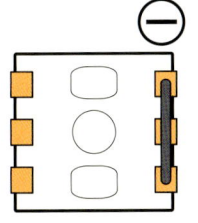

▲-단자를 공통으로 사용하기 위해 하나로 연결한다.

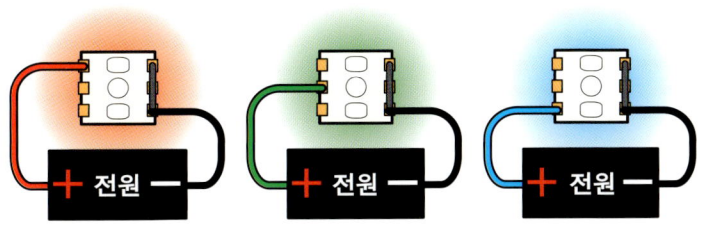

▲각각의 단자에 전원을 공급하면 해당하는 색이 빛나게 된다. 두 개 이상의 LED를 동시에 켜면 합성색을 만들 수 있다.

◀RGB빛합성(가산혼합)
RGB LED를 사용하면 합성색을 만들 수 있다. 이를 이용해서 다양한 색을 만들 수 있다.
빨강+파랑 = 자홍색(마젠타)
빨강+초록 = 노랑
파랑+초록 = 청록색(시안)
빨강+파랑+초록 = 흰색

각 LED의 밝기를 조절하면 주황, 연분홍 등 더욱 다양한 색을 표현할 수 있다.

택트 스위치

▲택트 스위치는 눌렀을 때만 전기가 통한다. 저렴한 가격과 다양한 크기로 인해 여러 용도로 사용된다. 사진은 12mm 크기로 가운데에 LED가 있는 형식. 가격은 800원 정도.

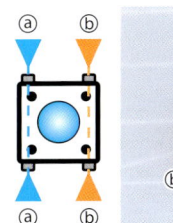

▲4개의 스위치 단자는 연결방향을 잘 확인해야 한다. 사진처럼 꺾여 있는 방향으로 연결되어 있다. 버튼을 누르면 ⓐ와 ⓑ가 연결되어 전기가 흐른다.

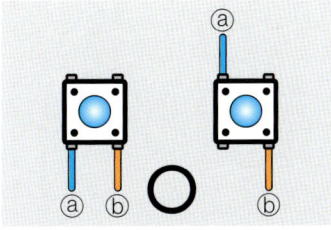

▲올바른 배선. 각각 ⓐ와 ⓑ에 연결된 상태. 버튼을 누르지 않으면 ⓐ와 ⓑ가 연결되지 않아 전기가 흐르지 않는다.

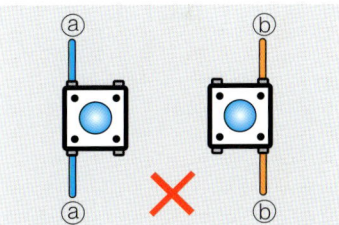

▲잘못된 배선. ⓐ와ⓐ, ⓑ와 ⓑ가 연결되어 있어서 스위치를 누르지 않아도 계속 전기가 흐르기 때문에 스위치의 역할을 못하게 된다.

아두이노

■ 아두이노를 다루게 되면 보다 다양한 연출을 할 수 있습니다. 이 책에서는 아두이노를 사용한 아이디어를 소개하기 위해 작품을 소개합니다.

◀아두이노는 사용자가 만든 프로그램에 따라 연결된 부품을 작동하는 장치로서 저렴한 가격과 세계적으로 수많은 사용자들이 애용하고 있다. 처음 접하면 프로그램 언어가 두려울 수 있지만 간단한 것부터 하나씩 만들고 다른 사람이 만든 프로그램을 응용해서 사용하다 보면 점차 익숙해질 수 있다. 정품의 경우 3만원선, 호환보드의 경우 만원 전후. (*아두이노 장치는 오픈 라이선스로 공개하고 있어서 호환보드가 불법복제품은 아니므로 부담없이 사용 가능. 하지만 품질은 떨어질 수 있다.)

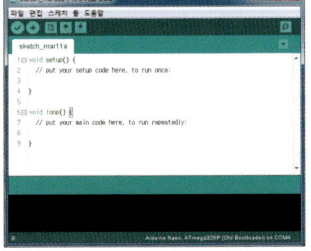

◀아두이노에 프로그램을 넣기 위해서는 "아두이노 IDE"를 컴퓨터에 설치해야 한다. 아두이노 공식 사이트에서 무료로 다운로드 받을 수 있다.(https://www.arduino.cc). 아두이노와 관련한 기본적인 정보는 인터넷을 통해 공유되고 있고 유익한 도서도 많이 있으므로 시작하려고 마음만 먹는다면 쉽게 정보를 찾을 수 있다. 아두이노로 무엇을 할 수 있는지 확인해보고 다양한 전자공작을 즐겨보시길 추천.

브레드보드

▲브레드보드
납땜 없이 여러 전자부품을 연결해서 실험할 수 있는 부품. 여러가지 저항을 바꿔 실험하거나 LED의 색을 확인하는 등의 테스트도 간단히 할 수 있다. 아두이노를 사용할 때 꼭 필요한 부품. 사진은 가장 작은 크기인 "브레드보드 미니". 300원 정도.

여러 개의 에나멜선 납땜

①두 세 개 정도의 에나멜선의 경우 한꺼번에 꼬아준 후 인두에 납 방울을 만들어서 20초 정도 에나멜선 묶음에 대주면 납땜이 된다.

②네 개 이상의 에나멜선을 한꺼번에 납땜을 하면 중심에 있는 선까지 열이 제대로 전달 되지 않아 납땜이 제대로 안 된다. 두 세 개씩 묶어서 각각 납땜을 한 후 마지막에 모아서 납땜을 해야 한다.

③이번 공작에서는 12개의 에나멜선을 납땜한다. 번거롭지만 나누어서 납땜한 후 하나로 합쳐야 한다. 에나멜선을 납땜한 후 모든 선이 제대로 전기가 통하는지 반드시 점검하고 다음 과정으로 진행해야 한다.

2 각 부분 전자공작

파동포

5050 RGB LED 3개. AWG32 연선 적, 흑, 백, 황, 청

▲드레드노트의 최강무기인 파동포(WAVE MOTION GUN).

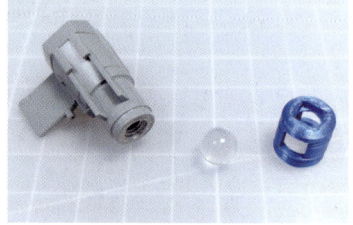

▲8mm 유리구슬의 측면과 후면에 LED를 설치해서 다양한 광원효과를 만들 수 있다. LED와 유리구슬을 파동포 부품에 고정하기 위해 3D 프린팅(파란색)

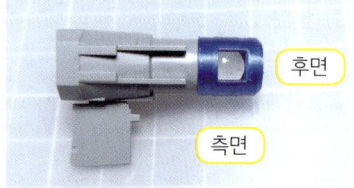

▲유리구슬의 양측면에 5050 LED를 설치하면 내부반사로 인해 정면에서 빛의 변화를 볼 수 있다. 후면에 설치한 LED는 구슬의 렌즈 효과로 빛을 모아주므로 밝은 빛을 낸다.

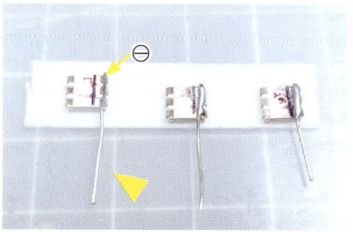

▲5050 RGB LED의 -극은 모두 하나로 연결. 잘라 두었던 LED나 저항의 다리를 이용해서 납땜하면 편리하다. 납땜 후 튀어나온 다리(▲)는 잘라낸다.

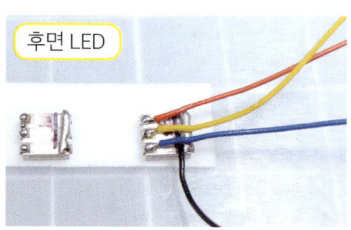

후면 LED

▲후면용 LED는 1개만 사용. -극에는 검정선, +극에는 색상에 맞춰 전선을 납땜한다(녹색 LED에는 노란선을 연결했다).

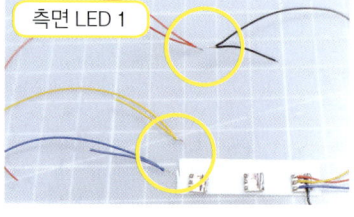

측면 LED 1

▲측면용 LED는 두 개를 병렬로 연결하기 위해 네 개의 전선을 짧은선과 긴 선을 V 형태로 만들어 납땜을 준비.

측면 LED 2

▲연결된 전선 부분을 오른쪽 LED에 먼저 납땜하고 짧은선을 왼쪽 LED에 색상을 맞추어 납땜.

▲후면, 측면 LED를 각각의 위치에 끼우고 글루건으로 접착. LED의 납땜이 떨어지는 것을 방지하기 위해 측면, 후면의 전선을 2mm 수축튜브로 묶어둔다.

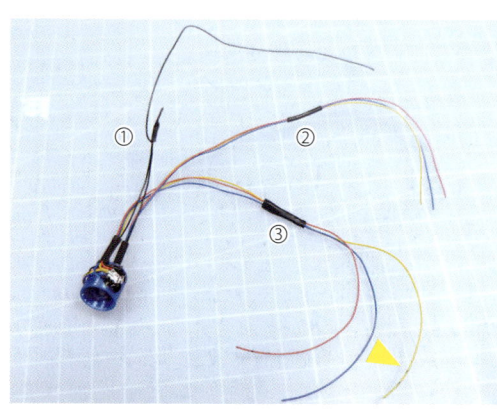

①후면, 측면용 검정선 두 개는 한 묶음으로 만들어 한 선으로 만든다(Y연결).
②후면용 전선(적,황,청)의 중간을 수축튜브로 한묶음으로 만든다. 이렇게 중간 부분을 묶어두면 전선 정리가 편하고 다른 전선과 구분하기 쉽다.
③측면용 전선에는 후면용 전선과 구분하기 위해 유성 사인펜으로 점선을 표시하고 수축튜브로 묶어 둔다.

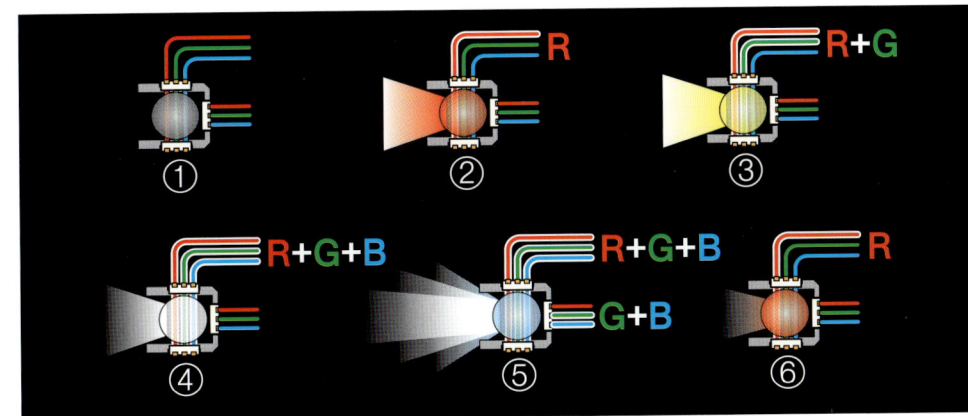

◀파동포 프로그램
①발사 버튼을 누르기 전에는 후면, 측면의 모든 LED가 꺼져있는 상태.
②버튼을 누르면 측면 빨간색 LED가 점차 밝아진다.
③빨간색이 최대 밝기가 되면 녹색 LED를 점차 밝게 한다. 이 때 빛합성 원리에 따라 전체적인 색은 주황색에서 노란색으로 변한다.
④녹색 LED가 최대 밝기가 되면 파란색 LED를 점차 밝게 한다. 청록색(Cyan)에서 점차 흰색으로 변화.
⑤후면의 녹색과 파란색 LED를 빠르게 켜서 파동포 발사. 그 후 후면의 녹색과 파란색이 동시에 깜빡여서 발사 효과를 극대화.
⑥모든 색을 끄고 빨간색만 서서히 꺼지게 하여 잔열효과를 내면서 꺼지도록 코드를 제작.

파동엔진

2012 LED 노란색 12개, 5mm LED 웜화이트 1개, AWG32 연선 적, 흑, 백, 황, 청, AWG34 에나멜선

▲드레드노트는 한 개의 대형 메인엔진과 두 개의 소형 엔진이 있다. 메인 엔진의 경우 12개의 LED를 3개씩 묶어 점차 빠르게 회전하는 효과를 넣었다.

▲열두 개의 LED로 엔진의 회전효과를 공작. 제품에 포함된 투명 부품의 크기에 맞춰 LED를 장착할 수 있는 부품을 3D 프린팅. 2012 LED 노란색 열두 개를 사용.

▲2012 LED는 전극이 작으므로 AWG34 에나멜선을 사용해야 한다. +용 긴 선과 -용 짧은 선을 각각 열두 개씩 잘라서 준비. 테이프로 한묶음으로 만들어 두면 작업이 편리하다.

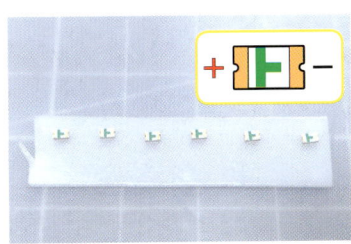

▲양면테이프를 작업판에 붙이고 SMD LED를 붙여둔다. 열두 개를 한꺼번에 작업하기에는 너무 많으므로 여섯 개씩 두 번 작업. LED를 배치할 때 +, -극을 일정한 방향으로 붙여둔다.

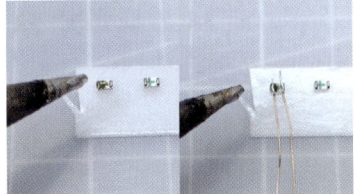

▲SMD LED에 에나멜선을 납땜할 때는 소량의 납을 LED의 전극에 미리 묻혀두고 피복을 녹인 에나멜선을 붙인다. 너무 오래 접촉하면 LED가 고장날 수 있으므로 주의.

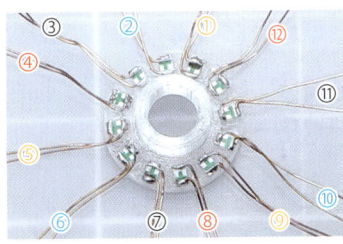

▲에나멜선을 납땜한 LED를 투명부품에 접착. LED를 순서로 켜므로 순서가 섞이지 않도록 방사형으로 잘 정리해야 한다.

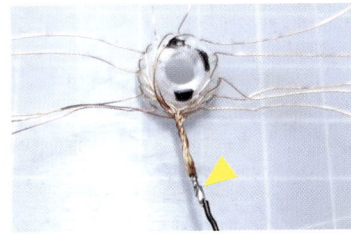

▲-선(짧은선) 열두 개를 한 묶음으로 납땜하고 AWG32연선 검정색을 납땜.(납땜 방법은 앞 내용 참조)

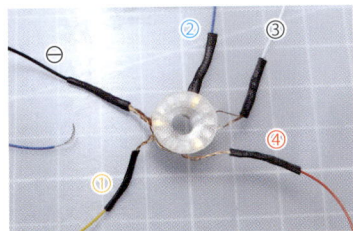

▲1번, 5번, 9번 +선을 한 묶음으로 납땜하고 AWG 32연선 노란선을 납땜. 순차로 파란선, 흰선, 빨간선을 작업하고 수축튜브로 마무리.

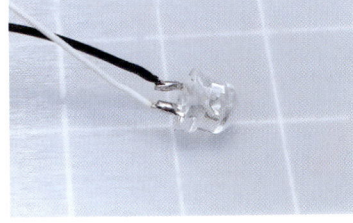

▲메인엔진의 중앙에서 색이 점차 밝아지는 효용의 5mm 웜 화이트 LED. +극의 흰선에는 점선을 표시해서 회전LED의 흰선과 구분한다.

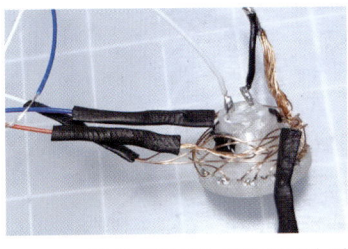

▲5mm LED의 검정선을 먼저 연결한 회전 LED의 검정선에 함께 묶어주고 수축튜브로 마무리.

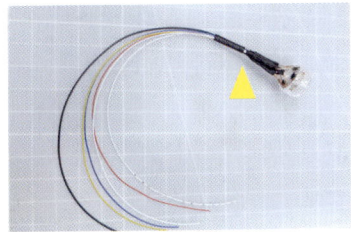

▲여섯 개의 전선을 수축튜브로 함께 묶어주면 관리도 편하고 LED에 연결한 전선이 끊어지는 것을 방지할 수 있다.

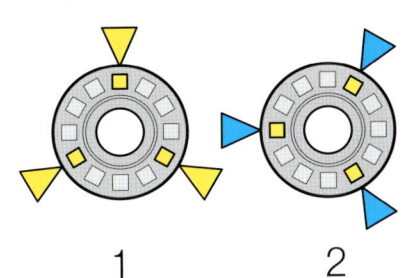
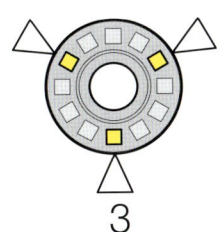
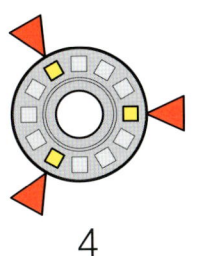

◀메인엔진 프로그램
①전원을 켜면 1번 묶음(노란선)의 LED 세 개가 켜진다.
②엔진 시동 버튼을 누르면 LED회전 효과가 시작된다.
2번 묶음(파란선) → 3번 묶음 (흰선) → 4번 묶음(빨간선) →1번 묶음 순서로 켜지고 꺼지는 것을 반복하면 LED가 회전하는 것처럼 보이고 시간이 지날수록 점차 빠르게 회전한다. 그와 함께 가운데의 5mm LED가 점차 밝아지며 최대 밝기가 되도록 프로그래밍.

소형엔진

3mm LED 웜화이트 2개, AWG32 연선 흑, 백

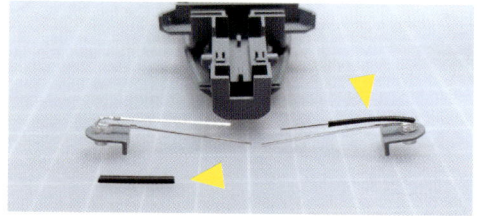  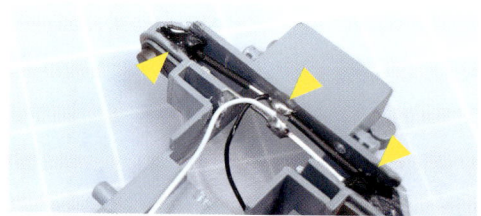

▲소형엔진은 키트의 투명부품을 사용하지 않고 3mm LED 웜화이트 두 개를 사용. 합선 방지를 위해 -전극에는 1mm 수축튜브를 끼워 둔다.

▲+극과 -극을 각각 납땜 후 +극에는 흰선, -극에는 검정선을 납땜.

▲전극과 전선을 글루건으로 고정하면 움직임으로 인해 납땜이 떨어지는 것을 방지한다. LED의 뒷부분에 검정색 글루건을 사용해서 고정하면 빛샘 방지 효과도 있다.

함교

0.25mm 광섬유, 0.5mm 광섬유, 3mm LED 흰색, AWG 32 연선 흑, 백

▲함교는 제품에 포함된 투명 부품을 그대로 사용하여 빛을 넣고 함교 아래에 광섬유를 사용하여 4개의 광점, 함교 뒷부분에 0.5mm의 광점을 추가.

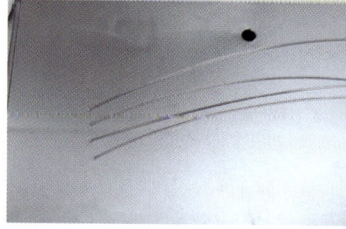 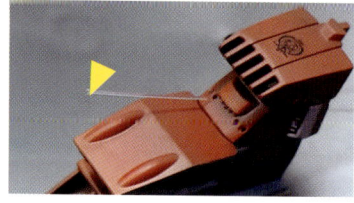 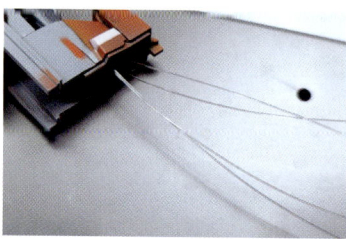

▲0.25mm의 광섬유 끝부분에 열을 가해 방울형태로 만들어 준다. 그대로 사용하는 것보다 넓은 광점을 만들 수 있다.

▲함교 아래에 0.3mm 핀바이스를 이용하여 네 개의 구멍을 뚫고 광섬유를 끼워 넣는다. 표시한 부분(▲)에 약간의 순간접착제를 바르고 광섬유를 당겨 고정한다.

▲함교 뒤쪽으로 길게 빼낸 광섬유.

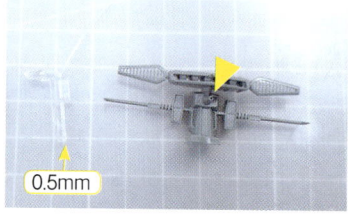 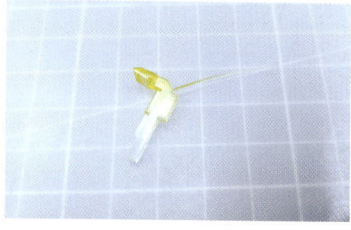 

▲제품의 투명부품에 0.5mm 구멍을 뚫고 0.5mm 광섬유를 끼워 넣는다. 함교 후부 부품의 긴 부분에 0.5mm의 구멍을 뚫어 둔다.

▲함교 투명 부품에는 미스터컬러 CR3 옐로우를 칠해둔다. 프라이머리 컬러 시리즈 중 하나로 일반 클리어 옐로우 보다 선명하게 클리어 옐로우 효과를 낼 수 있다.

▲투명부품을 함교에 조립. 이 때 0.25mm 광섬유 네 가닥이 한쪽으로 모두 몰리면 조립이 어렵기 때문에 좌우로 두 개씩 나누고 투명부품을 조심스럽게 끼워준다.

  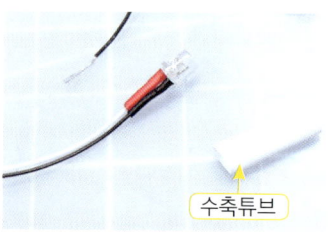 

▲네 개의 광섬유를 모아서 1mm 수축튜브로 씌워준다. 광섬유는 열에 매우 약하므로 열을 가하지 않는다.

▲투명부품의 끝부분에 맞추어 광섬유를 니퍼로 잘라낸다.

▲함교용으로 3mm LED 흰색에 흰선, 검정선을 납땜하고 4mm 수축튜브를 준비.

▲함교의 끝부분 기둥과 0.25mm, 0.5mm 광섬유를 수축튜브로 씌운다. ※주의 : 내부의 광섬유가 변형될 수 있으므로 열은 가하지 않는다.

▲LED를 끼워 넣은 후 LED가 있는 끝부분만 열을 가해 수축.

▲0.5mm 광섬유를 함교 뒷부분 부품의 구멍에 끼워 넣고 함교를 조립.

▲길게 나온 0.5mm 광섬유를 잘라내면 광점효과를 볼 수 있다.

▲함교 부품을 조립한 후의 모습. 수축튜브를 고정하기 위해 글루건을 이용해서 함교 부품 한쪽에 접착. 한쪽에만 접착하므로 문제가 있을 때 분리할 수 있다.

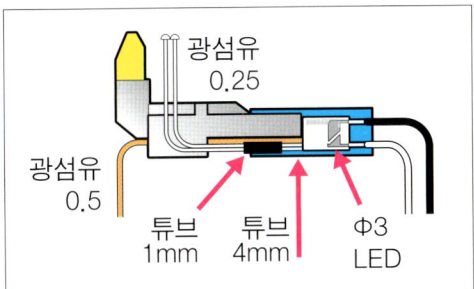

◀함교 부품 조립 참고
(색상은 부품의 구분을 위해 임의로 넣은 것으로 실제와는 다르다.)
키트의 투명 부품은 아래쪽에서 LED를 비추면 내부 반사에 의해 함교까지 빛이 도달하는 구조. 여기에 더해 앞과 뒤쪽으로 광섬유를 설치. 광섬유를 정리하기 위해 수축튜브를 사용하지만 절대 열을 가하면 안 된다. 광섬유는 약간의 열로도 형태가 변하거나 녹을 수 있다.

항법등

0.25mm 광섬유, 3mm LED 빨강, 초록 AWG 32 연선 적, 흑, 황

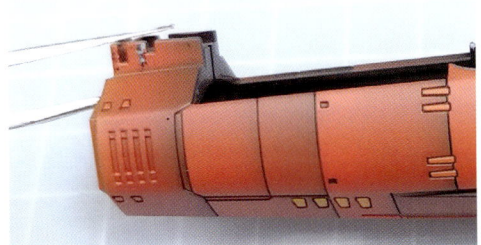
▲선체의 좌우에 0.3mm 구멍 세 개를 뚫어둔다.

▲0.25mm 광섬유의 끝부분을 열을 가해 방울 모양으로 만든다. 클리어 도료를 도색접시나 유포지 위에 조금 덜어놓고 광섬유의 끝을 살짝 찍어주면 덜어놓은 높이만큼만 색이 칠해져 깔끔하게 색을 입힐 수 있다.

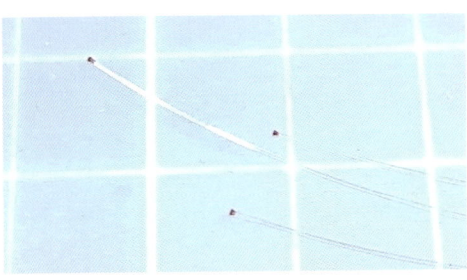
▲클리어 레드의 경우 원색 그대로 하면 검붉은 느낌이 난다. 클리어 옐로우를 5:5 정도로 섞어주면 적당한 밝은 느낌의 빨간색이 된다. 사진은 도료를 칠해둔 광섬유 상태.

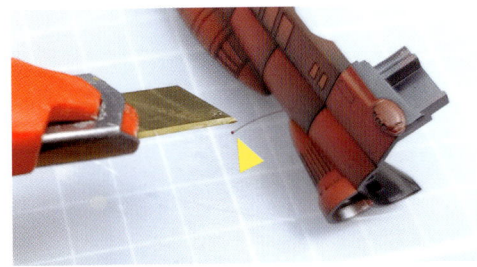
▲광섬유를 끼우고 표시한 위치(▲)에 순간접착제를 조금 묻힌 후 반대편에서 광섬유를 당겨 고정.

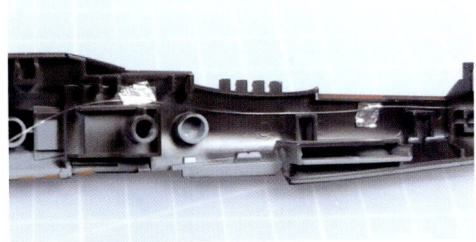
▲광섬유를 그대로 두면 조립시에 간섭이 생기거나 LED용 전선과 엉켜버린다. 테이프를 이용해 벽쪽으로 붙여둔다. 알루미늄 테이프를 사용하면 밀착이 잘 된다.

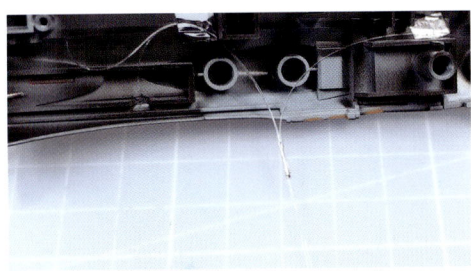
▲세 가닥의 광섬유를 알루미늄 테이프로 감아준다.

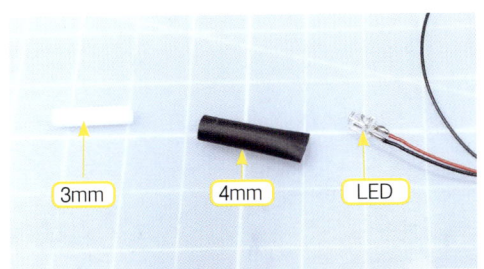
▲광섬유에 사용할 **프라파이프**, 수축튜브, 그리고 전선을 납땜한 3mm LED를 준비.

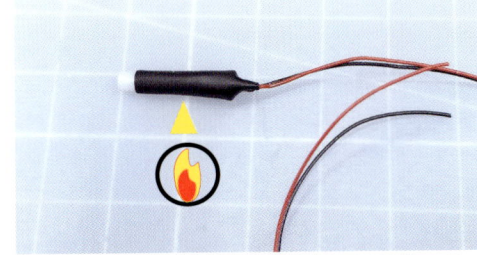
▲수축튜브를 LED에 끼우고 3mm파이프를 수축튜브에 넣어준 후, 수축튜브 전체에 열을 가해 LED와 파이프를 고정.

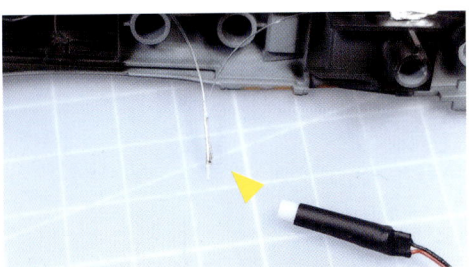
▲광섬유의 끝을 날카로운 니퍼로 절단. 이 때 테이프보다 약간 더 길게(약 5mm) 남겨둔다.

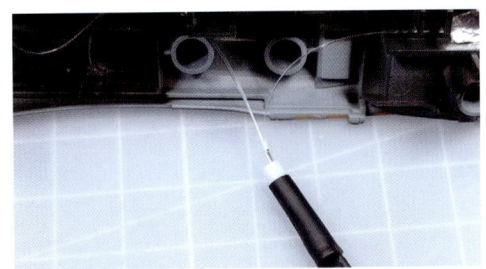
▲광섬유 다발을 프라파이프에 끼운다. 이 때 LED에 닿을 정도로 밀어 넣지 않도록 한다.

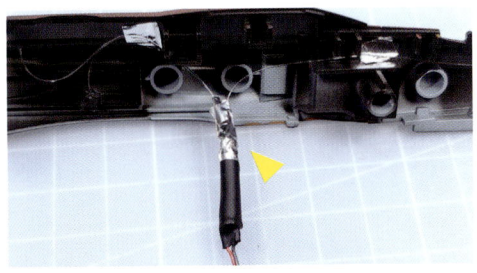
▲알루미늄 테이프로 광섬유와 파이프를 밀착해서 감싸준다.

▲조립한 LED는 조립시 방해가 되지 않는 위치를 확인해서 벽쪽으로 밀착해 붙여 둔다.

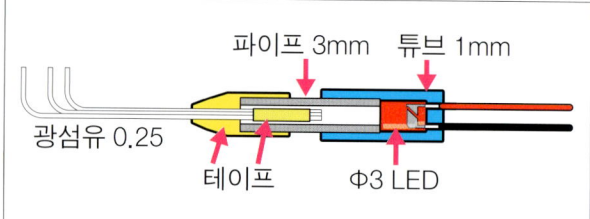

◀광섬유 연결 조립 참고
(색상은 부품의 구분을 위해 임의로 넣은 것으로 실제와는 다르다)
소량의 광섬유를 빛샘 없이 고정하는 방법 중 하나. 3mm 프라파이프의 내경은 약 2mm로 LED보다 작다. 이것을 수축튜브를 이용해 LED와 결합한다.
이 때 광섬유를 LED쪽에 완전히 밀착하면 LED의 광원 중심에서 벗어나 빛이 제대로 나오지 않을 수 있으므로 거리를 5mm 정도 띄우는 것이 좋다.
항법등의 좌측은 빨간색, 우측은 녹색을 사용한다.

커넥터 전선연결   2.5피치 핀헤더 2열 8핀

▲2.5피치 핀헤더와 소켓으로 커넥터를 제작. 2열 8핀으로 16핀을 사용. 핀헤더는 고정을 위해 양쪽 끝의 핀을 빼고 한 칸, 두 칸씩 남겨둔다.

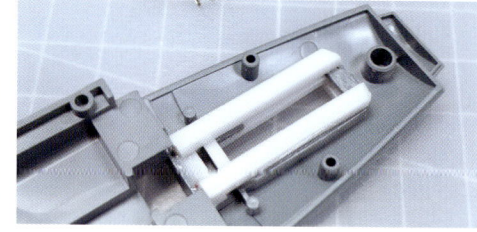

▲핀헤더의 크기에 맞추어 사각형 프라빔을 이용해서 틀을 제작.

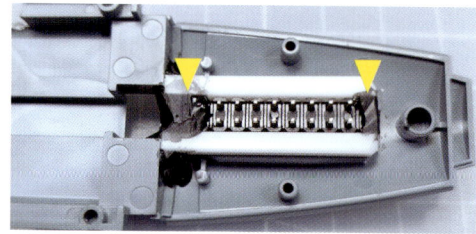

▲핀헤더를 끼우고 순간접착제로 접착하고 더욱 견고한 고정을 위해 앞과 뒤를 글루건으로 접착한다. 넘친 실리콘은 조립에 방해가 되지 않도록 잘라낸다.

커넥터 전선연결   AWG 32연선 적, 흑, 백, 청, 황

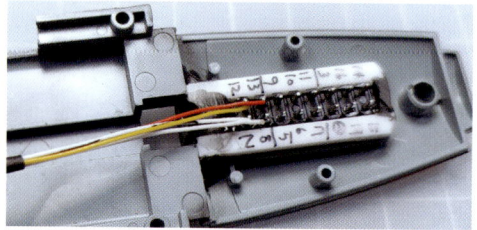

▲핀헤더와 연결되는 전선구분을 위해 프라빔에 해당하는 숫자를 넣어두면 편리하다. 항법등 좌 우, 함교, N선 네 개를 납땜하고 수축튜브로 묶어 둔다. (※)N은 예비용으로 준비해둔 핀.

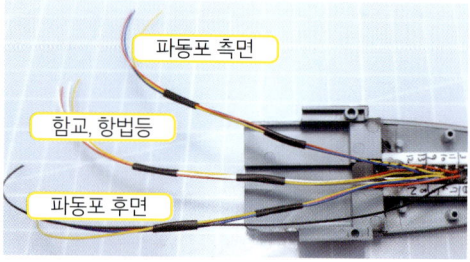

▲파동포 측면용 전선(점선표시)과 파동포 후면용 전선을 납땜하고 각각의 전선을 구분해서 수축튜브로 묶어준다.

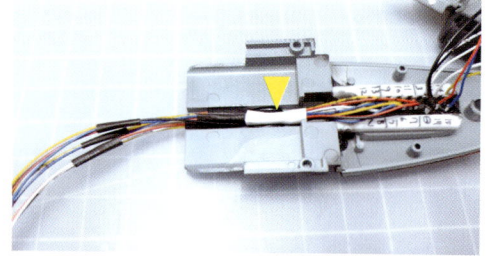

▲조립시 간섭을 방지하기 위해 선체용 전선들을 5mm 수축튜브로 묶어주고 글루건으로 부품에 고정.

▲메인 엔진의 중앙 LED 흰선(점선)과 소형엔진의 흰선을 하나로 묶어준다.

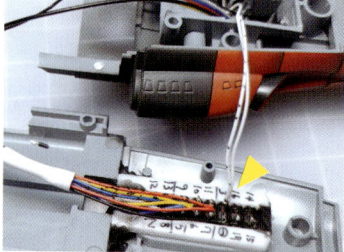

▲묶어둔 흰선을 3번 핀에 함께 납땜. 메인 엔진의 중앙 LED와 소형엔진 LED가 함께 빛난다.

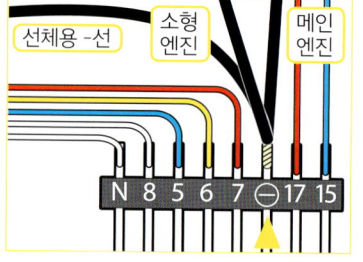

▲메인 엔진의 검정선과 소형엔진의 검정선, 그리고 선체용으로 사용할 길이 15cm의 검정선 세 가닥을 하나로 묶고 공통-선에 함께 납땜(회로도 참고).

▲파동엔진의 나머진 전선을 핀에 맞춰 납땜.

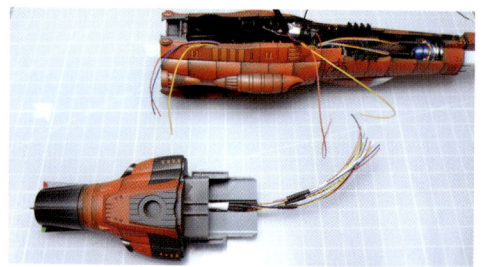

▲엔진부분을 조립 완료. 선체의 선과 연결을 준비.

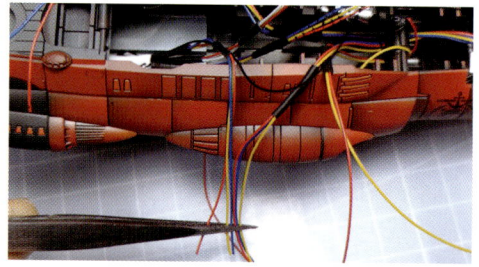

▲선체의 전선과 커넥터의 전선 묶음을 엔진의 전선 묶음과 맞추고 전선을 적당한 길이로 잘라준다.

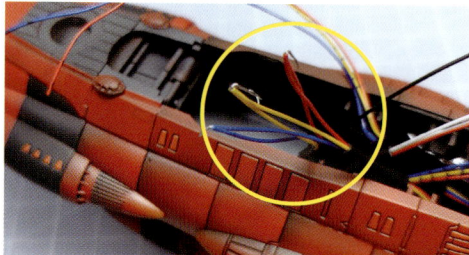

▲전선을 탈피하고 같은 색 선끼리 꼬아서 연결. LED나 전선이 수리가 필요한 경우, 쉽게 분리하기 위해 납땜을 하지 않았다.

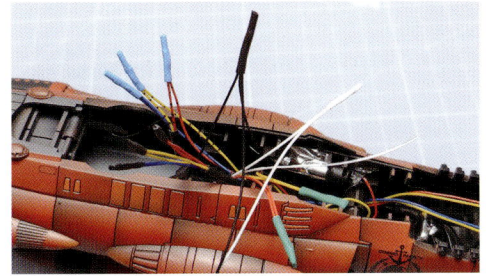
▲연결한 각각의 전선은 수축튜브로 마무리.

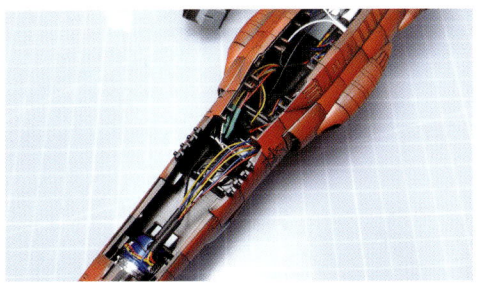
▲갑판을 조립할 때 간섭이 생기지 않도록 연결한 선은 부품의 틈 사이 끼워 고정하거나 테이프로 고정한다.

▲함교 조립까지 마무리한 상태. 커넥터로 연결하므로 추가 도장 작업이나 전시를 위해 분리해서 안전하게 이동할 수 있다.

베이스 기둥
2.5피치 소켓 2열 8핀, AWG 32연선 적, 흑, 백, 청, 황

▲베이스에 설치할 소켓 2열 8핀에 전선을 핀맵(회로도 참고)에 맞춰 납땜. 선체 앞쪽부터 작업.

▲전선을 연결하면서 같은 종류의 전선끼리 수축튜브로 묶어두면 구분이 편리하다. 소켓에 연결하는 전선에도 점선을 표시해둔다.

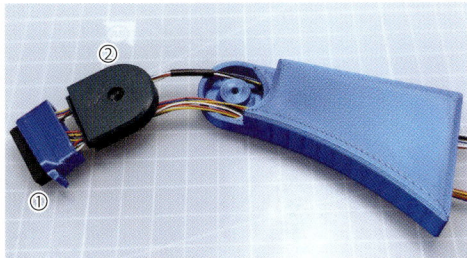
▲베이스 기둥 부품은 3D 프린팅 ①소켓은 프린팅한 부품에 순간접착제로 고정한 후 안쪽에 글루건으로 고정 ②앞뒤로 움직일 수 있도록 조인트를 추가.

베이스 스위치
12×12 택트 스위치 2개, AWG32 연선 흑, 청, 황

▲컨트롤용 스위치를 설치할 명판은 3D 프린팅. 본체의 LED는 많지만 엔진시동용 버튼과 파동포 발사용 버튼 두 개로 작동한다.

▲메인 베이스는 할인점에서 구입한 목제 펜슬 트레이를 뒤집어서 사용. 베이스 기둥과 전선의 설치를 위해 베이스 바닥에 구멍을 뚫고 기둥을 조립.

▲명판은 퍼티를 바른 후 샌딩. DREADNOUT는 관통되어 있고 뒤에서 노란색으로 칠한 프라판을 접착. 이번에 사용하는 택트 스위치 두 개를 준비.

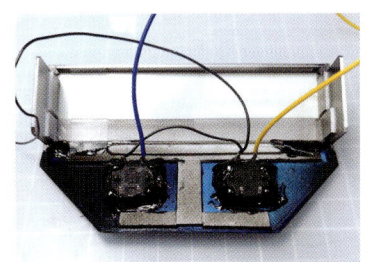
▲택트 스위치를 명판 뒤에 글루건으로 고정한다. 검정선은 V형태 병렬 연결하고 파동포는 파란선, 엔진은 노란선을 연결.

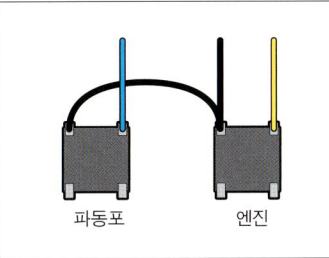
▲스위치 연결 참고.

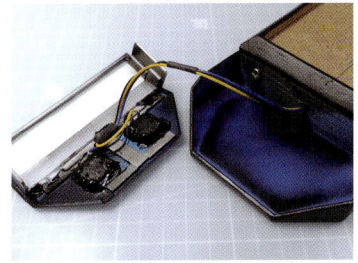
▲명판부품을 베이스에 고정하고 전선 세 개를 수축튜브로 묶어준 후 베이스 안으로 넣어준다.

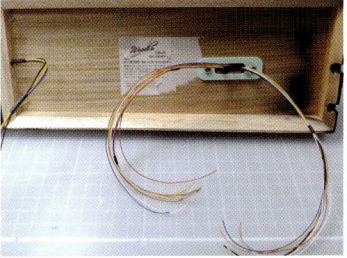
▲선체용 전선과 스위치 전선이 준비된 상태. 각각의 전선이 기능에 따라 수축튜브로 묶여있어서 작업이 편리하다.

아두이노 배선

2.5피치 직각 핀헤더 20핀, 아두이노, 브레드보드, 1/4W 저항 33Ω 1개, 51Ω 6개, 100Ω 5개, 150Ω 2개

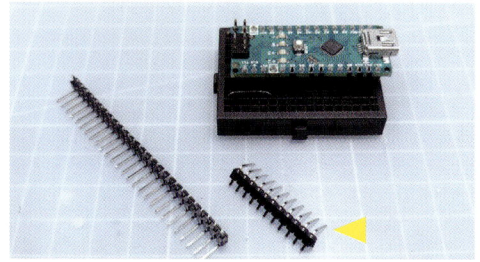

▲아두이노 나노는 브레드보드 미니에 끼워 둔다. 베이스의 전선을 연결하기 위해 직각 핀헤더를 사용.

▲핀맵을 참고해서 아두이노에 연결할 위치를 확인하고 핀헤더를 조립. 핀헤더는 직각이므로 높이가 아니라 옆으로 퍼지는 형태가 된다.

▲각각의 핀에 해당하는 저항을 핀헤더에 납땜. 저항을 짧게 잘라두면 합선을 방지할 수 있다(회로도 참고).

◀전선연결
①각각의 저항에 전선을 맞추어 납땜
②아두이노의 GND핀에 베이스의 검정선과 스위치의 검정선을 함께 납땜.
③ 스위치의 노란서, 파란서은 저항 없이 핀에 연결.

◀전선 연결을 완료하고 브레드보드를 베이스의 바닥에 붙인다 브레드보드의 뒷면에는 양면 테이프가 붙어있어 종이를 떼어내면 바로 부착할 수 있다.

▲전선을 정리하고 불필요한 움직임을 방지하기 위해 전선들은 테이프로 고정한다.

▲아두이노에 코드를 넣고 작동을 위한 전원 공급용으로 USB케이블을 사용. 베이스 뒤쪽에 구멍을 뚫어 케이블을 통과하다.

▲보관할 때는 USB 케이블을 베이스 안쪽으로 넣을 수 있도록 두 개의 구멍을 만들어두었다. 케이블이 풀리지 않도록 빵끈을 사용

회로도

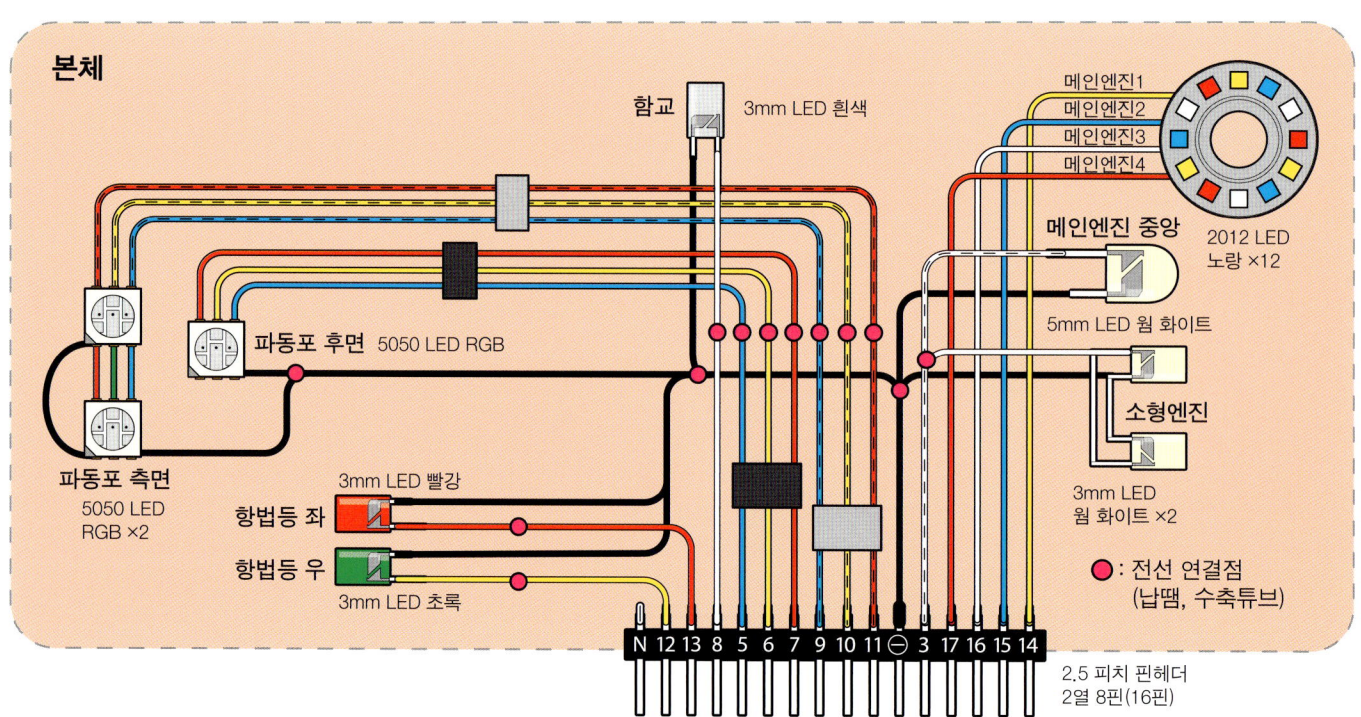

사용부분	핀	전선	LED	저항
메인엔진 바깥쪽	14	노란선	2012 노랑 ×3	51Ω
메인엔진 바깥쪽	15	파란선	2012 노랑 ×3	51Ω
메인엔진 바깥쪽	16	흰선	2012 노랑 ×3	51Ω
메인엔진 바깥쪽	17	빨간선	2012 노랑 ×3	51Ω
메인엔진 중앙	3	흰선(점선)	5mm, 3mm×2 웜화이트	33Ω
파동포 측면	11	빨간선(점선)	5050 빨강×2	100Ω
파동포 측면	10	노란선(점선)	5050 초록×2	51Ω
파동포 측면	9	파란선(점선)	5050 파랑×2	51Ω
파동포 후면	7	빨간선	5050 빨강	150Ω
파동포 후면	6	노란선	5050 초록	100Ω
파동포 후면	5	파란선	5050 파랑	100Ω
항법등 좌	13	빨간선	Φ3 빨강	150Ω
항법등 우	12	노란선	Φ3 초록	100Ω
함교	8	흰선	Φ3 흰색	100Ω
예비	-	흰선	-	-

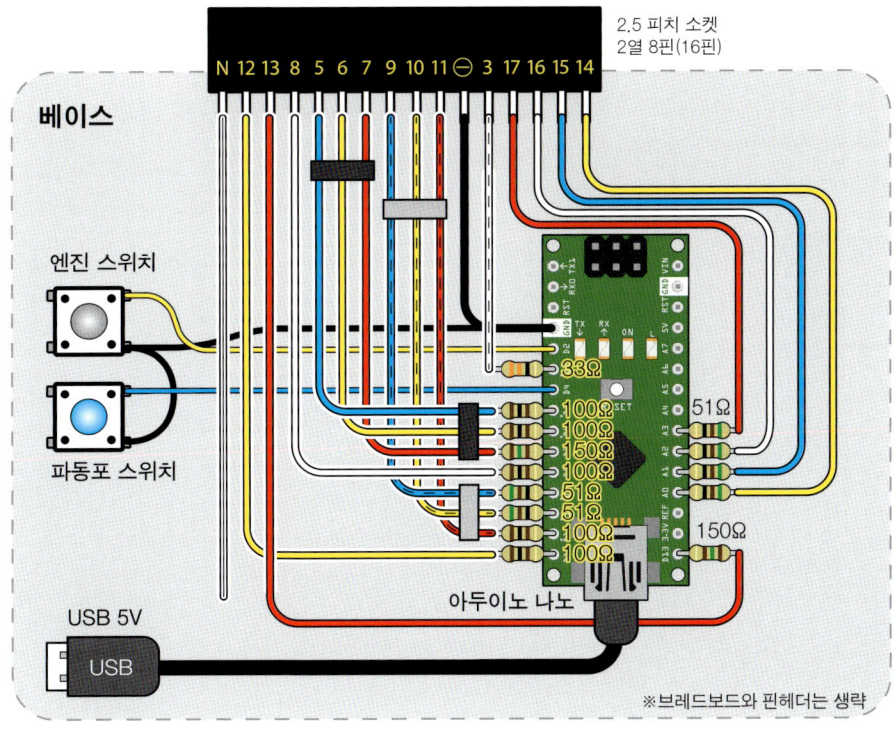

▲부품과 전선을 표로 정리
작업할 부분이 많을 경우 표로 만들어 두고 작업을 하면 혼동을 줄일 수 있다. 복잡해 보이지만, 작업을 하면 하나씩 추가해나가 다 보면 자연스럽게 정리가 되어 표가 완성된다.

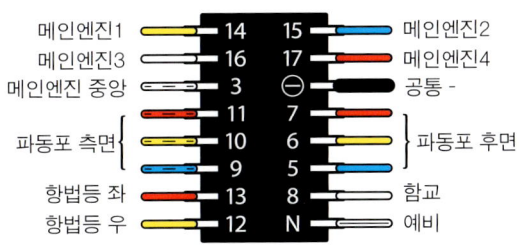

◀커넥터 연결 핀맵(위에서 본 모습)
커넥터에 연결하는 전선이 많으므로 혼동하지 않도록 미리 핀 맵을 그려 둔다. 숫자는 연결할 아두이노의 핀 번호.

프로그램

```
//DREADNOUGHT V1.2. Written By C.J.Park on 2022/03/22
#define EBTN 2  // Engine Button
#define WBTN 4  // Wave Gun Button
int state = 1; // Engine Switching Check

void setup() {
 pinMode(EBTN, INPUT_PULLUP); //
 pinMode(WBTN, INPUT_PULLUP); //
 pinMode(7, OUTPUT); // Wave Gun Rear Red
 pinMode(8, OUTPUT); // Bridge LED White
 pinMode(12, OUTPUT); // N/L Green
 pinMode(13, OUTPUT); // N/L Red
 pinMode(14, OUTPUT); // Enigne Yellow1
 pinMode(15, OUTPUT); // Enigne Yellow2
 pinMode(16, OUTPUT); // Enigne Yellow3
 pinMode(17, OUTPUT); // Enigne Yellow4

 digitalWrite(8, HIGH);
 digitalWrite(14, HIGH);
 analogWrite(3, 10);
}
```
①

```
void loop() {
// Navigation Light====
 if(millis() % 1600 == 0) {
  digitalWrite(12, HIGH);
  digitalWrite(13, HIGH);
 }
 if(millis() % 1600 == 800) {
  digitalWrite(12, LOW);
  digitalWrite(13, LOW);
 }
```
②

①기본 설정
아두이노에 연결된 부품들의 기본 설정을 한다.

아두이노에 전원을 공급하면 함교(8번 핀), 엔진의 기본LED(14번 핀), 중앙과 소형 엔진(3번 핀)을 약하게 켠다.

②항법등 깜빡이기(블릴킹)
좌우의 항법등(12번 핀과 13번 핀)을 계속 깜빡인다.
다른 기능(엔진, 파동포)을 실행하면 켜진 상태를 유지한다.

이번에 사용한 프로그램과 동영상은 https://blog.naver.com/ballak 에서 확인 할 수 있습니다.

Youtube 링크

```
//Engine Work====
if(digitalRead(EBTN)==LOW) {  //EBTN Push       ③
  digitalWrite(12, HIGH);
  digitalWrite(13, HIGH);

  for(int i = 72; i >=10; i-=1) {
    digitalWrite(14, HIGH);
    delay(i);
    digitalWrite(14, LOW);

    digitalWrite(15, HIGH);
    delay(i);
    digitalWrite(15, LOW);

    digitalWrite(16, HIGH);
    delay(i);
    digitalWrite(16, LOW);

    digitalWrite(17, HIGH);
    delay(i);
    digitalWrite(17, LOW);
    analogWrite(3, map(i, 72, 10, 10 , 255) );
  }

  digitalWrite(14, HIGH);
  delay(20);
  digitalWrite(15, HIGH);
  delay(20);
  digitalWrite(16, HIGH);
  delay(20);
  digitalWrite(17, HIGH);

  while(digitalRead(EBTN)==HIGH) {
    pulsor();
  }
  digitalWrite(15, LOW);
  delay(100);
  digitalWrite(16, LOW);
  delay(100);
  digitalWrite(17, LOW);
  for(int i = 255; i >=10; i--)
  {
    analogWrite(3, i);
    delay(10);
  }
}
pulsor(); // Wave Gun Pulsing
}

//                                                ④
void pulsor() {
  if(digitalRead(WBTN)==LOW) { //Pushed
    digitalWrite(12, HIGH);
    digitalWrite(13, HIGH);

    for(int i = 0; i <= 50; i+=5) {
      analogWrite(11, i);  // Side Analog Red
      digitalWrite(7, HIGH);  // Rear Digi Red
      delay(2);
      digitalWrite(7, LOW);
      delay(38);
    }
    for(int i = 0; i <= 50; i+=1) {
      analogWrite(10, i);
      digitalWrite(7, HIGH);
      delay(2);
      digitalWrite(7, LOW);
      delay(38);
    }
    for(int i = 0; i <= 50; i+=1) {
      analogWrite(9, I);
      digitalWrite(7, HIGH);
      delay(HIGH);
      digitalWrite(7, LOW);
      dolay(39);
    }
    for(int i = 0; i <= 255; i+=1) {
      analogWrite(5, i);
      analogWrite(6, i);
      delay(5);
    }
    for(int i = 0; i <200; i+=2) {
      digitalWrite(7, HIGH);
      delay(20);
      digitalWrite(7, LOW);
      delay(20);
    }
    for(int i = 255; i >= 0; i-=5) {
      analogWrite(5, i);
      analogWrite(6, i);
      analogWrite(10, i);
      analogWrite(9, i);
      if(i >120) {
        digitalWrite(7, HIGH);
        delay(10);
        digitalWrite(7, LOW);
        delay(40);
      }
      else {
        digitalWrite(7, HIGH);
        delay(5);
        digitalWrite(7, LOW);
        delay(45);
      }
    }
    for(int i = 120; i >= 0; i-=3) { // Cooling Down
      analogWrite(11, i);
      delay(50);
    }
  }
}
```

③엔진 시동 효과

엔진 스위치(EBTN=2번 핀)을 누르면 항법등(12, 13번 핀)을 켜놓는다.

2012 LED(14번 핀, 15번 핀, 16번 핀, 17번 핀)를 순차적으로 켜고 끄면서 회전 효과를 낸다.

켜짐 꺼짐의 시간을 점점 빠르게 하면서 회전 속도를 점차 빠르게 진행하며 그와 동시에 중앙엔진과 소형엔진 LED(3번 핀)가 점차 밝아진다.

최대속도(10)에 이르면 중앙 소형 엔진(3번 핀)이 최대 밝기(255)가 되고 2012 LED가 모두 켜진다.

다시 한번 엔진 스위치(EBTN, 2번 핀)를 누르면 회전효과용 21012 LED 중 15, 16, 17번 핀을 끈다.(14번 핀만 켜있는 상태) 중앙,소형 LED가 서서히 어두워지며 약하게 켜진 상태가 된다.

④파동포 효과

파동포 스위치(WBTN=4번 핀)을 누르면 누르면 항법등(12, 13번 핀)을 켜고, 측면 LED의 빨간색(11번 핀)이 서서히 켜지면서 최대 밝기가 되면 초록색(10번 핀)이 서서히 켜진다. 다음으로 파란색 LED(9번 핀)가 서서히 켜지면서 최종적으로 흰색이 된다.

그 후 후면의 초록색(6번 핀), 파란색(5번 핀)을 빠른 속도로 켜면 파동포 발사 상태가 되고 빠른 속도로 깜박이다 꺼지게 된다. 이 과정을 하는 동안 후면의 빨간색 LED(7번 핀)를 빠른 속도로 켜고 끄면서 입자를 모으는 듯한 효과를 연출.

Step. 12
아두이노로 움직이는 모형을 만들어보자

BANDAI 1/48 MEGA SIZE GUNDAM

서보모터로 작동하는 정비중 디오라마

메가사이즈 RX-78-2건담은 1/48 스케일로 제작된 거대한 모형 중 하나이다. 프로포션, 세부 디자인은 MG건담 Ver3.0과 일본 오다이바에 세워졌던(2009년~2017년) 1:1 입상을 모티브로 하고 있다.

이번 전자공작의 주제는 마이크로 컨트롤러인 아두이노를 이용해서 움직이는 모형을 만드는 것으로 작동구조에 중점을 두고 있다. 커다란 크기인 만큼 작동을 위한 서보모터를 설치하는 것이 비교적 쉽고 LED의 선을 정리하는 것도 여유롭다. 디오라마의 주제는 정비 중 테스트 작동으로 키트의 상체만 사용하여 제작했다.

오른팔은 서보모터로 작동하는 크레인으로 장착 또는 분리하는 연출. 크레인이 작동할 때는 연결된 램프(빨간색 LED)가 켜진다. 전선은 공장 기계의 느낌을 살리기 위해 의도적으로 노출.

건담 상체는 정비를 위해 행거에 설치 되어있다. 조종석 해치는 서보모터로 열림 또는 닫힘 연출. 해치가 열리면 조종석의 모니터가 켜진다.

정비 중인 건담을 현장에서 바라보는 시각을 상정한 장면. 필자가 일본 여행을 할 때 바라본 1:1 건담에 대한 감상은 "과연 저렇게 큰 물건이 그렇게 빠르게 움직일 수 있을까?(^^)"

메가사이즈는 1/48 스케일이므로 동일한 스케일의 정비병을 배치했다. 인형이 있어서 거대한 크기를 짐작할 수 있다. 큰 스케일이므로 보다 더 밀도 높은 데칼과 디테일을 추가.

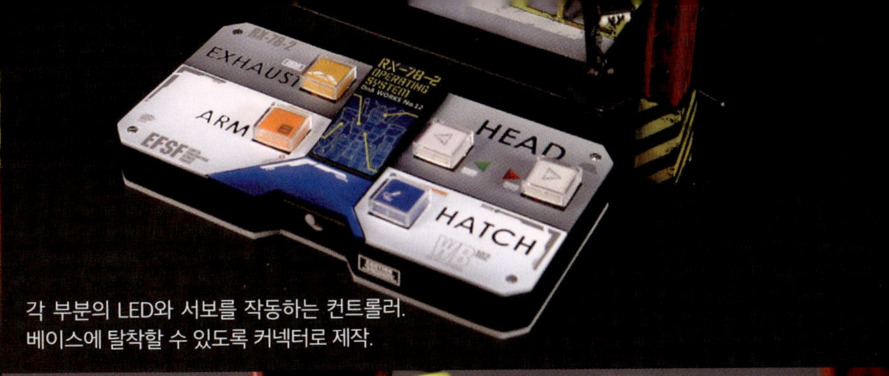

각 부분의 LED와 서보를 작동하는 컨트롤러. 베이스에 탈착할 수 있도록 커넥터로 제작.

건담 상체에 연결하는 케이블. 디오라마에서는 전력 공급 케이블을 상정하여 의도적으로 케이블을 외부로 노출했다.

머리는 서보모터로 좌우 회전이 가능. 목에는 실린더를 추가해서 머리의 움직임과 연동해서 작동한다. 이마의 카메라는 머리가 작동할 때만 켜진다.

정비중인 상태를 표현하기 위해 비행 전 제거 태그(REMOVE BEFORE FLIGHT TAG)을 몸체 여러 군데에 부착. 왼팔의 상박은 장갑을 열어놓은 상태.

1 이번 공작의 주요부품

사용재료

- 납땜용 도구
- 연선AWG 32 전선 적, 흑, 백, 황, 청
- 에나멜선 AWG32
- 에나멜선 AWG34
- 수축튜브 1mm, 2mm, 3mm
- 5030 LED 노란색 2개
- 5030 LED 흰색 6개
- 4014 LED 흰색 2개
- 5mm 집중형 LED 흰색 6개
- 3mm 일반형 LED 빨강 5개
- 플랫케이블 AWG 28, 24
- 서보와이어
- AA건전지 2구 홀더 2개
- 토글스위치 2개
- 푸시락 스위치 1개
- 12mm 택트 스위치 5개
- 2.54 피치 핀헤더, 소켓
- 서보모터 : MG90, SG90, 3.7g 각 1개
- 아두이노 나노 1개
- 브레드보드 미니 1개

서보모터

▲서보모터는 특정 신호를 입력하면 원하는 각도를 조절할 수 있다. 단독으로는 사용할 수 없고 아두이노 또는 테스터를 연결해야 작동. 모형이나 아두이노 공작에서는 SG90을 가장 많이 사용한다. MG90은 동일한 크기이지만 메탈 기어로 만들어져 보다 큰 힘을 낸다. 3.7g서보는 SG90보다 작은 크기가 장점. 하지만 힘이 약하므로 사용에 주의. 서보모터의 전원은 보통 4.5V~6V의 전압을 사용한다. MG90서보 = 3,000원 정도, SG90서보 = 1,500원 정도, 3.7g 서보 = 4,500원 정도.

▲서보모터 커넥터. +,- 전원선과 신호선(SIG) 세 개로 구성. 커넥터는 피메일(구멍) 타입. 이번 공작에서는 커넥터를 잘라내고 전선을 직접 연결한다.

서보테스터

▲서보 테스터. 아두이노에 연결하지 않아도 모터의 각도를 조절해서 작동을 테스트 할 수 있다. 테스터에 서보모터와 전원(여기에서는 6V)을 연결한 후 노브를 돌리면 90° 범위를 조절할 수 있다. 3,000원 정도

면발광 LED

▲LED면 전체가 빛나는 타입의 LED. 짧은 거리에서 넓은 면을 비추는 특성으로 소형 화면을 만들 때 사용할 수 있다. 다양한 크기가 있으며 이번에는 눈, 모니터, 배기구 등에 사용. 제조사마다 전극의 규칙이 다르므로 반드시 테스트 해보고 전선을 연결해야 한다.

데칼용지

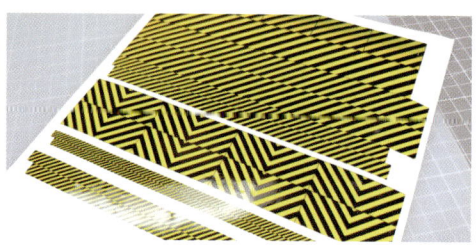

▲잉칼(Incal)제 자작 데칼을 만드는 프린터 용지. 잉크젯 프린터로 인쇄한 후 전용 스프레이를 도포하면 건조 후에도 색이 번지지 않고 구부려도 인쇄가 깨지지 않는다. A4사이즈(10장) 8,000원 정도. 스프레이도 함께 구입해야 한다. 200ml 7,000원 정도.

플랫케이블

▲일반전인 전선과 다르게 선과 선이 붙어있는 전선. 가전제품이나 컴퓨터 내부를 보면 쉽게 찾을 수 있다. 전선을 외부에 노출할 때 그럴듯하게 보인다. 전선을 연결할 때는 끝부분을 벌려서 사용.

서보와이어

▲서보모터에 사용하는 전선. 보통 실리콘 재질의 피복으로 부드럽게 휘어지는 것이 장점. +,-전원선과 신호선 세 가닥으로 구성. 1m에 2,500원 정도.

2 각 부분 전자공작

▲머리에는 이마 카메라 LED, 눈 LED 그리고 서보 모터로 구성. 이마 카메라는 머리가 작동할 때만 켜지도록 코딩.

머리

5030 LED 노란색 2개, 3mm 빨간색 LED 1개, AWG32 연선 흑, 황, 청, AWG 32 에나멜선, 3.7g 서보모터

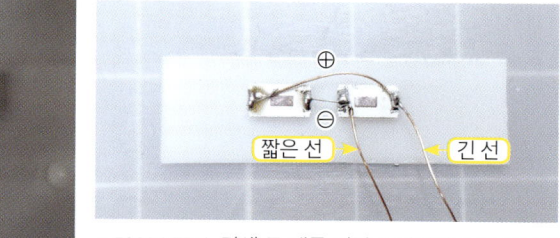

▲5030 LED 노란색 두 개를 병렬로 연결하고 긴 에나멜선을 +에, 짧은 에나멜선을 -에 연결한다.

▲투명 눈 부품 안쪽에 납땜한 LED를 넣어 둔다.

▲LED를 고정하기 위해 프라판을 눈 부품의 크기에 맞춰 잘라 끼워 둔다.

▲에나멜선의 긴 선에는 노란색 연선을, 짧은 선에는 검정색 연선을 연결하고 수축튜브로 마무리하고 글루건으로 접착.

▲이마의 카메라에는 3mm 빨간색 LED(검정, 빨간선 연결)과 플라스틱 부품을 사용.

▲LED를 노란색 부품에 끼우고 플라스틱 부품을 조립. 보호창 없이 노출된 상태를 표현.

▲이마와 눈 LED에 연결한 전선은 후두부 부품의 홈에 넣고 폴리캡을 끼워 고정한다.

▲머리의 조립과 가동에 방해가 되지 않도록 전선을 정리.

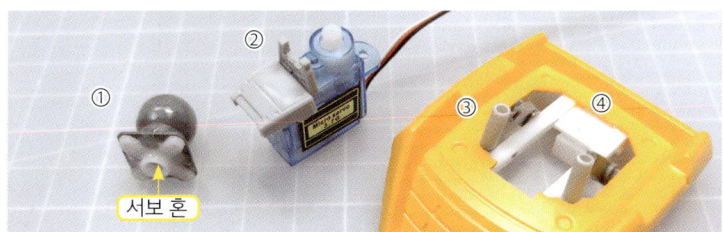

①목부품을 자른 후 3.2g서보에 포함된 서보 혼을 글루건으로 접착 ②머리 좌우작동은 3.2g 서보를 사용. 반다이 MS핸드 부품을 사용해서 디테일을 추가 ③목 가동용 실린더는 3mm 프라파이프를 스프링으로 고정 ④노란색 부품에는 서보를 고정하기 위해, 3mm 프라빔과 프라판으로 공작.

▲서보를 노란부품에 조립하고 머리연결용 목부품을 결합한 상태.

▲2.5mm 금속 샤프트에 3mm 스프링을 끼우고 순간접착제로 고정. 머리의 표시 위치(▲)에 3mm구멍을 뚫고 스프링을 끼워 고정.

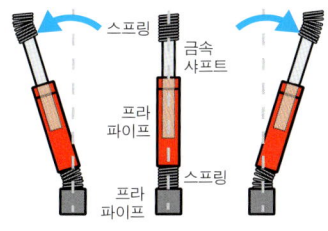

▲금속 샤프트, 실린더용 프라파이프(빨간색) 그리고 스프링의 작동. 어느 방향으로 움직여도 샤프트와 실린더가 연동되어 작동.

▲정면 상태의 실리더.

▲왼쪽으로 머리 작동. 실리더는 스프링으로 인해 자유롭게 방향 전환.

▲금속 샤프트는 실린더 안에서 길이 조절이 되어 빠지지 않는다.

조종석

5030 LED 흰색 6개. AWG32 연선 흑, 황, 청, AWG 32 에나멜선

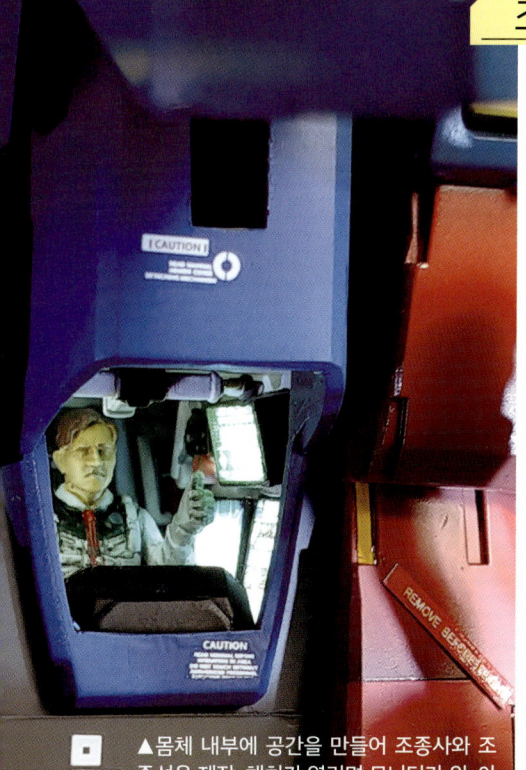

▲몸체 내부에 공간을 만들어 조종사와 조종석을 제작. 해치가 열리면 모니터가 위, 아래 순서로 켜진다.

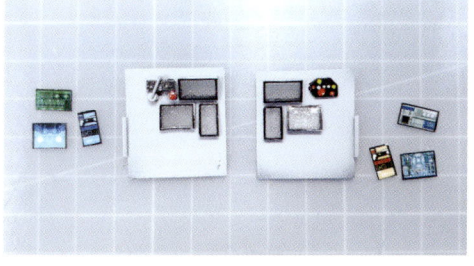

▲조종석 벽과 모니터는 3D프린팅. 모니터는 광원효과를 위해 투명으로 출력.

▲모니터와 벽을 조립한 후 도장. 모니터 화면은 백색 데칼 용지에 가정용 프린터로 출력한 것.

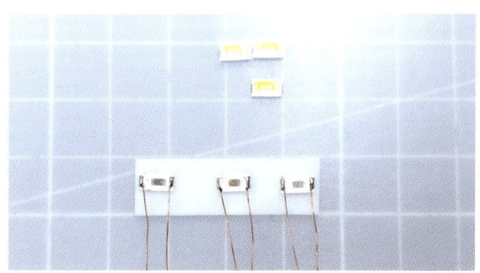

▲모니터용 조명은 5030 LED 흰색을 사용. 전극에 에나멜선을 납땜하여 좌우 각각 세 개씩 준비.

▲-전선 세 개를 하나로 연결하고 검정색 연선을 연결. 위LED 한 개의 +선에 파란색 연선을 납땜, 아래 LED 두 개의 +선을 하나로 묶고 노란색 연선을 납땜.

▲조종석과 인형은 아카데미제 1/48 T-50 고등훈련기의 부품을 사용. 머리는 드래곤제 비행사 인형의 얼굴로 교체.

▲면발광 LED를 사용하여 모니터 전체가 빛을 낸다.

▲조종석 박스를 완성한 후, 조립이나 가동에 방해가 되지 않도록 전선을 테이프로 고정.

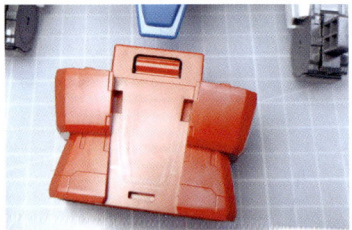
▲허리부품(빨간색)에 구멍을 뚫어줄 부분에 연필로 스케치를 해둔다.

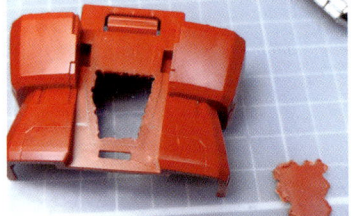
▲스케치보다 안쪽을 핀바이스로 구멍을 뚫고 잘라내 구멍을 만든다.

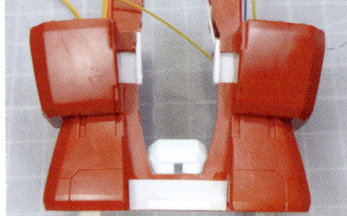
▲뚫어 놓은 구멍의 주위를 칼과 줄로 정리하고 프라판과 조종석 부품으로 디테일 추가.

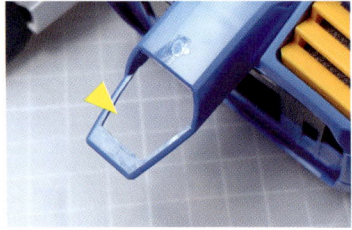
▲조종석 부품(파란색)의 캐노피 부분을 칼로 잘라낸다.

가슴과 허리 프라판 공작

전자공작을 할 경우 LED나 모터, 전선 등이 고장날 경우를 대비해 조립과 분해를 할 수 있는 것이 좋다. 이번 키트의 경우 접합선이 가장 눈에 띄는 부분인 어깨와 허리에 프라판을 추가 공작해서 접합선을 가려주는 방식으로 진행.

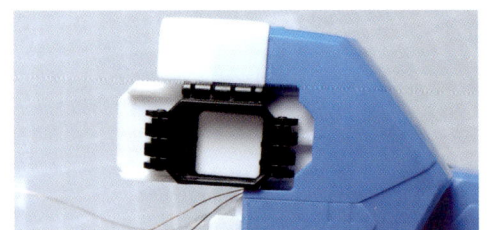
▲오른쪽 팔은 다른 키트의 부품과 프라파이프 등을 이용해 어깨 연결부분의 디테일을 제작.

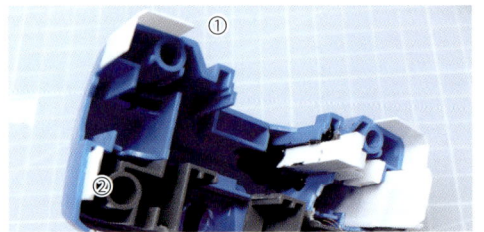
①어깨 부분은 접합선이 크게 지나므로 프라판을 "ㄱ"형태로 접착해서 가려준다 ②공간확보를 위해 핀이 제거되어 결합력이 약하므로 옆구리에 프라판을 추가해서 반대 부품에 끼워지도록 제작.

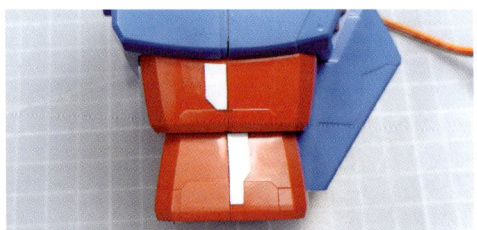
▲허리의 접합선을 따라 프라판을 접착.

해치   SG90 서보모터

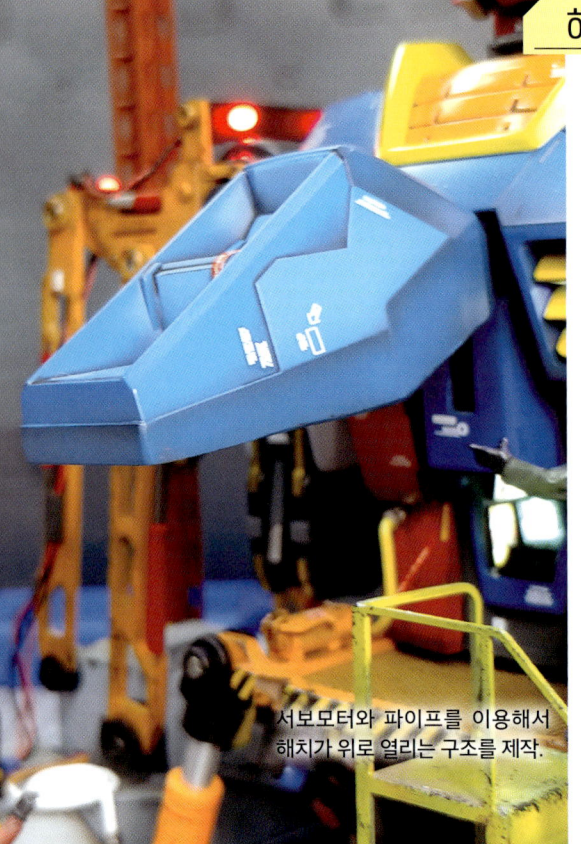
서보모터와 파이프를 이용해서 해치가 위로 열리는 구조를 제작.

▲해치 부품을 잘라내고 작동용 힌지를 3D프린팅으로 제작.

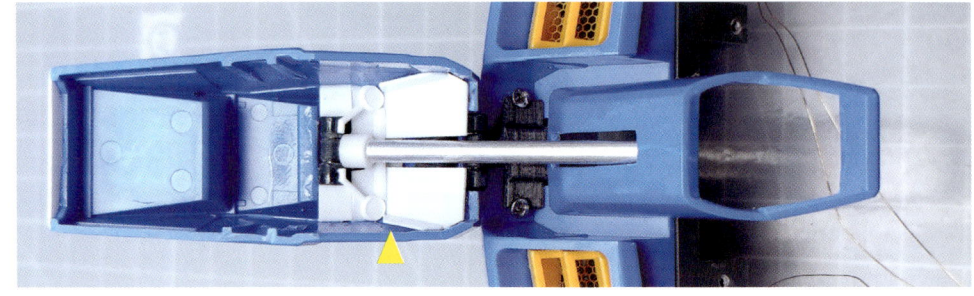
①해치 안쪽에는 3mm 알루미늄 파이프를 연결한 힌지를 접착 ②파이프가 상하로 움직이므로 긴 사각형의 구멍을 뚫어 준다.

▲프라판과 부품으로 파이프 힌지 주위의 디테일을 제작.

▲서보혼에 파이프 연결용 부품(3D프린팅)을 조립. 회전축은 LED의 전극을 구부려서 사용.

①서보모터와 조종석을 조립해야 하므로 등 부품의 내부는 공간을 만든다 ②가슴(파란색)과 허리(빨간색) 부품에 서보모터 고정용 구조물을 플라스틱 재료로 제작.

▲프라판과 부품으로 파이프 힌지 주위의 디테일을 제작.

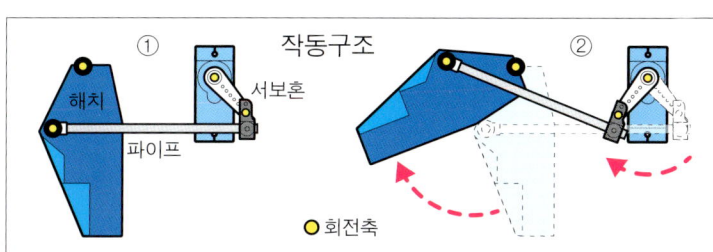

①서보혼이 뒤쪽에 위치하면 알루미늄 파이프를 당겨 해치가 닫힌 상태가 된다.
②서보혼이 앞으로 움직이면 해치가 열린 상태가 된다. 이 때 파이프는 위로 움직이므로 이를 고려해서 가슴부품에 긴 모양의 사각형 구멍을 뚫어준 것.

커넥터

2.5피치 핀헤더 소켓 4핀, 5핀, AWG 32 연선 적, 백, 흑, 청, 황, AWG 26 서보 와이어 갈, 적, 황.

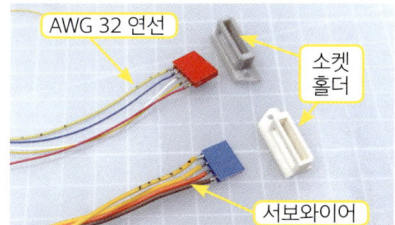
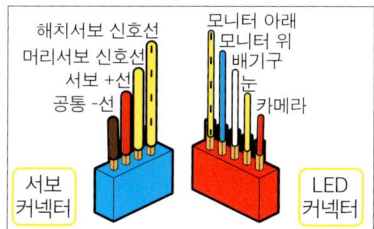
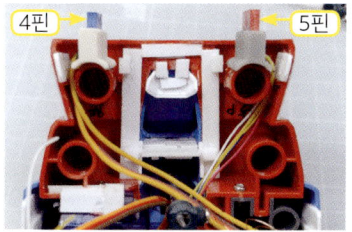
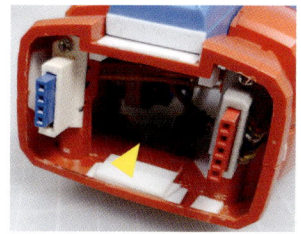

▲서보커넥터(파란색)에는 서보와이어(3선)를 연결. 공통 +,-선, 머리용 신호선 그리고 해치용 신호선을 추가. LED커넥터는 AWG 32선을 연결. 커넥터를 고정하는 소켓 홀더는 3D프린팅.

▲중복사용되는 선에는 점선으로 구분했다. LED용 -선은 서보커넥터의 공통-에 연결한다.

▲소켓을 홀더에 끼워 고정 하고, 4핀 소켓(파란색)과 5핀 소켓(빨간색)을 설치. 소켓홀더는 허리부품의 앞쪽에 고정한다.

▲소켓 완성상태. 가운데 빈 부분에는 조종석 박스를 설치한다.

배기구

4014 LED 흰색 2개, AWG 32 에나멜선

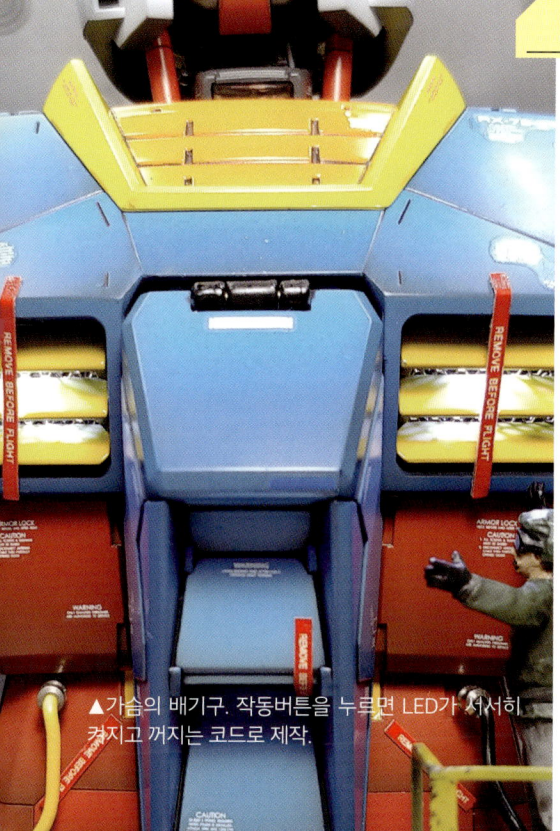

▲가슴의 배기구. 작동버튼을 누르면 LED가 서서히 켜지고 꺼지는 코드로 제작.

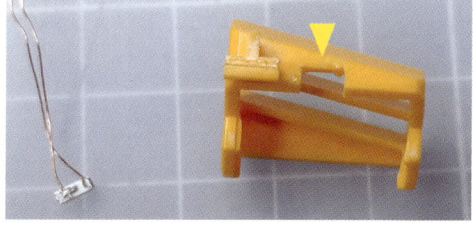

▲4014 LED에 에나멜선을 연결. 배기구 부품(노란색)의 가운데 위치에 LED크기로 맞춰 사각형 구멍을 뚫어둔다.

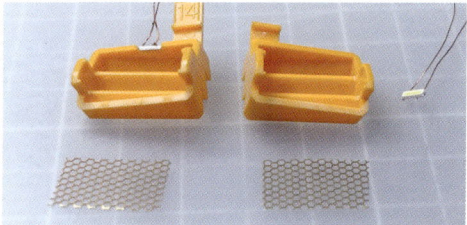

▲육각 매쉬 에칭을 배기구에 맞춰 자른 후 접착.

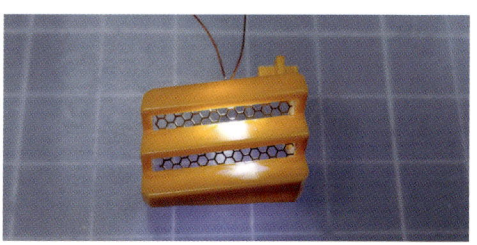

▲빛이 에칭을 통과하며 육각형 그림자를 만들어 독특한 효과가 된다.

▲배기구 부품(노란색)과 고정 부품(회색)을 조립. 이 때 고정부품에는 에나멜선이 통과할 수 있도록 홈을 만들어 둔다.

상체 배선
AWG32 연선 흑, 백

▲각각의 부품을 도장하고 데칼 붙이기까지 마친 후, 본격전인 상체 배선작업을 시작.

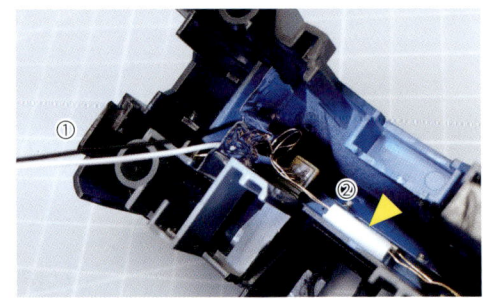
①좌우 배기구 LED의 에나멜선을 각각 흰선과 검정선으로 연결 ②가슴과 목 사이의 공간이 넓고 서보의 동작에도 영향을 받지 않으므로 이곳에서 전선 연결 작업을 한다.

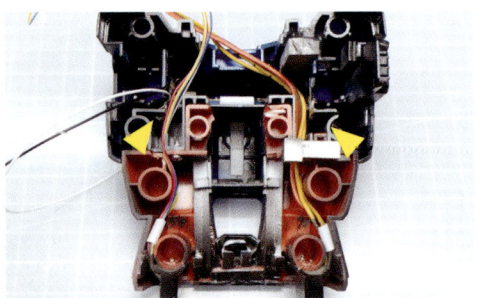
▲전선 연결을 위해 허리, 가슴 부품에 구멍을 뚫고 좌우 커넥터의 전선을 가슴쪽으로 올려준다.

▲서보모터를 나사로 고정. 서보모터의 작동 범위에 전선이 걸리지 않도록 주의해서 전선을 정리해야 한다.

▲모니터 위(파란선) 아래(노란점선) LED의 전선을 LED 커넥터의 같은색 선과 연결하고 서보혼의 작동에 방해가 되지 않도록 몸체의 틈에 끼워둔다.

▲해치서보의 신호선에 점선을 표시하고 전선을 석냥한 길이로 자른 후 붙어 있는 전선을 분리한다.

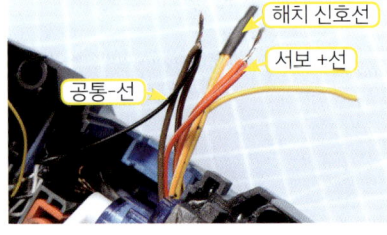
▲해치서보의 +,-, 신호선을 서보커넥터의 같은색 전선에 연결한다. LED의 -선은 공통-선에 연결.

①머리의 카메라(빨간선)와 눈(노란선) LED를 LED커넥터의 같은색 선과 연결 후 수축튜브로 마무리 ②머리 LED의 -선과 머리서보의 -선을 서보커넥터의 -선에 연결 후 수축튜브로 마무리 ③머리서보의 +선과 신호선을 서보 커넥터의 각각의 선에 연결 후 수축튜브로 마무리.

▲머리는 나중에 조립해야 하므로 전선의 길이를 여유있게 잘라주어야 한다. 모든 전선을 연결한 후 몸체와 머리를 조립.

크레인 암
MG90 서보, 3mm LED 빨간색 4개, AWG 32 연선 적, 흑

▲오른팔은 서보모터에 연결한 크레인 암으로 착탈하는 연출. 크레인이 작동할 때는 클로 프레임의 LED가 작동.

▲크레인 암 부품은 3D출력과 프라파이프로 제작. 크레인 암은 회전운동을 하는 링크와 그에 따라 수평운동을 하는 클로 프레임 구조로 설계.

▲큰 힘이 필요하므로 메탈 기어를 사용하는 MG90서보 모터를 사용했다. 크레인 암 베이스에 나사로 고정.

▲기본링크는 서보에 연결하고 건담의 오른팔을 잡고 있는 클로 프레임과 추가 링크를 연결.

▲서보가 회전하면 기본링크와 추가링크가 동시에 움직이고 클로 프레임은 수평을 유지한다.

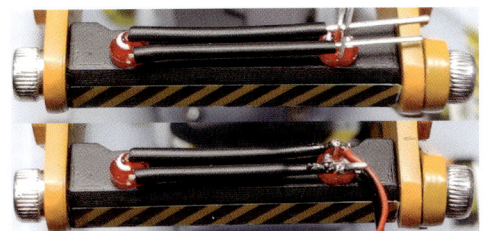
▲빨간색 LED 두 개를 클로 프레임의 바깥쪽에 끼우고. 합선방지를 위해 수축튜브를 끼운다. +-를 전극을 맞댄 후 각각 빨간선, 검정선을 함께 납땜. 나머지 전극은 잘라낸다.

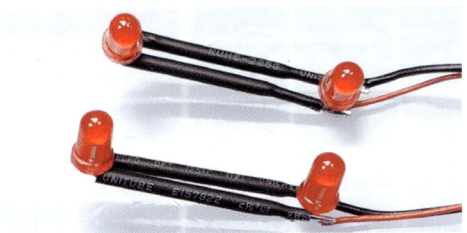
▲동일한 방법으로 전방용, 후방용 두 세트를 제작.

▲프레임의 내부에 LED를 끼운다. 공업용 기계 분위기를 내기 위해 의도적으로 전선을 노출.

건담 행거
AWG 28 플랫케이블 5선, AWG24 플랫케이블 4선, 2.5피치 핀헤더 4핀, 5핀

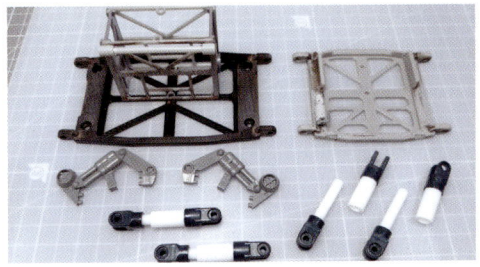
▲건담 상체를 설치할 건담 행거. 3D프린팅, 프라파이프, 다른 제품의 부품, 전선 등으로 제작.

▲실제 작동은 하지 않지만 작동할 것 같은 분위기로 만들기 위해 5mm, 8mm 프라파이프로 실린더를 제작. 작업대에는 육각 매쉬 에칭을 사용.

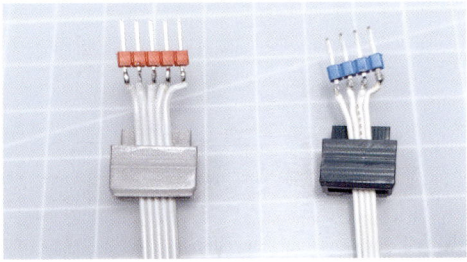
▲건담 상체와 연결할 커넥터 제작. LED용으로는 AWG28 플랫케이블 5선, 서보모터용에는 AWG24 플랫케이블 4선을 사용. 각각 핀헤더에 납땜하고 3D출력한 홀더에 끼워준다.

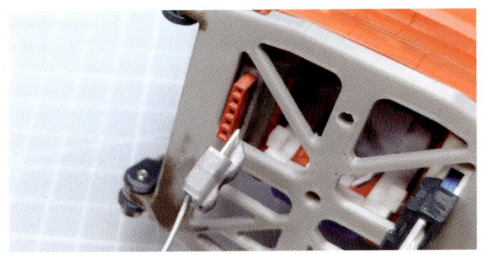
▲커넥터의 한쪽을 높게 설계해서 건담 상체에 연결할 때 반대방향으로는 끼워지지 않는다.

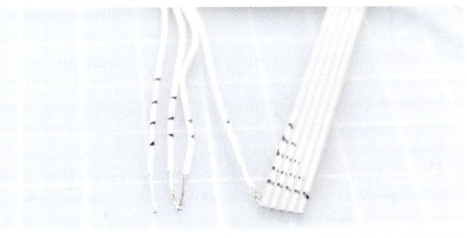
▲플랫케이블은 모두 같은 색이므로 구분하기 위해 유성펜을 이용해 점을 찍어 구분했다.

▲바깥으로 노출한 플랫 케이블은 양면 테이프로 베이스에 고정한 후 베이스 아래쪽으로 통과시켜 둔다.

베이스
5mm LED 흰색 6개, AWG 32 연선 적, 백, 흑, 청, 황, 토글 스위치 2개, 푸시락 스위치 1개, 2.5피치 소켓

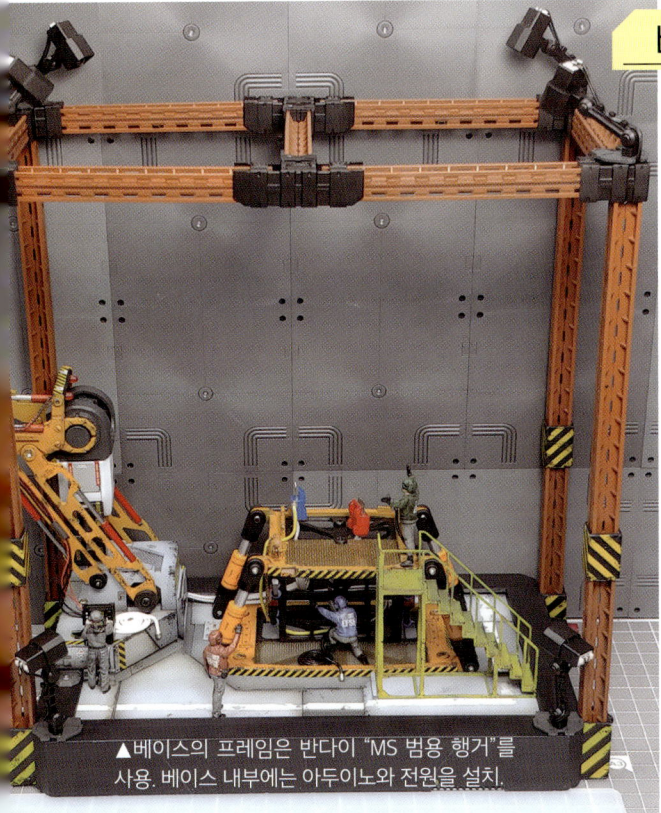
▲베이스의 프레임은 반다이 "MS 범용 행거"를 사용. 베이스 내부에는 아두이노와 전원을 설치.

▲베이스 바닥은 프라판으로 제작. 전선을 통과시키기 위해 구멍을 뚫어두었다. 베이스용 프레임은 3D출력.

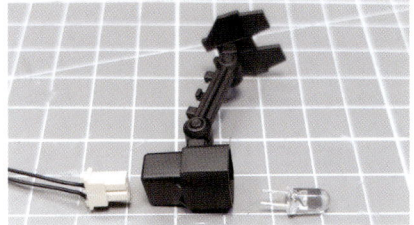
▲베이스 프레임 위와 아래에 핀포인트 조명을 설치. 집중형 5mm LED 흰색을 다른 모형 부품에 조립. +,-전선은 모두 검정색으로 하고 길이로 구분.

▲프레임 상부에는 4개의 조명을 설치하고 병렬 연결. 건담 상체를 위에서 비춘다.

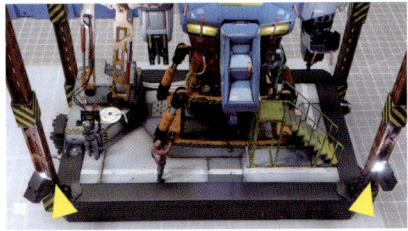
▲하부에는 2개의 조명을 설치하고 전선은 베이스 아래로 넣고 병렬연결. 상체를 아래에서 비춘다.

전선연결
0.25mm 광섬유, 3mm LED 빨강, 초록, AWG 32 연선 적, 흑, 황

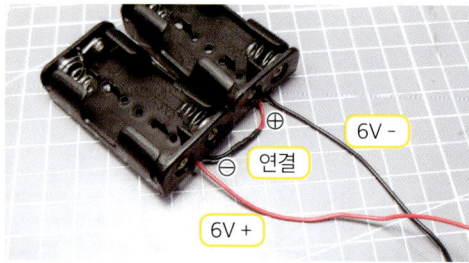
▲아두이노와 서보에 전원을 공급하기 위해 3V건전지 홀더를 직렬로 연결하여 6V용 전지 홀더로 제작. 한쪽의 +선, 다른 쪽의 -선을 연결하면 직렬연결이 된다.

▲베이스 아래에 아두이노 나노와 브레드보드 그리고 건전지 홀더를 부착.

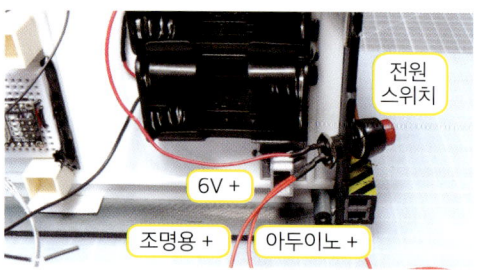
▲전원 스위치의 한쪽 단자에 건전지 홀더의 +선, 다른 단자에는 조명 전원선, 아두이노 전원선을 연결.

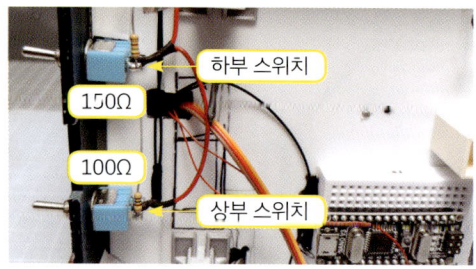
▲핀 포인트 조명은 아두이노를 거치지 않고 전원 스위치에 직접 연결한다. 하부(LED 2개) 스위치 상부(LED 4개) 스위치에 각각 저항을 연결하고 조명 LED의 전극을 저항에 납땜.

▲브레드보드에 직각핀헤더를 끼우고 각각의 핀에 해당하는 저항을 납땜. 전선을 저항에 납땜한 후 수축튜브로 마무리. 서보용 신호선은 저항 없이 바로 연결.

▲컨트롤용 택트 스위치 전선은 저항 없이 번호에 맞춰 납땜한다.

▲컨트롤러와 연결하기 위해 핀헤더 소켓에 스위치용 전선을 순서에 맞춰 납땜.

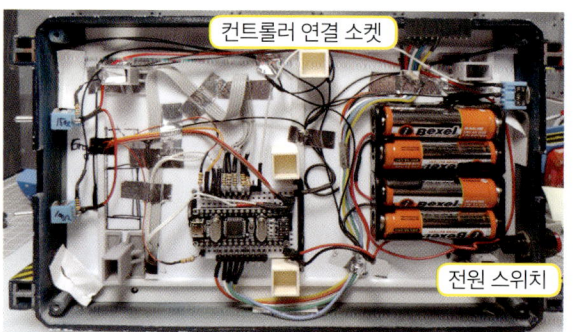

◀베이스 전선 연결 완료 상태. 전선을 연결한 후에는 테이프, 글루건 등을 사용해서 전선을 정리해둔다.

※전선의 연결은 회로도를 참고

컨트롤러
AWG 32 연선 적, 백, 흑, 청, 황, 택트 스위치 5개, 2.5피치 소켓, 점퍼 와이어

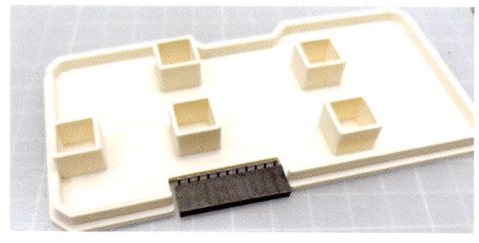
▲본체의 커넥터와 연결하기 위해 2.5피치 핀헤더 소켓을 사용. 컨트롤러 몸체는 3D출력.

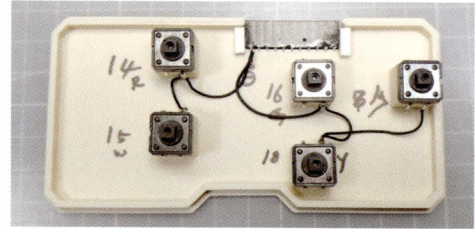
▲택트 스위치 5개를 해당 위치에 접착하고 -선을 병렬로 연결한 후, 소켓에 납땜한다.

▲스위치에 맞춰 전선을 납땜.

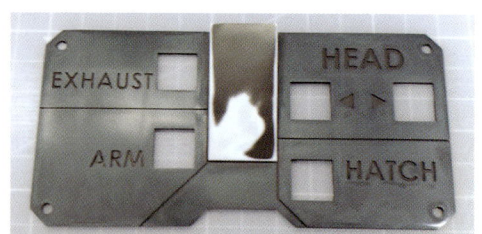
▲컨트롤러 상판은 3D출력. 표면에 순간 접착제를 펴 발라주고 400번-600번-800번으로 마무리.

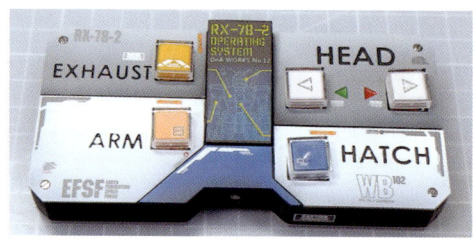
▲도장을 하고 건담 데칼로 장식. EXHAUST는 배기구 LED점등효과, HEAD는 좌우회전, ARM은 크레인 암 착탈, HATCH는 해치 개폐작동을 한다.

▲본체와 컨트롤러 연결
①핀헤더를 사용하면 베이스에 밀착해서 연결.
②점퍼와이어로 연결하면 길게 빼낼 수도 있다.

기타공작

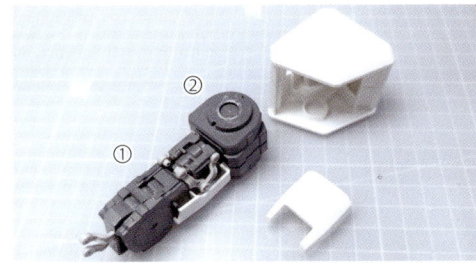
①팔에 부착된 왼팔은 상완 장갑을 열고 내부를 다른 모형의 부품으로 간단하게 디테일업 ②어깨의 축을 제거하면 어깨장갑을 분리할 수 있어서 페인팅이 편리하다.

▲정비병은 하세가와의 1/48 인형세트를 사용. 등에는 건담 데칼을 붙여주었다.

▲전력공급용 파이프는 AWG22 단선과 메탈 파이프로 제작. 단선이므로 구부려 놓은 형태를 유지한다.

▲"REMOVE BEFORE FLIGHT" 태그. 항공기의 센서류를 보호하거나 연결된 플러그를 비행 전에 제거하기 위한 주의마크이다. 테트라모델의 인쇄 에칭을 양면테이프로 부착.

▲2mm 스프링을 길게 늘여 노출된 전선에 감아준다.

▲건담 행거와 프레임의 주의마크(검정노란 사선 교차)는 자작데칼용지에 인쇄한 것을 사용.

■ 베이스 바닥 경고라인 치핑

▲라인이 칠해질 부분을 마스킹 테이프로 준비해둔다.

▲글루스틱(고체풀)을 이쑤시개로 조금 덜어낸다.

▲흰선이 칠해질 부분에 덜어낸 글루스틱을 군데군데 발라준다.

▲흰선을 칠하고 완전히 건조 한 후, 물을 묻힌 휴지로 글루스틱을 여러 번 닦아주면 불규칙한 치핑 효과를 낼 수 있다.

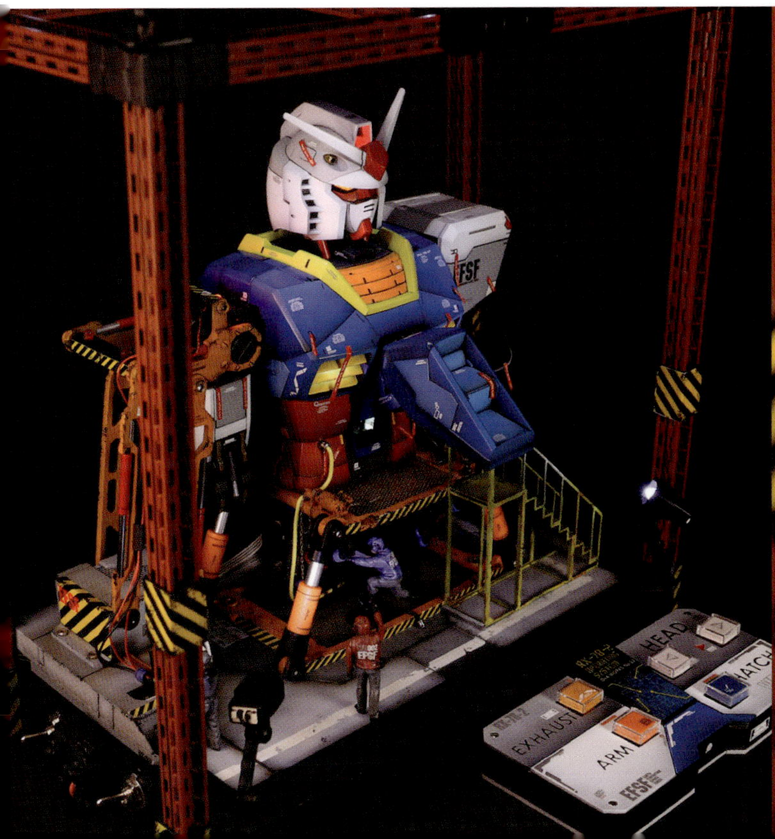

회로도

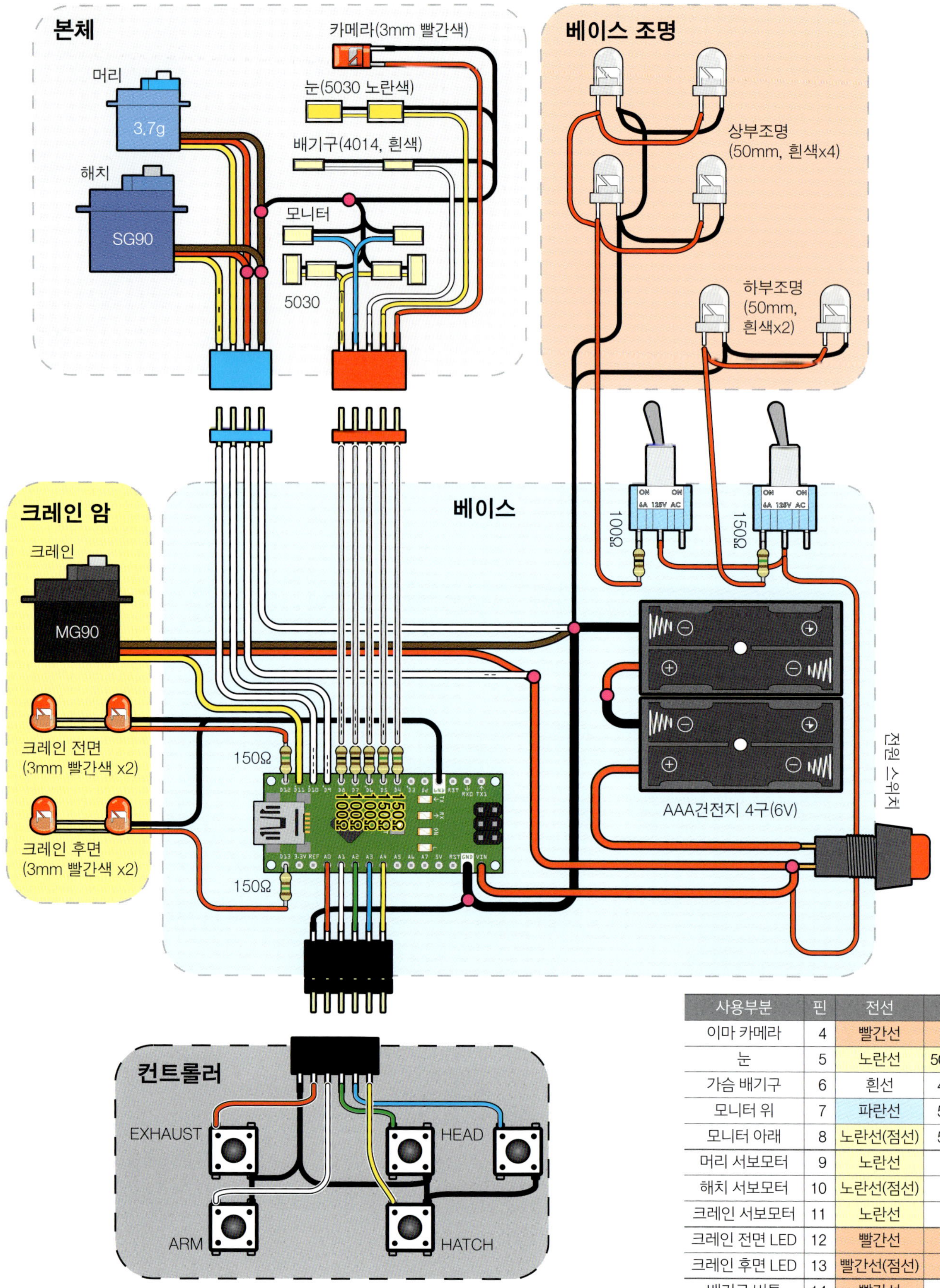

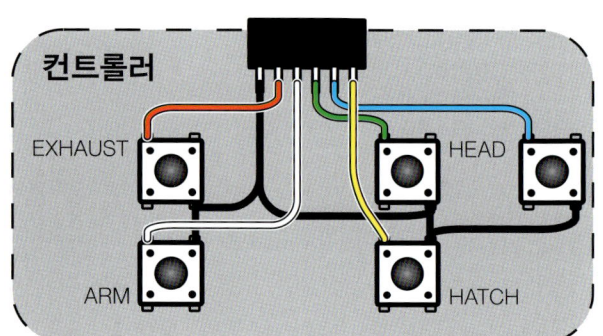

사용부분	핀	전선	부품	저항
이마 카메라	4	빨간선	3mm 빨간색	150Ω
눈	5	노란선	5030 노란색 x2	150Ω
가슴 배기구	6	흰선	4014 흰색 x2	100Ω
모니터 위	7	파란선	5030 흰색 x2	100Ω
모니터 아래	8	노란선(점선)	5030 흰색 x2	100Ω
머리 서보모터	9	노란선	3.7g 서보	-
해치 서보모터	10	노란선(점선)	SG90 서보	-
크레인 서보모터	11	노란선	MG90 서보	-
크레인 전면 LED	12	빨간선	3mm 빨간색	150Ω
크레인 후면 LED	13	빨간선(점선)	3mm 빨간색	150Ω
배기구 버튼	14	빨간선	택트 스위치	-
크레인 암 버튼	15	흰선	택트 스위치	-
머리 우회전	16	초록선	택트 스위치	-
머리 좌회전	17	파란선	택트 스위치	-
해치 버튼	18	노란선	택트 스위치	-

프로그램

```c
// 1/48 RX-78-2 BUST V_Controll Mode 1.2.
//Written By C.J.Park on 2022/05/01
#include <Servo.h>
Servo HEADS; // Head Servo
Servo HATCHS; // Hatch Servo
Servo ARMS; // Arm Servo

int CAM = 4 ; // Head CAM Red
int EYE = 5 ; // Head Eye Yellow Analog
int EXHAUST = 6 ; // Exhaust White Analog
int UPMON = 7 ; // Cockpit Monitor Up
int DNMON = 8 ; // Cockpit Monitor Down
int FRRED = 12 ; // Arm Crain Front
int RERED = 13 ; // Arm Crain Rear Red

int EXBTN = 14; // Exhaust
int ARMBTN = 15; // Arm Servo
int RIGHTBTN = 16; // Head Servo Right
int LEFTBTN = 17; // Head Servo Left
int HATCHBTN = 18; // Hatch Servo

int HEAD_A = 95;
int HATCH_S = 1;
int ARM_S = 1;

void setup() {
  pinMode(CAM, OUTPUT); //
  pinMode(UPMON, OUTPUT); //
  pinMode(DNMON, OUTPUT); //
  pinMode(FRRED, OUTPUT); //
  pinMode(RERED, OUTPUT); //

  pinMode(EXBTN, INPUT_PULLUP);
  pinMode(ARMBTN, INPUT_PULLUP);
  pinMode(RIGHTBTN, INPUT_PULLUP);
  pinMode(LEFTBTN, INPUT_PULLUP);
  pinMode(HATCHBTN, INPUT_PULLUP);

  HEADS.attach(9); // Head, Micro servo
  HATCHS.attach(10); // Hatch, SG90
  ARMS.attach(11); // Arm Crain, MG90

  analogWrite(EYE,150);
  delay(100);
  analogWrite(EXHAUST, 20);
  delay(100);
  digitalWrite(FRRED,HIGH);
  delay(100);
  HEADS.write(95); // Center
  HATCHS.write(145); // Close
  ARMS.write(74); // Detach
}
```

① 기본 설정
아두이노에 연결된 부품들의 기본 설정을 한다.

아두이노에 전원을 공급하면 건담의 눈(EYE)과 배기구(EXHAUST)의 LED가 켜진 후 크레인암의 빨간색 LED(-FRLED)가 켜진다. 그 후 각각의 서보가 기본 위치로 셋팅.

이번에 사용한 프로그램과 동영상은 https://blog.naver.com/ballak 에서 확인할 수 있습니다.

Youtube 링크

```c
void loop() {
// Head
  if(digitalRead(RIGHTBTN) == LOW) {
    digitalWrite(CAM,HIGH);
    HEAD_A +=1;
    if(HEAD_A > 130) {
      HEAD_A = 130;
    }
    delay(50);
  }
  else if(digitalRead(LEFTBTN) == LOW) {
    digitalWrite(CAM,HIGH);
    HEAD_A -=1;
    if(HEAD_A < 60) {
      HEAD_A = 60;
    }
    delay(50);
  }
  else {
    digitalWrite(CAM,LOW);
  }
  HEADS.write(HEAD_A);
```

② 머리 작동
오른쪽버튼(RIGHTBTN)을 누르면 머리가 오른쪽으로 회전. 최대값은 130˚.
왼쪽 버튼(LEFTBTN)을 누르면 왼쪽으로 회전. 최대값은 60˚.

머리가 작동 할 때만 이마의 카메라(CAM)가 켜진다.

```c
// Hatch
  if(digitalRead(HATCHBTN) == LOW) {
    if(HATCH_S==1) {
      for(int i = 145; i > 60; i--) {
        HATCHS.write(i);
        delay(40);
      }
      delay(500);
      digitalWrite(DNMON,HIGH);
      delay(800);
      digitalWrite(UPMON,HIGH);
      HATCH_S = 0;
    }
    else {
      delay(500);
      digitalWrite(UPMON,LOW);
      delay(500);
      digitalWrite(DNMON,LOW);
      for(int i = 60; i < 145; i++) {
        HATCHS.write(i);
        delay(40);
      }
      HATCH_S = 1;
    }
  }
}
```

③ 해치 작동
해치버튼(HATCHBTN)을 누르면 서보가 작동해서 해치가 열린다.(60˚)
해치가 완전히 열리면 조종석 모니터의 위(UPMON), 아래(DNMON)이 순차적으로 켜진다.
해치버튼을 한번 더 누르면 모니터가 꺼지고 서보가 작동해서 닫힌 상태가 된다.(145˚)

④
```
// Arm
 if(digitalRead(ARMBTN) == LOW) {
  digitalWrite(RERED,HIGH);
  if(ARM_S==1) {
   for(int i = 74; i > 33; i--) {
    ARMS.write(i);
    digitalWrite(RERED,i/3 %2);
    delay(80);
   }
   ARM_S = 0;
  }
  else {
   for(int i = 33; i < 74; i++) {
    ARMS.write(i);
    digitalWrite(RERED,i/3 %2);
    delay(80);
   }
   ARM_S = 1;
  }
  digitalWrite(RERED,LOW);
 }
```

④ 크레인 암 작동

크레인 암 버튼(ARMBTN)을 누르면 서보가 작동해서 크레인 암이 몸체쪽으로 이동한다. (74˚)
크레인 암이 작동하는 동안 클로 프레임의 후방 LED(RERED)는 깜빡이는 작동을 한다.
암 버튼을 한번 더 누르면 크레인 암이 몸체에서 분리된다.

⑤
```
// Exhaust
 if(digitalRead(EXBTN) == LOW) {
  for(int j = 20; j<=255; j++) {
   analogWrite(EXHAUST, j);
   delay(3);
  }
  for(int j = 255; j>=20; j--) {
   analogWrite(EXHAUST, j);
   delay(7);
  }

  for(int j = 20; j<=255; j++) {
   analogWrite(EXHAUST, j);
   delay(3);
  }
  for(int j = 255; j>=20; j--) {
   analogWrite(EXHAUST, j);
   delay(7);
  }

  for(int j = 20; j<=255; j++) {
   analogWrite(EXHAUST, j);
   delay(3);
  }
  for(int j = 255; j>=20; j--) {
   analogWrite(EXHAUST, j);
   delay(7);
  }
 }
}
```

⑤ 배기구 작동

배기구 버튼(EXBTN)을 누르면 가슴의 배기구에 설치한 LED(EXHAUST)가 서서히 켜지고 꺼지는 것을 세 번 반복한다.

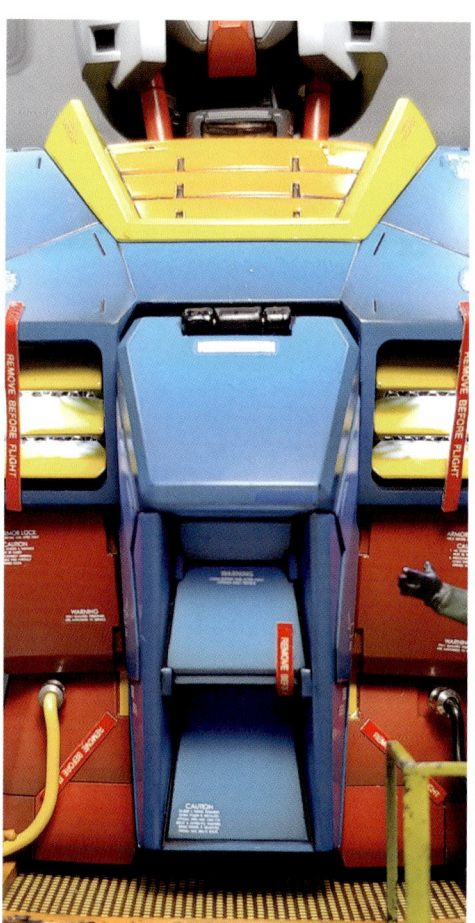

Tip & Info #1 전선의 종류와 특징

전선은 부품과 전원을 이어주고 여러 부품을 병렬 또는 직렬로 연결하는 등 전자공작에서 반드시 필요한 기본재료. 여러가지 용도로 사용하다 보니 생각보다 다양한 특성을 가지고 있는데, 기본적인 몇 가지 특징과 활용방법만 알아도 전자공작을 할 때 더욱 편리하고 쉽게 작업을 할 수 있다.

연선과 단선

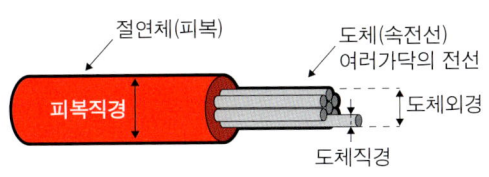 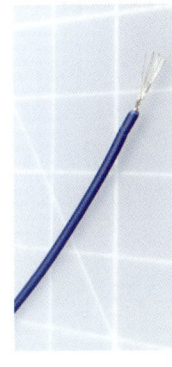

▲연선(撚線, Stranded Wire)
꼬여있는 선이라는 의미. 도체(속전선)가 여러 가닥으로 되어있어 여러 번 움직여도 속심이 쉽게 끊어지지 않아 움직임이 많은 일반적인 전자공작에서 주로 사용. 여러 가닥의 도체를 둥글게 모은 외경을 굵기의 기준으로 한다.

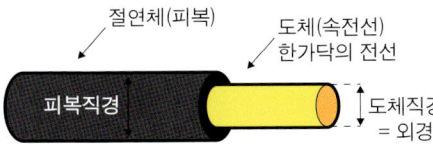 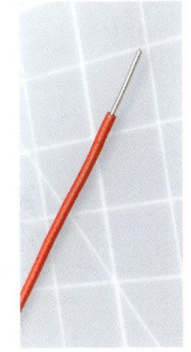

▲단선(單線, Solid Wire)
하나의 선이라는 의미. 속심이 한 가닥의 굵은 도체로 되어있다. 구부려두면 그대로 형태가 유지된다. 자주 움직이면 끊어지기 쉽지만 한번 설치하면 잘 움직이지 않는 배선에 주로 사용. 아주 가느다란 에나멜선도 단선으로 분류한다.

전선의 굵기

■ AWG(American Wire Gauge)
전선의 규격은 도체(속전선)의 굵기가 기준이며 그 중 가장 많이 사용하는 규격이 AWG이다. AWG 0부터 시작해 숫자가 커질수록 점차 가늘어진다. 전자공작에서는 AWG24~AWG32를 주로 사용하는데, 굵을수록 전기가 잘 흐른다. 모터처럼 많은 전류를 쓰는 부품에는 가능한 AWG28이상을 사용하고 LED처럼 낮은 전류를 사용하는 부품에는 AWG36 정도까지도 사용할 수 있다. 주의할 것은 같은 규격의 AWG 전선이라도 피복의 종류에 따라 피복의 직경이 다르므로 겉모습만으로 속전선의 직경을 판단하면 안 된다. 보통 피복에 AWG규격이 표시되어 있다.

피복의 종류

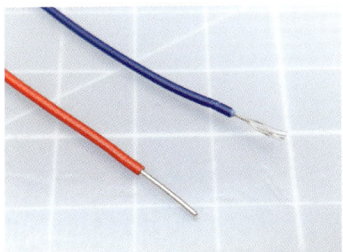

▲PVC : 가장 많이 사용하는 피복. 보통 UL규격(내열온도 130도)을 사용한다. 여러 가지 색의 피복을 사용하면 용도별로 구분하기 쉽다. 전선을 연결, 납땜하기 위해서는 피복을 벗기는 탈피작업을 해야 한다.

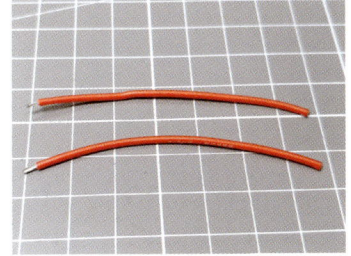

▲실리콘 : 모터 같은 부품은 전선에도 고열이 발생하므로 열에 잘 견디고 두꺼운 실리콘을 피복으로 사용한다. 주로 드론이나 RC 등에서 전원선으로 사용하며, 모형에서는 플라스틱 부품을 대신해 가동식 파이프 재현용으로 사용하기도 한다(스텝 4 파워드라몬 참조).

▲에나멜 : 단선에 에나멜 코팅을 입힌 전선. 코팅이 매우 얇아 공간을 절약할 수 있다. 에나멜 코팅을 벗겨야 전기가 흐른다. 모형용 전자공작에는 코팅을 벗기기 쉬운 UEW(우레탄 코팅)에나멜선을 사용하는 것이 편리하다. 보통 AWG29(0.28mm)~AWG32(0.2mm)를 사용.

피복의 직경

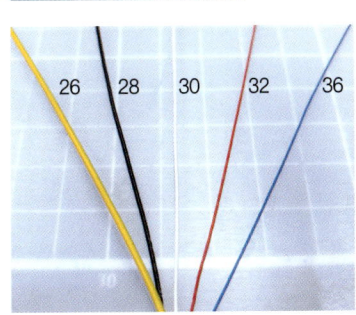

◀연선 PVC 피복의 직경 비교
AWG 26 선 외경 1.2mm
AWG 28 선 외경 0.88mm
AWG 30 선 외경 0.71mm
AWG 32 선 외경 0.54mm
AWG 36 선 외경 0.45mm
모형 내부에 전선을 연결할 때는 가늘수록 공간을 덜 차지해서 사용이 편리하다. 이 책에서는 30선, 32선을 주로 사용하고 있다.

피복의 비교

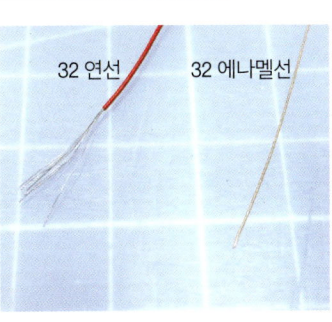

◀AWG32 연선과 AWG32 에나멜선 외경 지름 비교
AWG32 연선의 외경은 0.54mm
AWG32 에나멜선 외경은 0.2mm
연선의 경우 피복이 두꺼워 외경을 측정하면 더 굵다. 중요한 것은 AWG규격이 같다면 외형과 상관없이 전기적 특성은 동일하다.

연선? 단선? 에나멜선? 선택의 장단점.

■ 연선

장점 : 속전선이 여러가닥인 연선은 비교적 부드럽게 휘어져 다양한 용도에서 편리하게 사용할 수 있다. 탈피도 쉽고 잘 휘는 성질로 인해 움직이는 관절에 사용하기도 좋다.

단점 : 모터와 같은 부품에 가는 선(AWG28 이하)을 장시간 사용하면 열이 발생해 심한 경우 피복이 녹을 수도 있으므로 잠깐씩 작동하거나 가능하면 굵은 선을 사용해야 한다. 탈피를 하면 여러가닥의 전선이 나오므로 잘 정리하지 않으면 다른 선과 합선될 수 있으므로 주의해야 한다.

■ 에나멜선

장점 : 내부 공간이 좁은 곳에는 에나멜선이 반드시 필요하다. SMD LED는 전극이 작아 속전선이 여러가닥인 연선보다 에나멜선으로 납땜하는 것이 편리하다.

단점 : 부드럽게 잘 휘어지지만 심하게 자주 움직이면 쉽게 끊어지기 때문에 움직이는 부분에 사용했다면 천천히 움직이는 것이 좋다. 연선과는 다르게 색 구분이 되지 않으므로 길이로 구분(긴 선은+, 짧은 선은 -)하거나 끝부분에 고리모양을 만들어 두는 등의 방법을 사용한다. 또는 에나멜선을 사용한 후 연선을 이어서 납땜해두는 방법도 있다(스텝 6 지옹편 허리메가 입자포 참조).

에나멜선 코팅 벗기는 방법

▲라이터 : 라이터로 에나멜 코팅을 태우는 방법. 간단하고 빠르게 작업할 수 있다. 하지만 가느다란 선의 경우 속전선까지 한번에 타버릴 수도 있다. 특히 열에 가열된 속전선은 쉽게 손상되므로 추천하지 않는 방법.

▲칼 : 에나멜 코팅을 칼로 긁어내는 방법. 원하는 길이만큼 벗겨낼 수 있는 장점. 돌려가면서 앞뒤좌우 모두 깎아 내야 하는 것은 조금 번거로울 수 있나. 심하게 힘을 주면 속전선이 깎여 쉽게 끊어질 수 있으므로 주의.

▲사포 : 종이 사포 400~600번을 반으로 접고 그 사이에 에나멜선을 넣은 뒤, 앞뒤로 움직여 코딩을 깎아내는 방법. 골고루 코팅이 벗겨지도록 에나멜선을 돌려가며 작업한다. 칼로 벗기는 것보다 빠르게 작업이 가능.

▲인두 : 인두 끝에 납방울을 만들고 그 속에 에나멜선을 넣어 코팅을 태워버리는 방법. 전선의 손상이 없고, 속전선에 납 코팅까지 되므로 납땜이 잘 된다. 익숙해지면 가장 좋은 방법이다. 단, 인두 끝의 온도가 높아야 제대로 작업할 수 있다.

Tip & Info #2 납땜용 장비와 납땜 팁

인두 스탠드

인두 팁 클리너

▲인두는 매우 뜨거운 도구이므로 안전하게 사용하려면 반드시 전용 스탠드가 필요하다. 간단히 인두를 세워두는 형태에서부터 집게나 돋보기가 달린 것 등 다양하다. 집게가 있는 스탠드를 추천. 사진은 만원짜리 돋보기 스탠드에서 돋보기를 떼어내고 사용중인 것.

▲인두 끝(팁)에 납이 남아있는 경우가 자주 발생한다. 이 상태로 납땜하면 부품에 많은 납이 묻어 지저분해지고 심한 경우 합선이 될 수도 있다. 또한 인두 끝에 오랫동안 있는 납은 페이스트가 타버린 상태이므로 납땜이 제대로 되지 않기 때문에 늘 깨끗이 유지해야 한다.

▲스폰지 클리너
내열 스폰지에 물을 부어 적셔두고 인두의 끝을 닦아내는 방식. 저렴하고 비교적 오랫동안 사용할 수 있는 장점. 하지만 물로 인해 인두 끝의 온도가 급격히 내려가고 표면이 손상되는 단점이 있다.

▲와이어 클리너
금속 수세미처럼 생긴 클리너. 인두를 쿡쿡 넣었다 빼면 납이 닦여나간다. 온도저하 없이 청소할 수 있고 인두 끝에 납이 살짝 묻어 보호효과도 있는 장점. 납 찌꺼기가 많이 묻으면 딱딱해지고, 교체해주어야 한다.

실납

▲사진은 1mm 굵기의 롤타입 1kg(2만원 정도). 소용량은 2천원 정도로 구입가능하다. 납의 가운데에는 페이스트(=플럭스)라는 물질이 포함되어 납땜이 쉽게 되도록 한다.

※주의 : 인두로 실납을 녹이면 페이스트가 타며 연기가 발생한다. 반드시 환기가 잘되는 곳에서 납땜해야 한다.

패드

실리콘 패드

▲인두로 납을 녹이면 납방울이 바닥에 떨어질 수도 있고 페이스트가 타면서 튀기도 한다. 바닥을 보호하기 위해 열에 강한 패드를 깔아 두어야 한다. 강화유리판, 실리콘패드 등을 추천. 당장 구할 수 없다면 실리콘 냄비받침도 쓸만하다.

집게

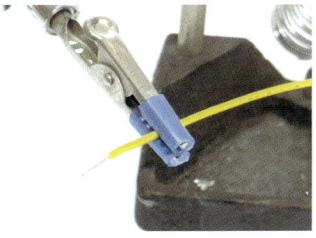

▲납땜을 할 때 인두, 납, 부품을 모두 잡아야 하는데, 사람의 손은 둘 뿐이므로 집게가 있으면 매우 편리하다. 집게 끝에 실리콘 튜브를 끼워두면 부품을 상처 없이 잡을 수 있다. 인두 스탠드에 집게가 있는 제품이 확실히 편리하다.

▲사용하는 인두 스탠드에 집게가 없다면 문구용 철제 집게를 사용하는 것도 큰 도움이 된다. 부품을 잡지 않으면 납을 묻힌 인두 끝에 부품이 달라붙어 납땜을 망치기 쉽다. 특히 열이 잘 전달되는 부품을 손으로 직접 잡으면 부품이 뜨거워져 화상을 입거나 깜짝 놀라 실수할 수도 있으므로 어떤 형태이든 집게를 사용하는 것을 추천.

페이스트 사용 방법

▲별도로 판매하는 페이스트. 납과 페이스트를 함께 사용하면 납땜할 때 큰 도움이 된다(약간 과장하면 먹칠 넣듯 빨려 들어가는 느낌). 사진은 번리 페이스트. 3천원 정도.

▲부품을 페이스트에 직접 묻힌다. 전선이나 LED의 다리를 직접 페이스트에 찍어서 묻혀두고 부품을 연결한다.

▲인두를 페이스트에 찍고 납을 녹여준 후 납땜을 하는 방법. 시간이 지나면 페이스가 타버리므로 납땜이 잘 안되고 뭉치는 경우 다시 페이스트를 보충해준다.

▲페이스트를 이쑤시개 등을 이용해 납땜하고 싶은 부분에 발라주고 납땜을 할 수도 있다. 여러가닥의 에나멜선을 연결할 때는 이런 방법을 사용.

에나멜선과 SMD LED

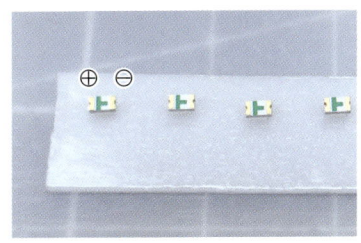

납땜 후 잘라내기

▲양면 테이프로 SMD LED를 고정한다. 내열 양면 테이프를 사용하면 끈적임이 LED에 묻지 않는다. LED를 고정 할 때는 +와 -의 방향을 일정하게 하면 구분이 쉽다.

▲먼저 인두 끝에 페이스트를 묻히고, 납을 녹여 준다.

▲인두 끝에는 페이스트와 납이 있으므로 LED의 전극에 인두를 살짝 대었다 떼도 전극에는 납이 제대로 녹아 붙는다. 페이스트는 계속 타버리므로 4군데 정도 한 후 다시 보충.

▲납으로 코팅을 태운 에나멜 선을 LED의 전극에 붙여놓고, 인두 끝을 살짝 대면 양쪽의 납이 녹으며 빠르고 확실하게 납땜이 된다. LED를 벗어난 여분의 선은 니퍼로 잘라낸다.

전선과 전선

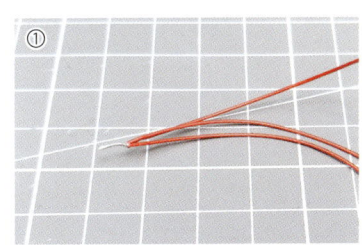

여러 개의 전선을 한 단자에 납땜 할 때, 따로 따로 납땜을 하면 먼저 붙여놓은 전선까지 떨어져 버리는 경우가 자주 발생한다.
①두 개 이상의 전선을 연결할 때는 8mm정도 탈피한 후 속전선을 꼬아주고 납을 먹인다.
②그 후 단자에 한꺼번에 납땜한다.

Tip & Info #3 LED 저항 계산

LED를 사용할 때 가장 어렵게 느끼는 것이 적절한 저항의 값을 찾는 것이다. 복잡해 보일 수 있지만 하나하나 나누어 보면 기본적인 원리는 동일하므로 생각보다 쉽게 계산할 수 있다. 직접 계산하기 번거롭다면 저항값을 자동으로 계산해주는 컴퓨터 프로그램(색연필), 웹사이트(저항값 계산기) 또는 휴대폰용 앱(Electrodoc)도 있으므로 잘 활용해보자. 다만 편리하기는 하지만 기초지식이 없다면 어려운 것은 마찬가지이므로 그 원리를 "공부"해보기를 추천.

기초지식

■ 기본 공식

저항값을 계산 할 때는 "옴의 법칙"을 사용한다. 이 중, 우리는 저항값(R)을 알고 싶은 것이므로 노란 동그라미를 기억해둔다(사실은 하나만 기억해두면 나머지 공식은 자동으로 외우는 것이다.)
R=V/I (저항은 전류로 전압 나누기)

$V = IR$ 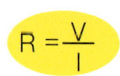 $R = \dfrac{V}{I}$ $I = \dfrac{V}{R}$

■ LED의 전압과 전류

SMD, 원통형, 고휘도 등 수많은 형태의 LED가 있지만 사용하는 칩은 동일하므로 전기적 특성은 거의 동일하다.
전압 : LED가 최적의 조건으로 켜지는 전압을 "정격전압(Vf)"이라고 하는데, LED 색상에 따라 2V와 3V 두 가지로 구분.
전류 : 대부분의 LED는 20mA(밀리암페어). 계산할 때는 mA를 A(암페어)로 바꾸어야 하므로 [0.02]로 기억해둔다.
※ 전압과 전류는 예외인 경우가 있으므로 LED를 구입할 때 제품 설명을 잘 확인해야 한다.
하이퍼플럭스 빨간색은 정격전압 2V, 전류는 60mA, 필라멘트 LED 빨간색은 정격전압 3V, 전류는 120mA.
1W LED 흰색은 정격전압 3.4V, 전류는 350mA

■ 전자공작의 전원

전자공작에 사용하는 전원은 다양하다. LED는 최소 2V의 전압을 사용하므로 전원 역시 2V 이상이 필요하다. 일반적으로 수은전지나 건전지는 1.5V를 기본단위로 하고 있으므로 최소 두 개 이상을 직렬로 연결해서 사용한다. 원통형으로 만들어진 AA건전지나 AAA건전지는 어디서나 쉽고 저렴하게 구입할 수 있어 전자공작에는 여러모로 편리하다. 이 외에도 상시선원으로 쓰고 싶다면 USB전원(5V)이나 다양한 직류 어댑터(3V, 4.5V, 6V, 12V)를 사용할 수도 있다. 이 책에서는 AA건전지 두 개를 직렬로 연결한 3V를 주로 사용하고 있다.

정격전압 3V LED와 저항

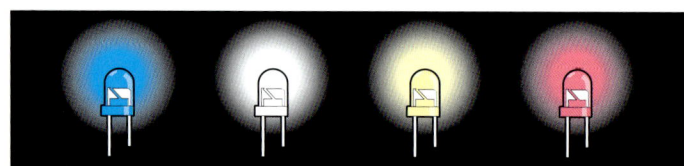

■ 3V LED

파란색, 흰색, 웜 화이트, 마젠타(핑크)는 정격전압이 3V인 LED.
※제품에 따라 3.4V 또는 3.7V인 것도 있는데 3V로 계산해도 성능 차이는 크게 없다. 만약 최적, 최대의 밝기를 원한다면 판매처의 제품 설명을 확인해서 정확한 정격전압으로 계산한다.

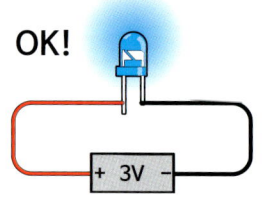 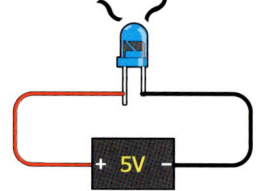 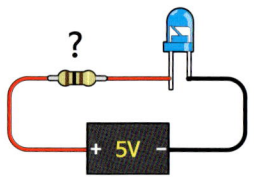 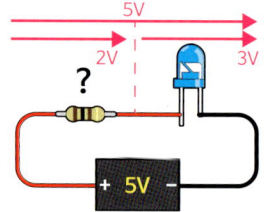 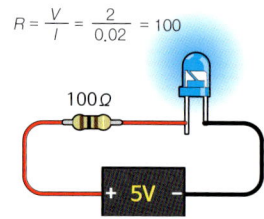

▲3V 전원에 3V LED를 연결하면 문제없이 최대 밝기로 켜진다.

▲5V전원에 3V LED를 저항없이 연결하면 높은 전압으로 인해 LED가 고장난다.

▲LED 보호를 위해 저항을 사용해야 한다. 저항은 +, - 중 한쪽에 연결한다(그림은 +쪽에 연결한 것).

▲저항과 LED 전체에는 입력전압인 5V가 흐르는데, LED가 3V이므로 저항의 전압은 2V로 계산(=입력전압-LED전압).

▲2V를 0.02로 나누면 100. 즉 100Ω을 연결하면 LED가 안전하게 최대 밝기로 켜진다. 다른 입력전압도 같은 방법으로 계산하면 된다.

$R = \dfrac{V}{I} = \dfrac{2}{0.02} = 100$

정격전압 2V LED와 저항

■ 2V LED

빨간색, 노란색, 주황(앰버)색은 정격전압이 2V인 LED.
주황색의 경우 2V의 노란색 혹은 3V의 웜 화이트와 색을 혼동하기 쉬우므로 잘 구분해두어야 한다.
※녹색은 정격전압이 2v인 것과 3V인 것이 있으므로 제품을 구입할 때 제품 설명을 잘 확인해야 한다.

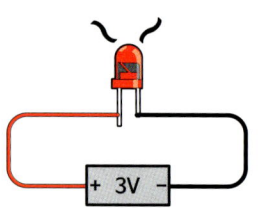 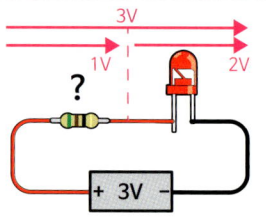 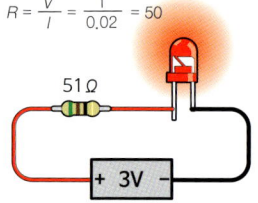 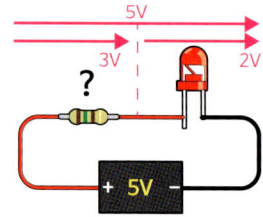 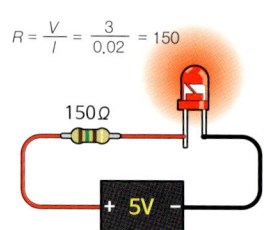

▲3V전원에 2V LED를 저항 없이 연결하면 LED가 고장난다.

▲저항과 LED에는 입력전압인 3V가 흐르는데, LED가 2V이므로 저항의 전압은 1V로 계산.

$R = \dfrac{V}{I} = \dfrac{1}{0.02} = 50$

▲1V를 0.02로 나누면 50. 저항 중 일치하는 것이 없을 때는 약간 높은 저항을 선택한다. 여기에서는 51Ω을 사용.

▲5V전원을 연결할 경우, LED는 2V이므로 저항의 전압은 3V로 계산.

$R = \dfrac{V}{I} = \dfrac{3}{0.02} = 150$

▲3V를 0.02로 나눈 값인 150Ω을 연결하면 LED가 안전하게 최대 밝기로 켜진다. 더 높은 저항값으로 연결하면 밝기가 줄어든다.

저항으로 밝기 조절

▲3mm 마젠타 LED에 건전지2 개를 연결한 3V의 전원을 공급하면 문제 없이 켜진다. 하지만 지나치게 밝아 전체적인 균형이 무너지는 느낌. 단순히 LED를 켜는 것이 아니라 모형에 어울리게 적절한 밝기로 조절하면 더욱 완성도를 높일 수 있다. 저항값이 높아질 수록 밝기는 어두워지며 적절한 밝기를 찾아볼 수 있다. 빨간색 LED(2V)를 연결한다면 51Ω 이상의 값을 사용한다.

가변저항으로 밝기 조절

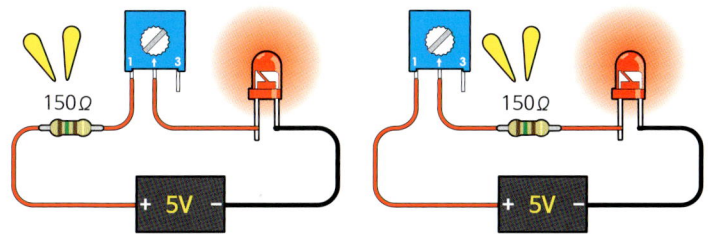

▲주위가 밝다면 LED도 밝아야 잘 보이고 주위가 어둡다면 LED도 어두워야 효과적이다. 이럴 때는 가변저항을 사용하면 밝기를 쉽게 조절할 수 있다. 주의할 것은 LED보다 높은 전압의 전원을 사용할 경우에는 계산에 의한 최적의 고정저항(예에서는 150Ω)을 연결하고 가변저항을 연결한다. 고정저항은 전원쪽(왼쪽그림)이나 LED쪽(오른쪽 그림) 어디에 연결해도 괜찮다.

Tip & Info #4 부품 구입하기

전자공작을 처음 시작한다면 어디에서 무엇을 구입해야 할지도 모르기 때문에 쉽게 포기하는 경우도 있다. 게다가 이 부품 저 부품을 이곳 저곳에서 구입하다 보면 배송비가 더 나오는 경우도 있다. 여기에서는 필자가 자주 사용하는 쇼핑몰을 소개. 종합쇼핑몰은 모든 것을 판매하는 장점이 있고 LED전문 쇼핑몰은 LED만 저렴하게 구입할 수도 있다. 국내에서 구하기 힘든 부품을 해외 구매로 구입하는 것도 천천히 생각해 볼 수 있다.

※ 여기에 기록한 쇼핑몰은 필자의 개인적 경험에 의한 것으로 이 외에도 더 많은 쇼핑몰이 있을 것입니다. 추천해줄 쇼핑몰이나 상점이 있다면 개인 블로그나 이메일 등으로 알려주시면 감사하겠습니다.

국내 온라인 쇼핑몰 - 종합

전기, 전자관련 종합 쇼핑몰. 전자부품은 물론 다양한 공구까지 판매하고 있는 전문적인 쇼핑몰. 매우 많은 종류를 다루고 있고 상당히 전문적인 부품까지 있어 처음 들어가면 둘러보기도 힘들다. 주로 사용하는 카테고리 위주로 찾아보자. 이 책에서 주로 사용하는 부품들이 포함된 카테고리를 확인.

상호	주소	비고
엘레파츠	https://www.eleparts.co.kr	[수동부품] : 저항 [전자기계/통신] : 스위치 [센서/디스플레이] : LED. [배터리/전원/전선] : 건전지(배터리) 홀더, 전선. [공구/수납] : 인두와 관련 용품, 각종 공구류 등.
디바이스마트	https://www.devicemart.co.kr	[RLC/수동소자] : 저항 [LED/LCD] : LED. [케이블/전선] : 전선 [스위치/부저/전기부품] : 스위치 [전원/파워/배터리] : 건전지(배터리) 홀더, 전선. [수공구/전자공구/전동공구] : 인두와 관련 용품, 각종 공구 등
메카솔루션	https://mechasolution.com	[반도체/수동소자] : 저항 [조명/LED/LCD] : LED. [전선/케이블] : 전선 [커넥터/PCB] : 커넥터, 핀헤더. [버튼/스위치] : 스위치 [전원/파워/배터리] : 건전지(배터리) 홀더, 전선. [공구/측정] : 인두와 관련 용품, 각종 공구 등
IC114	https://www.ic114.com	[수동부품] : 저항 [기구상품] : 건전지 홀더, 스위치, 커넥터 [지원상품] : 전선 [전자공구] : 인두와 관련 용품, 각종 공구 등 [조명코너] : LED
인투피온	http://www.intopion.com	[수동전자부품] : 저항 [반도체/전자부품] : LED [스위치및커넥터,상호연결] : 스위치, 커넥터, 핀헤더. [케이블,전선,전원,배터리] : 전선, 건전지 홀더 [공구,도구및측정,검사장비측정] : 인두와 관련 용품, 각종 공구 등

국내 온라인 쇼핑몰 - LED

LED를 전문적으로 취급하는 쇼핑몰. 기본적인 부품을 갖춘 후, LED만 추가로 구매하거나 다양한 LED를 찾을 때 활용하면 좋다.

상호	주소	비고
고고카	http://gogocar.net/shop	차량용 전기전자 DIY전문 몰. DIP타입(다리가 달린 형태)의 LED가 다양하고 저렴하다.
LED조이	http://www.ledjoy.co.kr	LED전문 쇼핑몰. 다양한 크기와 종류의 SMD LED를 취급.

해외 온라인 쇼핑몰

전자부품은 매우 다양해서 국내에서는 취급하지 않는 부품도 상당히 많다. 특이한 부품을 원한다면 해외 쇼핑몰을 이용해 볼 수 있다. 단, 해외 배송이므로 시간이 오래 걸릴 수 있고 생각보다 품질이 떨어지는 경우도 있으니 처음 구입 한다면 일단 소량으로 진행해보기를 추천. 그리고 부품에 따라서 국내보다 비싸게 판매하는 경우도 있으니 잘 확인해야 한다. 또한 해외구매이므로 주문 합계 금액이 미화 150달러 이상일 경우 관세, 부가세를 납부해야 한다. 시간적으로 여유 있고 특이하고 저렴한 부품을 찾는다면 추천.

상호	주소	비고
뱅굿	https://www.banggood.com	종합쇼핑몰. 알리익스프레스에 비해 약간 가격이 높지만 판매자가 재고를 가지고(제품에 따라 아닌 경우도 있음) 영업하므로 신뢰가 간다.
알리익스프레스	https://www.aliexpress.com	대표적인 중국의 국제 온라인 쇼핑몰. 뱅굿과 다르게 개별 판매자들이 한 사이트에 모여있다. 비슷한 제품이라도 가격, 품질 차이가 크다. 배송이 느리므로 급한 주문은 하지 말것(2주 만에 물건이 도착하면 기분이 매우 좋다). 국제특송을 하면 일주일 이내로 도착하는데 가격이 비싸다. 그럼에도 국내에는 구할 수 없는 LED나 스위치와 같은 전자 부품의 종류가 다양하고 저렴하다. 필자는 샘플로 몇 개씩 구입해본 후 용도가 맞고 품질이 괜찮은 경우 다시 대량 주문을 해서 사용하고 있다.

Tip & Info #5 3D프린터

모형을 만들다 보면 무기세트라던가, 베이스 등의 추가물품이 필요할 때가 있다. 이 때 만약 누군가 비슷한 것을 제조해서 판매중이라면 고민하지 말고 사서 쓰는 것이 가장 좋다. 직접 설계를 하지 않아도 되고 대량생산이므로 비용도 훨씬 저렴하다. 그럼에도 3D 프린터를 이용하는 이유는 자신이 원하는 "그것"을 시장에서 찾을 수 없을 때가 많기 때문이다. 전통적으로 플라스틱 재료나 퍼티, 금속판 등을 이용해 "옵션"부품을 만드는 방법도 사용하지만 3D 프린터를 사용하면 복제, 수정이 자유롭고 강도도 복합재료로 만든 것보다 좋다.
3D프린터는 가전제품과 달리 다양한 문제가 발생할 수 있어서 유지 보수를 위해서는 공부를 해야 하고, 가격도 저렴하지 않아 부담이 될 수도 있다. 또한 원하는 부품을 직접 만들기 위해서는 3D 설계 프로그램을 공부해야 하는 것도 쉬운 일은 아니다.
하지만 어떤 장비나 기술이든 원하는대로 사용하기 위해서는 시간과 열정을 투자해야 한다. 처음 컴퓨터를 보았을 때 사용방법이 어려웠지만 하나 둘 기능을 이해하고 프로그램 사용법을 익혀나가다 보면 어느새 없어서는 안된 존재가 되는 것과 마찬가지. 약간의 노력을 들여 공부를 한다면 상당히 쓰임새가 상당히 많은 도구라고 지신있게 말할 수 있다.
3D프린터는 출력 방식에 따라 여러 가지 종류가 있는데 필자는 FDM 방식의 프루사 프린터를 사용하고 있다. 기다란 실 모양의 플라스틱(필라멘트)를 녹여 적층하면서 물건을 만든다. 표면이 거칠지만 튼튼해서 주로 구조물, 기구물을 만들 때 사용한다. 필라멘트는 습기만 조심한다면 다른 재료에 비해 관리가 쉽다.

FDM프린터

사용자가 많고 가격대비 성능이 좋은 FDM프린터 2종을 소개한다.
①프루사 미니(PRUSA MINI) : 체코제 3D프린터.
프루사 온라인샵(https://prusa3d.com)에서 구입이 가능하다. 가격은 USD349~USD399. 다른 FDM프린터에 비해 비싸지만 확실한 품질과 소비자 상담이 가능(영어 채팅). 온라인으로 구입가능하고 해외 구매이므로 해외 배송비를 지불해야 한다. 또한 국내 통관시에는 부가세도 발생해서 최종구입가는 약 60만원 정도(다행히 체코는 FTA협정국이므로 관세 10%는 면제).
②킹룬 KP3S : 중국제. 국내에서 구입이 가능하다. 278,000원.
비교적 최근에 나온 제품으로 가격대비 성능이 좋다고 한다.
(※제품을 구입하기 전에 프린터 커뮤니티를 찾아보고 자신에게 적합한 것을 선택하는 것을 추천)

0.3mm 0.15mm
▲3D프린터는 한층 한층 재료를 쌓아 물건을 만든다. 레이어가 높으면 표면이 거칠지만 빠르게 출력하고 낮으면 비교적 부드러운 표면이 되지만 출력시간은 오래 걸린다.

FDM프린터는 여러 가지 재질의 필라멘트를 사용하는데 필자는 PLA를 주로 사용한다.
PLA : 낮은 온도(190도~210도)에서 출력이 가능하고 유해물질 배출이 가장 적다. 다른 재료들에 비해 약간 저렴한 것도 장점. 꽤 단단해서 표면 정리를 하기 위해 사포작업을 할 때는 다른 재질보다 까다로운 단점이 있다.
※PLA 필라멘트의 주재료는 친환경 분해소재이지만 필라멘트 제조과정에서 유해물질이 포함된다. 그러므로 프린터를 작동할 때는 반드시 환기가 잘되는 장소에서 해야 한다.

무료 3D설계 프로그램

3D 프린팅을 위한 부품을 만들기 위해서는 3D설계 프로그램이 필요하다. 수치를 입력해서 만드는 캐드(CAD)기반의 프로그램이 편리하다. 문제는 개인 취미를 위해 얼마나 쓸지도 모를 프로그램을 비싸게 구매(몇 백만원에서 수천만원)하기는 부담스러운 것도 사실.

그러나 실망하지 말자. 무료로 구할 수 있을 뿐만 아니라 충분히 훌륭한 성능을 가지고 있고 많은 사용자가 있으며 관련된 교재를 쉽게 찾을 수 있는 프로그램 몇 가지를 소개한다. 어느 프로그램이라도 좋으니 일단 다운받고 1-2주 정도 시간을 들여 연습한다면 차츰 원하는 부품을 직접 만들 수 있게 될 것이다. 실제로 이 책에서 사용한 부품들은 상자를 만들고 구멍을 만든 정도의 수준이다. 여러분도 생각보다 쉽게 만들 수 있다.

- 팅커캐드 : https://www.tinkercad.com
  온라인으로 사용. 인터넷이 연결되어야 사용할 수 있는 것은 장점이자 단점.
  쉬운 인터페이스로 학생 교육용으로도 많이 사용하고 있다. 초보자용
- 프리캐드 : https://www.freecadweb.org
  캐드 기반 프로그램. 다운로드 받아서 사용. 중급자용
- 블랜더 : https://www.blender.org
  다운로드 받아서 사용. 에니메이션 기능 등 다양한 고급기능을 가진 3D프로그램. 그만큼 공부해야 할 것이 많다. 고급사용자용.

3D프린팅 사용

■ 아래는 이 책을 만들 때 사용한 3D 프린터로 출력한 부품들의 예. 비교적 간단한 형태이지만 직접 만드는 것보다는 튼튼하고 원하는 형태를 만드는 것이 가장 큰 장점.

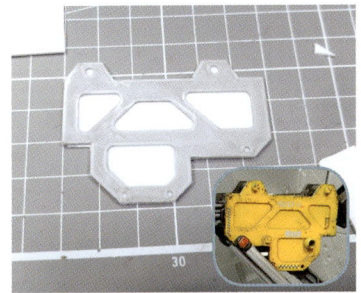
▲복잡한 디자인의 패널은 3D프린터를 이용하면 쉽게 제작 가능하다. 프레임(은색)을 출력하고 프라판(흰색)을 접착(스텝 6 지옹).

▲커넥터는 사용하는 모형의 기능에 따라 다양하므로 시판중인 규격의 커넥터만으로는 부족할 때가 있다. 3D프린터를 사용하면 자신이 사용하는 커넥터의 크기에 딱 맞는 커넥터 홀더를 튼튼하게 제작가능(스텝 7 코르도바)

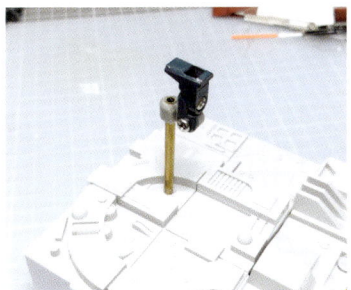
▲비행기, 우주선 모형을 제작할 때, 가동식 조인트를 사용하면 다양한 각도로 전시할 수 있다. 3mm 나사로 연결(스텝 9 A윙)

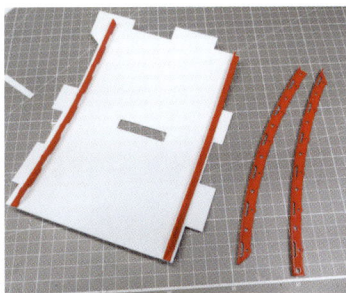
▲원형의 일정한 곡률을 가진 베이스를 만들 때 프레임(빨간색)을 3D프린팅 한 후 프라판(흰색)을 접착해서 제작(스텝 8 자쿠-I).

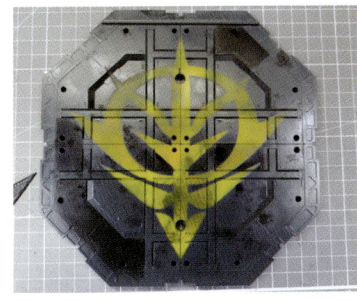
▲얇게 출력해서 스텐실 템플릿으로 사용할 수 있다. 테이프, 양면테이프를 이용해서 고정한 후 에어브러시로 도장(스텝 6 지옹)

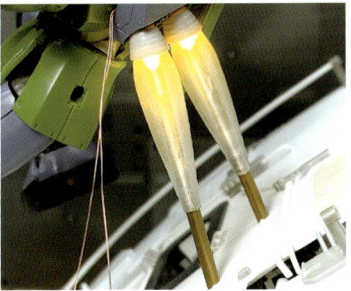
▲투명 필라멘트는 출력라인이 있어서 반투명상태. 단점일 수 있지만 이 성질을 이용하면 LED의 빛이 퍼지면서 분사효과를 만들 수 있다(스텝 8 자쿠-I).

▲단순 형태의 부품이라면 FDM 프린터로 제작해서 사용할 수 있다. 사진은 자쿠의 바주카 포탄을 출력한 것. 간단한 표면 처리를 하면 그럴듯하게 사용할 수 있다.(스텝 8 자쿠-I)

▲LED나 모터를 작동시키기 위해 스위치를 모아 놓은 컨트롤러. 사용하는 기능을 넣은 커스텀 컨트롤러를 직접 제작할 수 있다(Step 12 건담).

출력물 표면처리

▲FDM프린터의 특성상 면이 완전히 채워지지 않거나 레이어 라인이 보일 수 밖에 없다. PLA는 꽤 딱딱하므로 표면 정리를 위한 사포는 400번으로 시작하는 것이 좋다.

▲얇은 레이어로 출력한 작은 부품의 경우 무수지 접착제로 몇 번 바르면 표면이 살짝 녹으면서 평탄하게 된다. 완전히 굳은 후 600번 사포로 마무리하면 더욱 좋다.

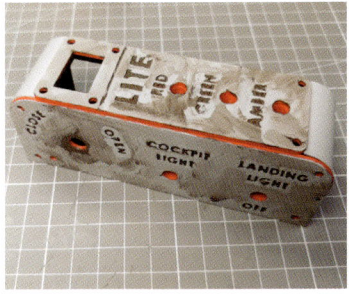
▲틈이 큰 곳은 일반 퍼티, 작은 틈은 서페이서를 바르고 완전히 굳은 후 사포작업을 한다. 한번에 깔끔하게 되기는 어려워, 두세 번 정도 반복한다.

▲순간접착제를 넓게 바르고 큰 틈에는 조금 더 보충 후 사포작업. 비교적 빨리 작업 할 수 있는 장점. 하지만 순간접착제를 대량 사용하므로 환기를 철저히 해야 한다.

색인

저항
LED와 저항	22, 121
가변저항	39, 40, 82
가변저항과 저항	122
저항으로 밝기 변화	30, 122

LED
LED극성	5
1W LED	67, 80
2mm LED	79
LED병렬연결	16, 30
LED에 전선 납땜	7, 22
LED의 색	11, 121
일반LED와 고휘도 LED	5, 12
필라멘트 LED	79
하이퍼 플럭스	67
확산형,집중형	17

SMD LED
1206 LED	48
1608 LED	88
2012 LED	48
4014 LED	110
4020 LED	50
5030 LED	107
5050 LED	40
5050 RGB LED	94
SMD LED납땜	40, 48, 120

전선
AWG규격	5, 118
HIV 1.5SQ	30, 51
단선	118
서보와이어	107
실리콘 와이어	30
에나멜선	48, 118, 119
연선	118
전선과 에나멜선 연결	70
전선과 전선연결	8, 120
플랫 케이블	107

전원
CR1220 홀더 SMD BH-68	10
CR2032 스위치 홀더	17
건전지	22
건전지 홀더	22, 90, 113
수은전지	5

공구
와이어스트리퍼	6
글루건	7
납	120
인두	6, 119
페이스트	48, 120
핀바이스	6, 8

스위치
딥스위치 BSD-104	30
로커 스위치 KCD11-101	68, 75
슬라이드 스위치 MSK-12C02	49
슬라이드 스위치 SS12E17	12, 19
슬라이드 스위치 SS12F15	26, 35, 54, 63
택트스위치	94, 113
토글 스위치 MTS-102	82, 86, 90, 113
푸시락 스위치 DS-450 LOCK	41, 54, 113

핀헤더
라운드 소켓	40
직각 핀헤더 2.54피치	101
핀헤더 1.27피치	49
핀헤더 2피치	86
핀헤더 2.54피치	40, 53, 61, 81, 99, 110

기타
UV접착제	59
광섬유	58, 79
광섬유 방울 만들기	59, 79, 98
만능기판	68
모터 속도조절기	86
브레드보드	95, 113
서보모터	106
솜	67
수축튜브	6, 44, 51, 61, 62, 98, 99
아두이노	94, 113
자작데칼 용지	107
코어리스 모터	86
파워플렉스 순간접착제	59, 67

© Sungyun Park, Exp.D&A. 2022

작례에 사용된 제품 리스트(게재순)

1. BANDAI 1/100 MG RX-78-2 GUNDAM(GUNDAM THE ORIGIN)I
2. BANDAI HG 1/24 SPIRICLE STRIKER PROTOTYPE OBU
3. BANDAI 1/144 MILLENNIUM FALCON (THE FORCE AWAKENS)
4. ACADEMY 1/24 PONY
5. BANDAI 1/100 MG MS-07B GOUF Ver. 2.0
6. BANDAI Figure-rise Standard Amplified MACHINE DRAMON
7. BANDAI 1/100 MG OO RAISER
8. BANDAI RG 1/144 ZEONG LAST SHOOTING
9. HASEGAWA 1/3000 [CRUSHER JOE] Córdoba
10. BANDAI HG GUNDAM THE ORIGIN MS-05 ZAKU-I(DENIM/SLENDER)
11. BANDAI 1/72 STARWARS A-WING
12. TAMIYA 1/48 P-38 F/G LIGHTNING
13. BANDAI SPACE BATTLESHIP YAMATO 2202 1/1000 DREADNOUGHT
14. BANDAI 1/48 MEGA SIZE GUNDAM

기초부터 시작하는 모형 전자공작

2쇄 인쇄 2024년 7월 20일
2쇄 발행 2024년 7월 25일

저자 : 박성윤

펴낸이 : 이동섭
편집 : 송정환, 이민규
디자인 : 조세연
마케팅 : 조정훈, 김려홍
e-BOOK : 홍인표, 서찬웅, 최정수, 김은혜, 정희철
관리 : 이윤미

㈜에이케이커뮤니케이션즈
등록 1996년 7월 9일(제302-1996-00026호)
주소 : 08513 서울특별시 금천구 디지털로 178, B-1805호
TEL : 02-702-7963~5   FAX : 0303-3440-2024
http://www.amusementkorea.co.kr

ISBN 979-11-274-5454-8 13630

ⓒSungyun Park, Exp.D&A. 2022
ⓒAK Comuunications 2022

ⓒSOTSU·SUNRISE

*이 책은 저작권법에 따라 보호받는 저작물이므로 무단 전재와 복제를 금합니다.
*잘못 만들어진 책은 구입하신 서점에서 교환해 드립니다.